大数据丛书

U0743062

企业经营数据分析

思路、方法、应用与工具

赵兴峰 著

电子工业出版社
Publishing House of Electronics Industry
北京·BEIJING

内 容 简 介

本书为从事企业经营数据分析工作的人员以及企业的中高层管理者提供数据分析的思路和方法。本书的内容来自笔者长期从业经验的总结，所有的内容都是从企业的实际应用出发，涵盖了多个行业，其中包括生产制造业、零售服务业、电商行业等，读者可以将其中的思路和方法轻松地应用到实践工作中。

本书主要内容包括企业中的大数据介绍、数据分析的目的、数据分析的思路、对比与对标、分类、聚类、逻辑关系、预测、结构、各职能部门的具体数据分析、常用的数据分析工具介绍。

本书适合企业的管理者与数据分析人员，以及对大数据感兴趣的读者。另外，本书还可以作为企业内部的数据分析培训教材。

图书在版编目（CIP）数据

企业经营数据分析：思路、方法、应用与工具 / 赵兴峰著. —北京：电子工业出版社，2016.9
(2025.10重印)（大数据丛书）

ISBN 978-7-121-29333-7

Ⅰ．①企… Ⅱ．①赵… Ⅲ．①企业经营管理－数据处理 Ⅳ．① F270

中国版本图书馆 CIP 数据核字（2016）第 155365 号

策划编辑：王　静
责任编辑：王　静
印　　刷：河北虎彩印刷有限公司
装　　订：河北虎彩印刷有限公司
出版发行：电子工业出版社
　　　　　北京市海淀区万寿路 173 信箱　　　邮编：100036
开　　本：787×980　　1/16　　印张：16.75　　字数：263 千字
版　　次：2016 年 9 月第 1 版
印　　次：2025 年 10 月第 29 次印刷
定　　价：59.00 元

凡所购买电子工业出版社图书有缺损问题，请向购买书店调换。若书店售缺，请与本社发行部联系，联系及邮购电话：(010) 88254888，88258888。

质量投诉请发邮件至 zlts@phei.com.cn，盗版侵权举报请发邮件至 dbqq@phei.com.cn。

本书咨询联系方式：010-51260888-819，faq@phei.com.cn。

前言

随着大数据技术逐步在企业端应用，越来越多的企业在利用数据技术提升管理效率和决策的科学性。企业对数据分析人才的需求也越来越旺盛，对管理者的数据分析能力也提出了新的要求。但是目前关于各种企业经营数据分析的培训不多，图书也比较少，社会上的职业教育机构与大专院校虽然开始培养该方向的人才，但远远未能满足企业的需求。

笔者撰写本书的目的是为从事企业经营数据分析工作的人员以及企业中的高层管理者提供数据分析的思路和方法。这些思路和方法是笔者在长期工作中以及在为企业提供数据化管理咨询服务项目中总结和提炼出来的，并结合企业实际应用场景进行介绍，具有实用性和适用性。

本书具有以下 3 个特点。

● 启发性

本书重点强调的是思路和方法，"授人以渔"的理念贯穿始终。举一个例子，波士顿 (BCG) 矩阵或者麦肯锡 -GE 矩阵是用来评价产品和业务以及规划业务线或者产品线的，它是一个工具，其背后就是矩阵的思维方法，即从两个维度对一类事物进行评价。通过这个分析方法，我们可以对产品、客户、区域市场、业务团队进行评价；在维度选择上，我们可以选择不同的衡量指标，例如规模指标、速度指标、效率指标、效益指标、竞争力综合指标等。本书介绍了大量类似的分析数据思路，这也是本书最大的特色之一。

● 实用性

本书内容来自笔者长期从业经验的总结，所有内容都是从企业的实际应用出发，并且涵盖了多个行业，其中包括生产制造业、零售服务业、电商行业等，读者可以将其中的思路和方法轻松地应用到实践工作中。

● 延展性

本书不是简单地演示一个案例的具体操作，也不是描述一个方法的细节，而是通过思路和方法的理论性总结，让读者学会数据分析的思路和方法，从而能够将一个场景下的分析方法延伸到更多的场景下。例如，基于人事矩阵的策略不仅能用在企业与客户纠纷处理中，还可以用在社会关系处理、家庭关系处理等场景下，这种延展性大大增加了本书的适用范围。

通过阅读本书，企业的管理者可以提升数据分析的能力，数据分析师可以开拓思路，提高解读数据的能力。另外，本书还可以作为企业内部的数据分析培训教材。

作　者

目录

第 1 篇

概述篇

1

企业中的大数据

1.1　什么是数据？什么是数据技术

现在人人都在谈大数据，也在谈数据化管理，很多人把这两个概念混淆在一起，每个人对"大数据"和"数据化管理"的理解都不同。本书所说的企业中的大数据与现在大家都在谈的外部的"大数据"还是有区别的。外部的大数据包括互联网企业、电信企业以及各种富数据行业所公布的数据等，这些构成了企业外部环境的大数据；而本书所说的企业中的大数据则是企业经营和管理所需要的资源以及记录资源活动的数据。为了区分这两者，本书把企业记录经营管理活动所形成的数据称作"企业大数据"，以此来区别于人们常说的外部的"大数据"。

1.1.1　什么是数据

什么是数据？每个人对数据的定义都是不同的。笔者曾经在一个公开课上提过一个问题：什么是数据？你是如何理解数据的？笔者发现 300 个人中至少有 30 种不同的理解。有人说数据就是数字；有人说数据就是信息；有人说数据就是财务数据；有人说数据就是报表；有人说数据就是类似 GDP 和 CPI 那样的数字指标；有人说数据就是互联网上大家购物所形成的交易数据；有人说数据就是社交信息；有人说数据就是微博中大家的看法和观点……他们说的都对，因为这些都是数据，但这样的定义都不是完整的。为了统一，在开始讲解数据分析方法之前，我们需要对数据做出一个明确的定义，以便让大家在阅读本书时有一个共同的认知基础。

从字面意义上理解，"数据"由"数"和"据"组成。"数"指的是数值、数字、数字化的信息，或者以数值的形式存储的信息；而"据"则指的是"证据"或者"依据"。简单地从字面意义上来理解"数据"的定义就是：**数字化的证据和依据，是事物存在和发展状态或者过程的数字化记录，是事物发生和发展留存下来的证据。**如果说我们拿到了一份数据，这就意味着我们不仅仅拿到数值，还要理解这个数据。如果无法解读所获得数据的含义，那么只能称之为"数"，而不是"数据"。

例如，175cm 是数值，而不是数据（见下图）。而如果说"小明的身高是175cm"，那么 175cm 就是数据。但是这个说法还是有所欠缺的，因为人的身高是不断变化的，为了精确时间，我们需要将以上例子表述为："小明在某年某月某日某时的身高是 175cm"，或者说"小明在其 18 岁生日时测量的身高是 175cm"。因为既然是证据，那么就要有事物状态的"时间戳"，没有时间戳，这个数据就会变得没有"证据"性。

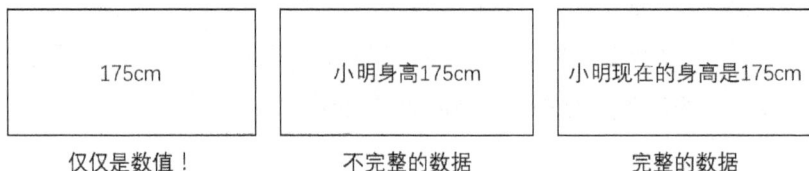

175cm	小明身高175cm	小明现在的身高是175cm
仅仅是数值！	不完整的数据	完整的数据

从严格的定义角度讲，**"数据是我们对客观事物及其发生、发展的数字化的记录"**。通过这个记录，我们可以还原事物在该数据记录时的状态和发生的活动，因此我们能够通过数据去追溯当时的情景。

数据所能够记录的信息越全面，我们对过去发生的状况就会越清楚。文字的记录有其局限性，图片和声音的记录让事物在某时的状态所留存的信息量更多，能够为我们研究事物发生和发展规律提供更多的"证据"。因此，人们力图用更复杂的方法或者方式去记录数据，以留存更多的信息。就像我们发明了录音机、照相机和录像机，从而能够记录更多的信息。

如今，我们能够记录的信息越来越多，不仅仅是数值、文字、声音、图片和影像，未来记录信息的方式还会有更多的创新以及更多的变化（见下图）。当然，在这个过程中形成全球标准是需要时间的。例如，对于声音，我们有 MP3 等各种编码方式；对于图片，我们有 BMP、JPG、GIF 等各种编码方式；对于视频，我们有 AVI、MP4、FLV 等多种标准化的编码方式。在 Web 1.0 时代，我们常说"无图无真相"，而现在我们更加相信当时的"录像"，如今照相和摄像功能成了智能手机的标配，更多的视频网站发展起来，我们的活动被各种方式记录下来了。

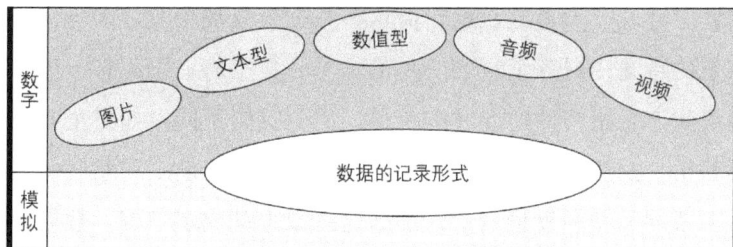

随着科学技术的发展，数据概念的内涵也会不断发展，并继续演变。例如，当全息影像发展起来之后，人们的每个数据都会像"纪录片"一样被记录下来，数据的概念会进一步得到延展。本书中所使用的数据这个词的含义，就目前来讲，是一个相对比较广泛的含义，包括了数值、文字、声音、图像、视频等，只要是用数据化的方式记录下来的事物的发生和发展状态我们都叫作数据，不管其载体为何。

1.1.2　数据的依据性质比证据性质更重要

在远古时代没有文字记载，我们只能靠代代相传的故事和诗歌来推测历史；或者通过化石来研究过去到底存在什么和发生了什么。当有了文字记载之后，就有了更多的证据去推测和研究历史，从而对历史就了解得更加清楚了。

当有了历史数据后，科学家、历史学家就可以利用这些数据来研究历史，总结事物发生和发展的规律，用来指导我们的社会实践，这是人类科学进步的基本动力源泉。企业留存数据也是一样的道理，企业要把历史数据积累沉淀，然后不断分析和总结企业的发展轨迹和路径，研究过去的得失，不再重复同样的错误，固化最优秀的做法；通过对发展规律的探索，可以指导企业的经营和管理决策，让企业的经营决策更加符合市场的需求。

企业留存和积累的数据越多就越有价值。这些数据一方面可以当作证据，另一方面也可以用来研究规律，成为企业预测未来市场、形成商业洞察的依据。这里的证据和依据的含义差不多，证据强调的是过去，依据强调的是未来。很多企业在经营和管理过程中记录了大量的数据，而这些数据仅仅被企业用来当作一种证据，包括同客户签署的合同、财务记录的交易流水单、员工的上下班打卡记录等。证据只有在产生纠纷和产生疑问的时候才有价值。而依据则不同，如果企业能够充分利用数据、分析数据、挖掘数据背后的规律，找寻事物之间发生和发展的逻辑关系并能够指导企业未来的经营和管理活动，那么这些数据就成了依据。数据的"依据"价值远远大于"证据"的价值。

1.1.3 四大类技术推动数据技术（DT）时代发展

四大类技术的相互作用带我们进入了大数据时代。这四种技术包括：数据采集技术、数据存储技术、数据传输技术以及数据处理和数据挖掘技术。

（1）数据采集技术

数据采集是指采集在事物发生和发展的过程中留存的数据。在过去 20 年中，数据采集技术获得了快速的发展，而更加重要的是，智能化、自动化的数据采集设备逐步普及。现在的数据采集终端越来越智能化和平民化，普及率也越来越高，一部普通的智能手机里就有将近 20 个智能数据采集元件。

（2）数据存储技术

20 年前，我们最常使用的数据存储设备是磁带机、软盘等，一台计算机能够存储几十 MB 的内容就算是非常先进的了。而现在，一个普通的容量为 1TB 的计算机硬盘，价格还不足 500 元人民币；一部普通的有着十多个智能采集终端的低端智能手机，在 20 年前看来都是具有"海量数据"的存储能力。按照数据存储界的"新摩尔定律"，每隔 18 个月，人类存储的信息量就会翻一番，而数据存储设备的价格会降低 50%。

（3）数据传输技术

互联网[1]诞生还不足 50 年，却彻底改变了人类的生活方式以及企业的运作模式，并促生了很多超级企业。互联网和移动互联网的快速发展让带宽不断增加、成本不断下降、网络不断发达。

（4）数据处理和数据挖掘技术

随着数据量的不断增长，数据处理技术和数据分析与挖掘技术也在不断提升。在这些技术中可圈可点的包括分布式存储技术，如 Hadoop；在微博兴起之后的非结构化数据处理技术；随着传输能力的提高得到快速应用的云存储技术等。

在 12306 网站刚刚上线时，因为购票人数太多，造成大量的访问请求无法及时处理，给服务器带来巨大的压力，网站一度瘫痪。后来经过同阿里巴巴合作，12306 网站通过分布式算法，提高了响应请求的速度，虽然消费者需要不断刷新以获取新票源，但其有效地解决了高并发请求和响应的问题，这也是数据处理技术升级的一个案例。在"双十一"期间，淘宝能够在 1 秒内应付上亿次的数据查询和订单处理；亚马逊的 AWS 系统同时连接着 200 万台以上的服务器，这些技术的发展，为我们挖掘和使用巨量的数据提供了基础条件。

当然，现在的数据分析和数据挖掘技术相比数据量级的快速升级还相对滞后，虽然我们现在在数字数据和文本数据处理上有了较大的进步，但我们在声音的识别与查询，图片的识别与处理，视频资料的自动查询、处理和分析上还有很大的空白区域，仍然需要深度的技术开发或者探索。对于图片、视频、音频的搜索，仍然需要通过文字标签的形式来处理；而从图片中自动识别内容的相关技术，如车牌识别技术、人像识别技术等，才刚刚起步，离我们可以深度利用还有很长的一段路要走。

以上四大类技术在快速发展着，也在快速普及着，并且技术成本还在不断下降。

1　1969年美国国防部高级研究计划署(ARPA)建立ARPANet被公认为是标志着互联网的诞生。

数据自动采集已不再是大企业的专利，就连一个普通居民小区门口的停车管理系统都能自动识别车牌号并自动计费，而其安装成本不足万元；一家大型的商场耗资不足10万元就能够安装整套的Wi-Fi监控设备，从而可以随时随地地观测商场里持有智能手机的顾客的行动轨迹和行为模式，为商场优化布局、精细化管理，为商户选址和制定促销策略提供依据。在企业管理中，特别是在生产制造型企业中，对物料的追溯越来越便捷，有更多的智能终端技术可以采用，包括条形码、二维码、图像识别、监控录像、智能芯片等。

技术在革新，时代在变迁，在智能信息时代，人们的生活逐渐在"数据化"，而企业的运营管理活动也在被"数据化"。分析和挖掘数据是企业的管理者必须要掌握的基本技能，要充分利用数据掌控各种内部或外部信息，提高个人的影响力和控制力，从而为企业创造更大的价值。"信息即权力"，掌握信息越多的人，就会拥有更多的话语权。而信息来自对数据的加工，如果不能从数据中提取信息用于管理决策，那么采集的数据只会成为企业的成本；如果能够充分发挥数据的力量，在数据中挖掘价值，那么数据就会成为企业的资产。

1.2 数据分类

1.2.1 分类是认知事物的基本方法，也是数据分析的基本方法

分类是人类认知事物的基本方法，人们通过对事物进行分类，能够根据每个类的特征，快速识别每个具体事物。我们通过对事物进行分类，可以辨别哪些是有益的，哪些是有害的；哪些可以加以利用；哪些需要规避。分类之后，根据类别进行深度研究是科学研究的基础。分类也是数据分析的基本方法之一。

1.2.2　分类需要有标准

为了更好地认识数据、掌控数据、利用数据，我们需要对数据进行分类研究。在分类之前首先要有分类标准。分类标准其实是我们认识事物的角度，看待问题的视角。如果把人分为男人和女人，则我们的分类标准是性别；如果把人分为成年人和未成年人，则我们的分类标准是年龄。

下面我们会从数据的存储方式、数据的来源、数据描述的主体、数据所描述事物的属性特征等角度对数据进行分类。

1.2.3　越是高级的存储方式，越方便、安全和高效

从存储方式的角度对数据进行分类，可分为手工统计在白纸表格上的数据、存储在计算机里电子表格中的数据、存储在管理信息系统或者 ERP 系统服务器上的数据，还有存储在云端数据库的数据。如今电子化的数据存储方式越来越普及，成本也越来越低，并且越高级的存储格式，越方便、越安全、越高效。各种存储格式的级别如下图所示。

纸质表格 → 电子表格 → 信息系统 → 云端数据库

1.2.4　越高级的存储格式保存的信息越丰富

从数据的存储格式角度看，数据可分为数值型（含日期型）、文本型（包括字符型、短文本、长文本等）、视频型（包括图片型、音频型、视频型等格式）等。越高级的存储格式保存的信息越丰富，未来可能会有更多的数据存储格式以全景地记录各种信息和数据。

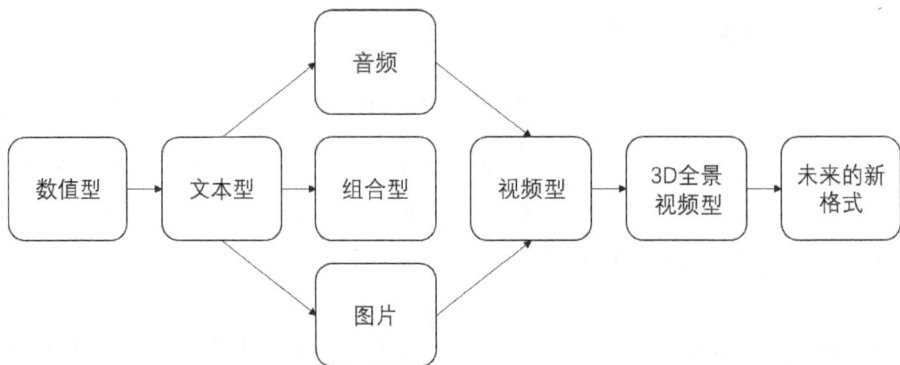

随着数据存储设备和采集技术的发展，有越来越多的数据采用多媒体存储格式，而目前的数据处理技术还处在发展阶段，能够直接计算的数据往往是数值型、日期型（具有特殊意义的数值型）和字符型。文本型数据中的文本挖掘技术在近几年发展比较迅速，但受限于计算机对自然语言的解读能力，文本挖掘需要结合数据字典，即便如此，文本型数据处理技术还不足以达到数值型数据处理技术的精准度。

图像识别技术在近几年发展得非常快，普及也很迅速，但仍然局限于某些领域中，如头像识别技术、生物识别技术、车牌识别技术等。而大数据的图片信息挖掘技术已经起步，音频识别、视频识别技术也在发展之中，但是与数值型数据处理能力相比，这些技术还是比较初级的。

随着数据计算能力和数据处理技术的发展，各种存储格式的数据都得到了更好的利用，而从现在开始存储相关的数据，为以后的数据处理技术成熟后做准备，是值得投入的工作——如果企业有足够的经济实力。

1.2.5　静态数据表示结果，动态信息表示行为

另外一种对数据进行分类的方法是按照数据所描述的对象来分类。对对象本身进行描述的数据被称作静态数据，而对对象的活动进行描述的数据被称作动态数据。

静态数据又叫截面数据，是指事物在某个时间节点上的状态。动态数据又叫时间序列数据，是对事物在不同时间节点的状态的记录，反映事物的动态变化性，或者在不同时间节点上的差异性。

把数据分成静态数据和动态数据，有利于梳理数据的源头。静态数据是对企业资源的描述性数据，相对比较静态，不会经常变化，一次采集之后，不断更新即可；动态数据用来描述企业的经营和管理活动，随着企业经营管理活动的推进，会形成不断叠加的记录，新的记录不能覆盖旧的记录，从而形成一个时间序列的数据集。

员工基本信息表就是一个静态数据集。静态是一个相对的概念，静态数据也并不是一成不变的。随着新员工的加入，员工基本信息表会不断增加数据，员工在企业内部工作时，除部分数据需要更新外，基本信息不会有太大的变化，例如姓名、员工编号、学历、籍贯、民族等。而员工的年龄和司龄就会有变化，但年龄是由一个人的生日决定的，而他的生日是不会变的，可以通过生日来计算一个人的年龄，让年龄自动更新；司龄也会变，但员工的入职日期一般是不会变的，可以根据员工的入职日期来计算司龄，这样员工的司龄数据就可以自动更新，不需要人为地每年更新一次。

企业的动态数据是一个时间序列上的数据集，记录着公司的经营管理活动，只要公司的经营管理活动每天都在发生，数据就会不断地记录着。例如销售订单表，这个数据集随着企业每销售出一个产品都会添加一条数据。

企业经营需要产生价值，价值往往是用静态数据之间的差异来衡量的，而动态数据记录着企业的资源转换行为。所有的结果都是由行为产生的，我们把数据分成静态数据和动态数据的主要目的就是方便研究行为和结果之间的关系，这是数据分析和挖掘最重要的目的。如果能够找到行为和结果之间的关系，那么我们就能够根据这个关系来指导企业的生产实践，从而有效地控制产出的结果。

1.2.6 加工数据是在原始数据解读基础上的提炼，强调追溯机制

从产生的源头对数据进行分类，可以分为原始数据和加工数据。我们从媒体上看到的数据往往是经过加工的数据，是对原始数据进行统计汇总后形成的数据指标。

原始数据的定义也有广义和狭义之分。广义的原始数据就是一手数据，即从数据责任主体处直接获取的数据。例如从企业中直接收集的数据、部门内部统计之后汇报的数据。这种广义的原始数据，有可能也是在数据源头采集之后经过加工处理、汇总统计得到的。

狭义的原始数据是指直接采集的数据，即直接通过手工记录、观察、设备自动采集、电子手段直接识别等形成的最原始的数据，在这个基础上经过统计、汇总之后的数据都是加工数据。例如，员工上下班打卡数据和指纹打卡机直接记录的数据都是原始数据。而人力资源考勤员把指纹打卡机中存储的数据导出之后，统计每个人在本月内正常上下班天数、迟到天数、早退天数，这些统计汇总后的数据从狭义定义上来说就是加工数据；而在广义的原始数据中，考勤员统计后的数据则叫原始数据。一般说的原始数据是指原始数据责任主体直接提供的数据，考勤员对考勤数据直接负责，所以其提供的数据就可以看作原始数据。

从数据分析的角度讲，纠结原始数据和加工数据到底哪种定义更准确是没有什么太大意义的。之所以要定义原始数据和加工数据，最根本的价值在于对数据质量的控制和对数据形成和传输过程的追溯。数据质量决定了数据分析结论的准确性，在数据分析的过程中，如果发现数据存在问题，或者对数据本身有疑问，则可以通过追溯数据产生的机制，追溯数据源头、数据传输的过程、数据处理过程和数据处理的方法，甚至追溯到数据采集的方式、数据采集人或者采集设备，从而找到问题的源头，解决数据的质量问题，以及保证后续数据的准确性。

1.3　数据类型

数值型数据是我们经常处理的数据，也是数据处理技术相对比较成熟的领域。从数据所表述内容的角度对数值型数据进行分类，可以分成定类数据、定序数据、定距数据和定比数据，下面分别具体介绍。

1.3.1　定类数据

定类数据也称定性数据，用于标识数据所描述的主体对象的类别或者属性、名称，例如人的名字、事物的名称。定类数据只能用来标识事物，不能进行任何运算，包括比较运算。因为你无法比较一个苹果和一个李子哪个好，除非你能够提供额外的数据来证明谁好谁坏，例如提供了额外的体积数据或者重量数据，按照体积或者重量来比较是可以的，但是苹果和李子这两个数据本身是没有任何比较或者运算意义的。

又例如，将人口按性别划分为男性和女性两类，数量化后可分别用 0 和 1 表示；将企业按行业类别分为农林牧渔业、采矿业、教育类、制造业、建筑业、金融业等，可分别用 1、2、3、4、5、6 等表示。这些数字只是代号而无顺序和大小之分，不能区分大小或进行任何数学运算。

定类数据有各种类型，它们的排序是无关紧要的，即哪一类在前，哪一类在后对所研究的问题并无实质性的影响。而且，定类数据能够进行的唯一运算就是计数，即计算每一种数据类型的频数或频率（即比重）。

1.3.2　定序数据

定序数据也称序列数据，用于对事物所具有的属性顺序进行描述。定序数据虽然可以用数字或者序号来排列，但是并不代表量化的数据的大小，它只代表数据之间的比较关系。例如第一名、第二名、第三名等，这些只代表顺序，按照大小正序排列第一名肯定比第二名大，具体大多少是无法比较的。第一名和第二名相加也不会等于第三名。定序数据只可以用来比较，不能用来做加减乘除等运算，因为这些运算是没有任何意义的。

定序数据不仅具有定类数据的特点，可以将所有的数据按照互斥和穷尽的原则（MECE原则[1]）加以分类，而且还使各类型之间具有某种意义的等级差异，从而形成一种确定的排序。这种序列测定在社会经济管理工作中应用很广泛，例如，将企业按经营管理的水平和取得的效益划分为一级企业、二级企业等；将员工按所受正规教育划分为大学毕业、中学毕业、小学毕业等。这种排序是确定的，对所研究的问题有特定的意义。但是，它并不能具体测定各等级之间的间距大小，例如不能计算一级企业和二级企业有实质意义的量的差距，也不能计算服务质量与预想的之间的差距。

1.3.3 定距数据

定距数据也称间距数据，它比定序数据的描述功能更好一些。定距数据是指没有绝对零点的数据，例如温度，其零点是人为指定的。而且并不能说20摄氏度是10摄氏度的两倍，因为缺少绝对的零点温度，零度并不代表没有温度。

定距数据因为有了标准的距离差异度量，它不仅能将事物区分为不同类型并进行排序以及可以测定其间距大小，标明强弱程度，还可以做加法或者减法运算。我们可以说20摄氏度比10摄氏度高10摄氏度；30摄氏度比20摄氏度高10摄氏度，而这个温度差是一样的，也可以比较。

1　MECE原则是分类的基本原则之一，Mutually Exclusive Collectively Exhaustive，即是"相互独立，完全穷尽"。它是麦肯锡的第一个女咨询顾问巴巴拉·明托（Barbara Minto）在《金字塔原理（*The Minto Pyramid Principle*）》中提出的一个很重要的分类原则。

定序数据之间的差异缺少标准的度量尺度，因而无法比较，但定距数据是可以的，定距数据的差异值本身会成为定比数据，从而可以进行加减乘除运算。时间点是定距数据，没有绝对的零点，或者零点并不代表没有时间，但是时间差就是定比数据，可以进行加减乘除运算。如果时间差是零，则可以认为是没有时间差异。

1.3.4　定比数据

定比数据也称比率数据，用于描述事物的大小、多少、长短等，可以进行加减乘除运算。定比数据与定距数据的显著区别是：定比数据有一个自然确定的非任意的零点，即在数值序列中，零值是有实质意义的。

以上四类数据具有层级关系，高级的数据可以转换为低级的数据，反之则不成立。其转换关系如下图所示。

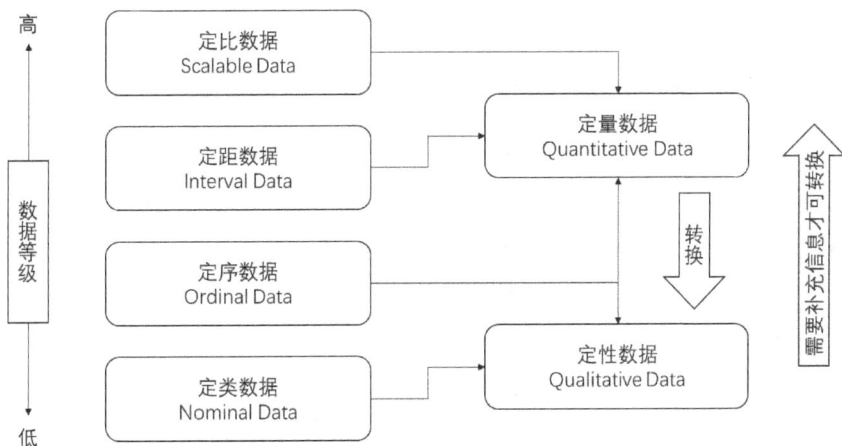

从数据所描述的现象上看，定类数据和定序数据是对事物属性的测量，而定距数据和定比数据是对事物定量的测量。

1.4 数据结构和数据结构化

1.4.1 什么是数据结构

数据结构是我们存储、组织数据的方式，是数据内部的构成方法。数据结构是指数据元素之间存在着一种或多种关系，这种关系会因为数据主体、数据源头、数据处理方式、数据存储方式、数据组成要素之间的关系而形成数据之间的关系。数据结构包括三类，即数据的逻辑结构、数据的存储结构和数据的运算结构。

下面用一个实际案例来介绍什么是数据结构。一家公司的人力资源经理要收集员工的基本信息，于是他设计了一个员工信息登记表，如下表所示。

员工信息登记表

姓名		籍贯			
性别		民族			
年龄		血型			
出生日期		健康状况			
入职日期		婚姻状况			
司龄		生育状况			
入职岗位		职级			
学历		职序			
学位		专业			
毕业院校		薪级			
所属公司				起止日期	工作单位和职位
所属部门		工作经历			
所属科室					
身份证号					
通信地址		家庭住址			

续表

联系电话		家庭电话	
紧急联系人		紧急联系人电话	
QQ号码		微信号	
电子邮箱		社保号码	
工资卡开卡行		工资卡号码	
岗位调动日期		员工档案编号	
员工编号			

为了便于存储和查找，人力资源经理设计了一个 Excel 数据表格来存放这些员工的基本信息。在分析这个数据表存在的问题之前，下面先介绍三个概念。

数据主体——就是被记录数据的事物，包括动态的事和静态的物。员工基本信息数据的主体是员工；工资表的数据主体是"发工资"这个行为或者动作，属于"事"的范畴。

数据表——记录一系列数据的集合。例如员工信息表记录着公司所有员工或部分员工的个人信息数据。

一条数据——就是该数据集中某个员工的所有信息，一个员工对应一条数据，多个员工对应多条数据。

字段——每条数据中对数据主体的属性描述，例如员工基本信息数据中的"姓名"是一个字段，"性别"是另外一个字段。

该公司的人力资源经理在制作 Excel 表格时发现这个数据表涉及的数据存在以下三个问题。

问题 1：学历，有些人的学历不止一项，从小学、初中、高中、大学、硕士到博士有一系列不同的记录，而这里却无法有效地填写；于是他把学历部分做了扩充，设计了以下的表格形式。

学历表格

学历			
	起止日期	毕业学校	专业
学历1			
学历2			
学历3			
学历4			
学历5			
学历6			
学历7			

人力资源经理认为留出7条记录的空间应该足够覆盖员工从小学到博士后的所有学历状况，即学历1（小学）、学历2（初中）、学历3（高中）、学历4（大学）、学历5（硕士）、学历6（博士）、学历7（博士后）。

然而在实际记录数据时，他又发现了两个问题。第一个问题是他碰到了一个"学霸"级的人物，本科修了两个专业，硕士修了两个专业，还读了一个在职MBA，此时数据表的记录空间不够用，如果单独为他加上一列，则对数据存储空间的影响还是很大的，而且数据表太宽也不利于阅读。

第二个问题是在记录数据时，有的人是从最高学历开始记录的，即大学记录在学历1中；有的人是从最低学历开始记录的，即小学记录在学历1中；有的人因为先上了专科，又读了本科，导致大学学历的记录位置不能统一。

问题2：学历的问题还好说，最多留出10条记录空间就能勉强解决这些难题，但工作经历就不同了。有的人换工作比较频繁，而有的人第一份工作就是现在的工作，没有其他的工作经历。而且岗位调动信息也有类似的问题，无法确定要留几条记录空间给岗位调动信息。

问题 3：填写完员工的年龄后，到第二年每个人都需要加一岁，但是当年新记录的员工不能加 1，这如何实现？司龄也有同样的问题。

最终人力资源经理制成的 Excel 数据表格非常不规范，这个表格存在的设计问题就是数据结构的问题，优化数据结构能够提高数据管理的效率，如果数据结构不合理，则未来会需要大量的时间进行数据处理、数据清洗，甚至对公司的信息系统资源也会造成浪费。优秀的数据结构设计人员（也叫数据库架构师）能够对公司的所有数据系统进行统筹架构，从而形成优化的数据库体系。

1.4.2　如何设计好的数据结构

数据结构是数据的组织形式，在组织数据之前，需要对数据进行分类。在对"员工"这个资源主体进行信息记录时，首先需要把数据分成静态数据和动态数据，因为静态数据是相对固定不变的，或者说变化不太频繁，而且变化之后，往往采用覆盖的方式；而动态数据则是持续增加的，并且增加时往往采用叠加的方式，并不覆盖原来的数据。我们可以把员工信息表中的数据分为静态数据和动态数据，如下表所示。

静态数据	动态数据
姓名	入职信息（包括日期和岗位等信息，虽然在大多数情况下是一次性的，可以当作静态数据保留，但也可能存在多次入职、离职后再入职的情况）
出生日期	学历信息（学历、学校、日期等）
性别	工作经历信息（单位、职位、日期等）
籍贯	岗位调整信息（日期、新岗位名称等）
民族	子女信息（二孩全面开放后，可能存在多次生育的情况）
血型	婚姻信息（多次婚姻变得越来越普遍）
婚姻状态	职级调整信息
身份证号	职序调整信息
……（限于篇幅，不一一列举）	……（限于篇幅，不一一列举）

原则上，一个好的数据结构，要么是描述静态信息的，要么是记录动态信息的，然后通过数据表之间的关联形成一个完整的相互关联的数据库。所以，我们可以将上例中的员工信息表进行拆分，将静态数据放在一张表中，形成员工的静态信息表；而对于员工的动态信息，可以将每个动态信息都设计成一个单独的表，然后用员工编号关联起来，如下图所示。

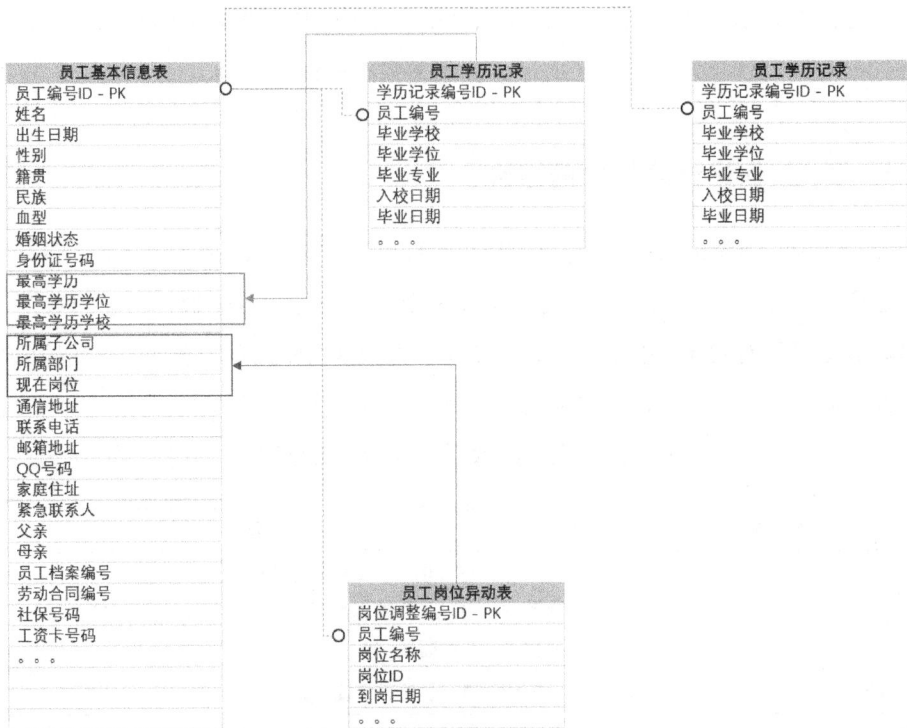

其中最高学历信息可以从员工学历记录表中查询得到，员工所属子公司和部门信息可以通过员工岗位异动表查询得到。这种数据结构关系被称作运算结构关系。员工的年龄和生日，员工的司龄和入职日期都是运算关系。

在上例中，员工所属子公司、所属部门、所在岗位这三者存在包含的关系，公司的组织架构决定了三者之间的逻辑关系，即层级树形结构关系。逻辑结构关系还有很多，例如两个数据之间可能存在集合关系、线性关系、树形结构关系、层级结构关系、图形结构关系等。

物理结构关系比较容易理解，即因为数据的采集、存储、传输和处理所产生的关系。

数据结构是非常重要的概念，因为数据结构是数据的组织方式，而数据组织方式不同，存储和处理数据的效率也会不同。

1.4.3　结构化数据和非结构化数据

1．结构化数据

结构化数据主要指在数据存储和数据处理过程中结构设计比较合理的数据。

例如 MySQL 开源数据库、Oracle 数据库、DB2、Sybase、Access、SQL Server等都是结构化的数据库。结构化数据库要求数据的结构都是由行和列组成的，每一列都表述了数据所描述对象的要素、属性和行动，而每一行都代表一个数据库所描述的对象。例如员工基本信息数据库。为了简化说明，我们选取 5 个信息点（字段）来讲解结构化数据。一个员工可以用姓名、员工编号、性别、出生日期、血型这 5个信息点（字段）来描述，如下表所示。

姓名	员工编号	性别	山生日期	血型
张三	ID0008789	男	1983-10-29	O型
李四	ID0018732	女	198804-28	A型

每一列表示对象的一个属性或者变量，用来区分对象之间的差异；每一行表示一个对象，不同行表示不同的对象。在上表中有一类对象：员工；对每个员工的描述有 5 个字段：姓名、员工编号、性别、出生日期和血型；表中共有两个对象：张三和李四，他们在不同的属性上有不同的值。

该表即为结构化数据，随着员工人数的增多，表的结构不会改变，但数据可以不断累加。员工只要入职填写了个人信息表，这些信息就会被登记到公司的员工基本信息数据库中。结构化数据库基本上就是由行和列组成的数据集，分别表示同类的不同对象的属性差异。

目前大多数数据库都是结构化数据，自从 SQL（Structured Query Language）被发明以来，表状的结构化数据已经成为信息技术记录数据的标准，从而衍生了大量的数据处理软件，最常用的就是开源软件 MySQL，当然还有商业化比较重的 DB2、Oracle SQL、SQL Server 等。

2．非结构化数据

由固定的行和列组成的数据表一般被称为二维（行＋列）结构数据表，它是结构化数据。**如果行和列的数量不固定，即不能由固定的行和列组成二维结构数据表来表示和存储的数据，则被统称为非结构化数据。**常见的非结构化数据包括所有格式的办公文档，文本，图片，标准通用标记语言下的子集 XML、HTML，各类报表，图像和音频／视频信息等。

用 HTML 格式的文本来介绍非结构化数据会更加直观。HTML（Hyper Text Mark Language），超级文本标记语言，它是浏览器解读网页内容，对网页内容进行显示的一种标记方法。每个标记语言都有的标记范式，例如超链接用 <a> </a> 来标记，链接地址用 href="" 来标记，段落用 <p> </p> 来标记……通用的标准化标示语言，可以让所有的浏览器都用同样的方式来展示网页的内容。一个 HTML 文档中可以有数量不等的各种标记，并且其所在的位置序列也会不同，没有固定的"字段"之说，当然，我们可以把一个 <a></a> 看作一个字段，但这个字段可以重复，并且还可以出现在不同的地方。

部分非结构化的数据可以通过多表关联的方法进行结构化改造。例如微博数据可以通过一定的形式进行结构化处理，从而能够使用结构化查询语言即 SQL 来进行处理。

1.4.4　如何将非结构化数据结构化处理

如果数据是非结构化的，或者用结构化方法难以处理，就需要通过多表关联的方式进行结构化处理。

在处理非结构化数据的过程中，最核心的方法就是对数据进行分类，即按照数据的行为（或者属性主体）将数据分为静态数据和动态数据，然后分别进行结构化处理。对于静态数据，要采用单独的表格来记录事物的属性和要素。然后将动态数据也建立成单独的表格并与静态数据进行关联，从而构成了动静结合的数据表集。

在前面介绍的员工基本信息表中，就是把静态数据和动态数据分别制成表，然后通过表之间的关联形成数据表集，从而将非结构化的数据进行结构化的处理。

将非结构化数据结构化处理的方法就是：通过多表关联，让静态数据也单独成表，让动态数据单独成表并能够动态更新数据条目，简称"静动分离，动静结合"。

客户的动态数据对企业更有价值，因为静态数据记录了客户的基本信息，而针对该客户的动态数据才能让我们对客户有更加深刻的理解。当我们通过各种方式收集了客户的静态数据后，如果没有动态数据，例如交易数据，就不能形成完整的客户画像。

"静动分离，动静结合"的数据处理方式在对非结构化数据进行结构化处理方面发挥着巨大的作用，它让数据处理更加有效。而将数据结构化处理后，计算机进行增加、删除、修改、查询等各种运算时效率都会得到大幅度提升。

1.4.5　什么是单维数据表

单维数据表是结构化数据表的一种形式，而且是最简单的形式。其要求相同属性的字段统一且固定，所有的字段都在描述相同的数据主体。换句话说：单维数据表是结构化数据表，但结构化数据表不见得一定是单维数据表。

下面这张表格由行和列组成，每列都是独立的。这个数据可以构成结构化数据，但不是单维数据表。

客户名称	客户ID	客户驻地	客户购买产品1	客户构面产品2	客户购买产品3	客户构面产品4	客户购买产品5
张三经理	AA325	北京	300	0	120	435	0

通过"静动分离，动静结合"方式组成的数据集基本都是结构化数据。而单维数据表强调的是每个数据条目描述的都是一个主体，要么是资源的描述数据，即静态数据，要么是资源的动作和行为，即动态数据，在同一个数据表中不存在两个不同的主体。例如员工基本信息表与工资表，如果独立看这两个数据表，那么它们就是单维数据表，一个表以员工作为主体进行数据采集，而另外一个表以"发工资"这个活动作为主体。将两个数据表合并在一起，仍然构成了结构化数据表，但是数据的描述主体不同，导致数据不够集约，形成了冗余，例如一个员工要发12次工资，在合并表中，员工的个人信息就会重复12次。

单维数据表首先必须得是结构化数据表，同时强调数据描述主体的一致性。通过这两个标准来衡量一个数据表是否是单维数据表就比较容易了。下面举例说明。

下表中的数据是结构化数据，可以导入 SQL 数据库并可以进行查询，但它不是单维数据表，这个表虽然由行和列组成，但是其每个字段都在描述不同的数据主体。这个表是单维数据表的汇总计算表。

员工奖金汇总表

月份（奖金·元）	张　三	李　四	王　五	赵　六
1月	3000	3875	3600	1900
2月	3400	4325	1200	4300
3月	2800	1205	4500	2300
…	…	…	…	…
12月	4000	5000	6000	3200

将上表转换为单维数据表后其形式如下表所示。

单维数据表

月　份	姓　名	奖　金
1月	张三	3000
1月	李四	3875
1月	王五	3600
1月	赵六	1900
2月	张三	3400
2月	李四	4325
2月	王五	1200
2月	赵六	4300
3月	张三	2800
3月	李四	1205
3月	王五	4500
3月	赵六	2300
…	…	…
…	…	…
…	…	…
…	…	…
12月	张三	4000
12月	李四	5000
12月	王五	6000
12月	赵六	3200

将结构化数据表转化为单维数据表的技巧在于如何审视数据主体，主体越明确，数据越精准。

单维数据表结构对以后的数据统计汇总工作来说非常重要。

1.4.6　为什么要求动态数据都要按照单维数据表的形式组织

单维数据表的组织形式便于数据分析、数据表之间进行关联以及未来的数据建模，能够大幅度节省数据清洗的时间，以及数据存储的空间，也避免了数据更新时导致的数据不一致。

例如人力资源部门有 3 个数据表，第一个是员工基本信息表，为静态数据表；第二个是员工工资表，为动态数据表；第三个是员工岗位异动表，为动态数据表。其结构如下表所示。

员工基本信息表	员工工资表	员工岗位异动表
姓名	*员工姓名	*员工姓名
员工编号ID（PK）	工资条编码ID（PK）	员工编号
性别	员工编号	岗位异动记录编码ID（PK）
出生日期	发薪月份	岗位调动日期
最高学历	*入职日期（用于计算司龄）	*新岗位名称
最高学历毕业院校	*岗位（用于计算岗位工资）	新岗位ID
最高学历专业	*出生日期（用于计算年龄）	
入职日期	基本工资	
婚姻状况	岗位工资	
身体状况	绩效工资	
血型	最高学历（用于计算学历补贴）	
身高	学历补贴	
体重	应发工资	
……	五险一金（个人部分+公司部分共12项）	
	出勤天数	
	扣款	
	实发工资	
	……	

在动态数据表中除用于索引和追溯的编码类静态数据外，还包含其他的静态数据，如果要对静态数据表进行调整，则动态数据表中的静态数据也要相应地进行调

整，如果不能实现自动调整，则必然会产生数据不一致的现象。

例如，一个员工通过自学提高了自己的学历，人力资源部门对其个人的基本信息表进行了更新，最高学历发生了变化，而在员工工资表中也需要进行相应的调整，如果调整不及时，那么这两个表就产生了数据不一致的现象。动态数据表中的静态数据越多，需要更新的数据就会越多。

采用单维数据表结构的好处在于，除编码数据用于索引外，不包含其他额外的信息，当我们知道了员工编号，可以通过其他的单维数据表去查询相关的信息，通过自动关联形成当期数据，保证了数据的一致性。

单维数据表的一个基本原则是通过多表关联的方式分别记录不同的信息，将静态数据和动态数据分别存储，相互之间通过唯一的编码进行关联。上面的 3 个数据表之间通过各个 ID 编码进行关联。其中标记"*"号的数据都是重复的数据。

通过以上单维数据表结构的建表原则，我们可以引申出另外一条基本的原则：一条需要录入的数据信息只能出现在一张表上（除编码索引外）。例如，在上面的 3 个表中，有了员工编号 ID 自然可以通过员工的基本信息表索引到员工的姓名、性别、年龄、出生日期、入职日期等信息；如果每张表上都有员工姓名这个字段，而当员工改了名字后，就需要在很多表上进行手工修改，如果采用索引的方式，则只需要在员工基本信息表中进行修改，而其他表中的数据就会自动更新了。

1.5　数据质量及其八个指标

数据的质量直接影响着数据的价值，并且还影响着数据分析的结果以及我们依此做出的决策的质量。质量不高的数据会影响企业的经营管理决策；如果数据是错误的，那么还不如没有数据，因为没有数据时，我们会基于经验和常识做出不见得是错误的决策，而错误的数据会引导我们做出错误的决策。因此，数据质量是治理企业经营管理数据的关键所在。

数据的质量可以通过八个指标进行衡量，每一个指标都从一个侧面反映了数据的品相。这八个指标分别是：准确性、及时性、即时性、真实性、精确性、完整性、全面性和关联性。

我们在比较两个数据集的品相时往往采用如下图所示的这种图形表示。例如常规来讲，内部数据集的准确性、真实性、完整性高，而全面性、及时性、即时性、精确性和关联性方面取决于企业内部对数据的重视程度以及采集数据的技术手段；而外部数据集（如微博数据、互联网媒体数据等）的全面性、及时性和即时性都可以通过技术手段如网络爬虫等得到提高，但在准确性、真实性、精确性上难以保证，也难以控制，而关联性取决于数据采集和挖掘的相关技术。

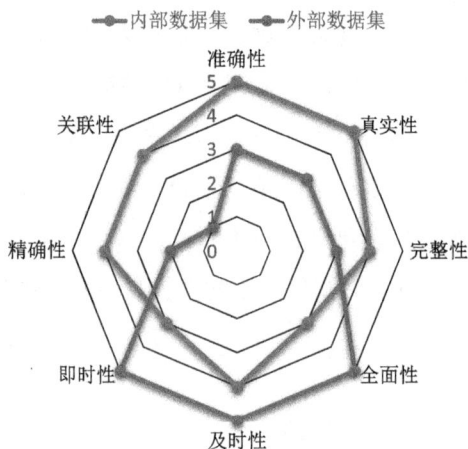

我们也可以用这个模型来衡量公司内部各个职能部门数据的品相。如下图所示，通过评价数据质量的八个指标，可以有针对性地采取相应的措施提高企业的数据质量。

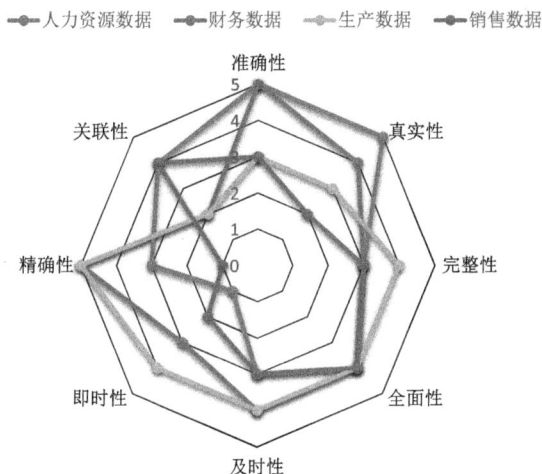

1.5.1　数据的准确性

数据的准确性（Accuracy）是指数据的采集值或者观测值与真实值之间的接近程度，也叫误差值，误差值越大，数据的准确度越低。数据的准确性由数据的采集方法决定的。

1.5.2　数据的精确性

数据的精确性（Precision）是指对同一对象在重复测量时所得到的不同观测数据之间的接近程度。精确性，也叫精准性，它与数据采集的精度有关系。精度越高，要求数据采集的粒度越细，误差的容忍程度也越低。

例如在测量人的身高时，可以精确到厘米，多次测量结果之间的误差只会在厘米级别；在测量北京到上海的距离时，可以精确到千米，多次测量结果之间的误差会在千米级别；用游标卡尺测量一个零件的厚度时，可以精确到 1/50 毫米，多次测量结果之间的误差也只会在 1/50 毫米级别。因此，可以说采用的测量方法和手段直接影响着数据的精确性。

1.5.3 数据的真实性

数据的真实性，也叫数据的正确性（Rightness）。数据的正确性取决于数据采集过程的可控程度。数据采集过程可控程度高，可追溯情况好，数据的真实性就容易得到保证，而可控程度低或者无法追溯，则数据的真实性就难以得到保证。

为了提高数据的真实性，采用无人进行过程干涉的智能终端直接采集数据，能够更好地保证所采集的数据的真实性，减少人为干预，减少数据造假，从而让数据更加准确地反映客观事物。

1.5.4 数据的及时性

数据的及时性（In-time）是指能否在需要的时候获到数据。例如企业在月初会对上个月的经营和管理数据进行统计和汇总，此时的数据及时性是指这些数据能否及时处理完成，财务能否在月度关账后及时核算。数据的及时性是数据分析和挖掘及时性的保障。如果企业的财务核算流程复杂，核算速度缓慢，上个月的数据在本月月中才能统计汇总完成，那么等需要调整财务策略的时候，已经到月底了，一个月已经快过完了。特别是当企业做大了之后，业务覆盖多个市场、多个国家，如果数据不能及时汇总，则会影响到高层决策的及时性。

数据的及时性与企业的数据处理速度及效率有直接的关系，为了提高数据的及时性，越来越多的企业采用管理信息系统，并在管理信息系统中附加各种自动数据处理功能，在数据上传到系统中之后自动完成绝大部分报表，从而提高了数据处理的效率。使用计算机自动处理中间层数据是提高企业数据处理效率的有效手段。

企业除要保证数据采集的及时性和数据处理的效率外，还需要从制度和流程上保证数据传输的及时性。数据报表制作完成后，要及时或者在要求的时间范围内发送到指定的部门，或者上传到指定的存储空间中。

1.5.5　数据的即时性

数据的即时性包括数据采集的时间节点和数据传输的时间节点,在数据源头采集数据后立即存储并立即加工呈现,就是即时数据,而经过一段时间之后再传输到信息系统中,则数据的即时性就稍差。

例如一个生产设备的仪表即时地反映了设备的温度、电压、电流、气压等数据,这些数据生成数据流,随时监控设备的运行状况,这个数据可以看作即时数据。而当将设备的即时运行数据存储下来,用来分析设备的运行状况与设备寿命的关系时,这些数据就成了历史数据。

1.5.6　数据的完整性

数据的完整性是指数据采集的程度,即应采集的数据和实际采集到的数据之间的比例。例如在采集员工信息数据时,要求员工填写姓名、出生日期、性别、民族、籍贯、身高、血型、婚姻状况、最高学历、最高学历专业、最高学历毕业院校、最高学历毕业时间共 12 项信息,而某个员工仅仅填写了部分信息,例如只填写了其中的 6 项,则该员工所填写数据的完整性只有一半。

一家企业中的数据的完整性体现着这家企业对数据的重视程度。要求采集的数据在实际中并未完整采集,这就是不完整的数据,这往往是企业对数据采集质量要求不到位导致的。

另外,对于动态数据,可以从时间轴去衡量数据的完整性。比如,企业要求每小时采集一次数据,每天应该形成 24 个数据点,记录为 24 条数据,但是如果只记录了 20 条数据,那么这个数据也是不完整的。

1.5.7　数据的全面性

数据的全面性和完整性不同，完整性衡量的是应采集的数据和实际采集到的数据之间的比例。而数据全面性指的是数据采集点的遗漏情况。例如，我们要采集员工行为数据，而实际中只采集了员工上班打卡和下班打卡的数据，上班时间员工的行为数据并未采集，或者没有找到合适的方法来采集，那么这个数据集就是不全面的。

再例如，我们记录一个客户的交易数据，如果只采集了订单中的产品、订单中产品的价格和数量，而没有采集客户的收货地址、采购时间，则这个数据采集就是不全面的。

腾讯 QQ 和微信的用户数据记录了客户的交流沟通数据；阿里巴巴和京东的用户数据记录了用户的交易数据；百度地图记录了用户的出行数据；大众点评和美团记录了客户的餐饮娱乐数据。对全面描述一个人的生活来说，这些公司的数据都是不全面的，而如果把他们的数据整合起来，则会形成更加全面的数据。所以说，数据的全面性是一个相对的概念。过度追求数据的全面性是不现实的。

1.5.8　数据的关联性

数据的关联性是指各个数据集之间的关联关系。例如员工的工资数据和绩效考核数据是通过员工关联在一起来的，而且绩效数据直接关系到工资数据。采购订单数据与生产订单数据之间通过物料的追溯机制进行关联，而生产订单又是由员工完成的，即通过员工作业数据与员工信息数据关联起来的。

本书探讨的企业经营数据，每个数据集都是相互关联的，有的是直接关联的，如员工工资数据和员工绩效数据；有的是间接关联的，如物料采购订单数据与员工工资数据。这些数据是由公司的资源，包括人、财、物和信息等关联起来的。如果有任何的数据集不能关联到其他的数据集,就会存在数据割裂或者数据孤岛。数据割裂和数据孤岛是企业经营数据关联性不足导致的。而数据的关联性直接影响到企业经营数据集的价值。

1.6 数据处理与数据清洗

1.6.1 数据处理

数据处理有广义和狭义两种定义。广义的数据处理包括所有的数据采集、存储、加工、分析、挖掘和展示等工作;而狭义的数据处理仅仅包括从存储的数据中提取、筛选出有用的数据,对有用的数据进行加工的过程是为数据分析和挖掘的模型所做的准备工作。

一般我们讲的数据处理是狭义的定义,即对数据进行增加、删除、修改、查询等操作。在目前的大数据背景下,数据处理工作往往是通过技术手段来实现的,例如利用数据库的处理能力对数据进行增加、删除、修改、查询等处理。

在数据处理过程中最大的工作是对数据进行清洗,即将不清洁的数据进行清洁化,让数据更加规范,让数据的结构更加合理,让数据的含义更加明确,并且让数据处在数学模型的可用状态。

1.6.2 数据之"脏"

我们把数据记录不规范、格式错误、含义不明确等叫作数据的"脏",其包括几种典型的形式。

（1）数据不规范

数据不规范的情况非常常见。

例如同样是张三，有的地方记录为"张三"，有的地方记录为"张　三"（为了让两个字的姓名和三个字的姓名具有相同的长度，中间添加了空格）。这种情况同样会发生在地址字段里，例如"北京"、"北京市"、"北　京"，虽然它们都是指北京，对我们来说很容易识别，但对计算机来说，这三种写法代表着三个不同的值，我们需要通过建立映射关系将数据记录格式统一。

常见的数据不规范的情况还经常发生在日期格式中。日期格式常见的几种记录方法有：

- 2015/10/20
- 2015-10-20
- 2015 年 10 月 20 日
- 10/20/2015
- Oct. 20, 2015
- October 20, 2015
- 2015.10.20

每个人都有不同的喜好和记录数据的方式，这给计算机识别造成了很大的困难，一个公司应该有一个明确的规定，要统一数据的录入格式。

（2）数据不一致

数据不一致的情况往往是由于没有遵循单维数据表的原则导致的。例如同一条信息在不同的数据表甚至数据库中都有记录，当对此条信息进行更改后，因为没有同时对所有的数据表都做相同的更改，从而会发生数据不一致的情况。为了避免这种情况，我们引入了"单维数据表"的概念，其强调公司内部的同一条信息只能记录在一个地方，当其他地方需要的时候，可以使用索引查询的方式，从而保证数据的一致性，在任何数据表中的存在其他表中数据来源时，都要在查询输出时进行"同步"更新。

数据的一致性虽然在技术上比较容易实现，但是要在企业经营实践中实现却有着巨大的难度。采购部门会录入供应商的信息，财务部门需要向供应商付款，所以也会保留供应商的相关信息。而采购部门和财务部门分属不同的职能部门，财务部门会采集一部分供应商的财务信息，包括银行信息、账号信息、税务信息、工商信息等，如果这些数据发生变化，例如法人变更、业务变更、企业性质变更等，财务部门会对这些数据进行更新。采购部门也会对供应商的信息进行采集并登记到相关的信息管理系统中。如果采购部门的信息管理系统能够同财务部门所使用的信息管理系统对接并且能够把同条信息关联或者建立索引关系，则该公司的数据一致性比较容易实现。但是如果这两个部门都采用了不同的信息管理系统，则很容易产生数据不一致的情况。而这种情况在大多数公司中都存在并且很严重。

（3）标准不统一

我们需要对一些事物的描述方法建立统一的标准，从而让计算机可以有效地处理文本数据。

例如在描述导致产品出现质量问题的原因时，在大多数情况下是手工录入的，同样的原因，录入的描述会有不同。例如同样是描述因为电压不稳导致的产品质量问题，有的人会录入为"电压不稳"，有的人会录入为"电流不稳定"，还有的人会录入为"供电问题"……如果没有统一的规范，则在统计汇总数据时会产生上千个导致产品品质问题的原因。这给数据解读和分析以及寻找改善措施带来了很大的麻烦。

这就需要数据库管理员根据公司的实际情况，将该类原因进行归类，然后设定几个类别，让员工在系统中进行选择，而不是让他们手工录入。一般情况下，出现最多的前 10 个原因能够覆盖 90% 以上的情况，在录入时要先让员工选择，然后留出一个"其他"选项，当员工选择"其他"选项后才能手工录入，这样就有效解决数据的录入标准化问题。

（4）格式不标准

所谓的格式不标准是指在录入数据时使用了错误的格式。例如在录入日期时，因为格式不规范，计算机不能自动识别为日期格式。

这种问题比较容易处理，可以在信息系统中设定相关的数据校验，如果录入的数据格式不正确，则系统会弹出数据录入格式错误的警告。

（5）附加字段

我们在清洗数据的时候，往往需要添加新的字段以便数学模型可以直接处理数据。例如数据库中可能没有直接的字段来记录员工的司龄，这就需要在添加司龄字段之后，通过入职日期来计算；而员工的年龄则通过出生日期来计算。

1.6.3　数据杂质和噪声

在外部大数据中，因为数据价值密度较低，所以数据中的杂质和噪声很多，需要大量的数据处理工作才能将有价值的数据和信息提炼出来；而企业经营数据，特别是内部采集的数据，价值密度高，几乎所有的数据和信息都是有价值的，因此杂质和噪声也会少很多。

1．数据杂质

所谓的数据杂质就是在数据集中出现了与数据记录本身无关的数据，就如同大米中出现了沙子，需要在处理数据的过程中将这部分数据剔除。

例如录音或者录像数据，其本质上是为了记录企业的经营或者管理活动，但是在录制的过程中可能因为没有活动发生，这部分数据就会成为杂质。例如企业生产线上的监控录像，当企业没有生产时其仍然在录像，那么这一部分时段的录像就可以从整体数据中剔除。而行车记录仪在检测到汽车已经超过 10 秒钟不动时，就暂停录像，当画面有变化时，则及时启动录像过程，这是一种比较智能的数据采集和记录方式。

另外一种杂质是在数据采集或者记录过程中产生的。例如问卷调查，在正式进行调查之前，编制问卷的人首先要做几遍测试，还会找其他人进行测试，以保证正式发布调研结果之后无差错，而这部分测试数据也会被调研系统的后台所记录，这些数据也被称作杂质，在处理调研数据集的时候需要剔除。在调研的过程中，有的人打开了调研链接，但做到一半就因为其他事情耽搁了，稍后又重新开始做该调研，而前面这部分未完成的问卷就是杂质，可以从数据集中剔除。

数据的杂质其实有很多种，使用不同的数据采集方式，就会产生不同类型的数据杂质，数据分析人员需要根据实际情况进行甄别。

2．数据噪声

所谓的数据噪声，就是看似是有用的数据，但仔细查看后该数据并非该数据集中该有的数据，或者仔细分析后没有价值的数据，当然也有一部分是我们无法解释的与其他数据有差异的数据。与杂质数据不同，噪音数据看似是相关的数据，其实价值不大或者根本没有价值。

现在的电商是靠流量和销量说话的，特别是在天猫和淘宝中，买家更加关心卖家的信用。卖家为了获得更多的流量和销量，往往采取"刷"信用的方式来提高店铺的等级。对电商来说，这些"刷"来的交易数据，都可以看作噪声数据。

例如一个订单数据集，在这个数据集中有一部分数据是内部测试形成的，也有一部分数据是竞争对手测试形成的，还有一部分数据可能是消费者测试网站形成的，这些数据就可以看作噪声数据，并非真正的交易数据。

1.6.4 数据清洗

所谓的数据清洗，就是对原始数据进行规范化的处理，减少数据噪音，消除数据的不一致性，并对某些数据进行加工，以便数据处理软件和数据模型能够直接使用。数据清洗是数据处理的工序之一，目的是提高数据的质量，为数据分析准备有效的数据集。

数据清洗的方法有很多，主要与我们所使用的数据处理工具有关。例如使用Excel可以对数据进行查找替换、填充、分列、映射、透视等。如果数据的规律性很强，数据量很大，那么还可以采用 VBA 编程的方式来实现。

在实践中，数据清洗是占用数据分析师时间最长的工作，虽然此项工作的价值产出很低，同时耗费了大量的时间，但是这个工作必不可少。如果我们在数据采集、数据存储和数据传输的过程中，提高数据的质量，保证数据的有效性，那么我们的数据清洗工作可以大幅度减少。而在这个过程中，数据采集的方式、方法，以及自动化智能设备的使用是大幅度提高数据质量的关键手段。

要想在数据清洗环节上节省人力资源，那么就需要在数据系统中加入数据的校验，并制定相关的数据规范，让数据在录入时就是规范的、高质量的。即使是一些用户端口的数据，在录入的时候也要加入校验工作，通过示例的方式提醒用户按照一定的规则来录入数据。

我们经常见到一些网站在让用户录入姓名时，要求用户分别录入姓氏和名字，但是如果不进行校验或者提示用户，则用户很可能会将姓氏录入到名字中，将名字录入到姓氏中，导致未来的数据分析存在问题。比如用户录入欧阳峰，如果"峰"

字被录入到姓氏中，那么系统需要通过后台字典提示用户——"您确信您姓峰？"这种提示虽然降低了用户体验，但对数据的准确性来说还是非常有益的。

1.5.5　如何提高数据的清洗速度

一般数据清洗工作占数据分析师工作量的 70% 以上，而且数据质量越差，这个比例越高。

其实提高数据清洗速度最有效的方法就是规范数据采集和数据记录，从源头把控数据质量。如果源头数据的质量就不高，则数据清洗工作不仅会洗掉脏的数据，甚至还会洗掉某些有价值的数据，导致数据信息量的损失。

程序化方法是提高数据清洗工作效率的有效手段。我们面对的数据集往往比较大，如果手工一个个检查并清洗，则需要耗费大量的人工时间。如果能够对不规范、不完整或者不相关的数据进行较好的分析，总结它们中可能存在的规律性，然后用软件程序自动化完成数据的清洗工作，那么可以大幅度提升数据清洗的效率。寻找数据的规律性是用程序代替人工清洗的基础。

即使是使用 Excel 进行数据清洗，使用透视表＋映射表的方式会比使用手工查找＋替换的方式快很多。有的公司已经将一些常见的数据清洗方法编制成软件，但效果还是不理想，虽然这种数据清洗软件能够大幅度节省人工投入成本，但一般都非常昂贵，一套软件一般在上百万元，并且软件虽然能够快速处理数据，但仍然需要大量的人工干预。

数据清洗工作另外一个非常重要的原则就是：永远给自己留下反悔的余地。

清洗数据时尽量不要破坏原始数据。不能在原始数据集上直接修改数据，如果修改了某些有价值的数据，那么可能很难再找回来；如果发生了错误，那么可能是灾难性的。所以要先备份数据后再清洗。例如如果想要规范日期格式，那么要在

Excel 中添加一列，让之前的日期数据保留着，如果看着不舒服，则可以采取隐藏的方式，但是直接将其删除或者替换都是不可以的。

这里特别要强调的是，在对数据进行清洗时，禁止使用"查找＋替换"的方式，因为这种方式改变了原始数据，如果发生错误，而 Excel 的撤销功能又不能启用，那么麻烦就大了，即使保留了原始数据副本，可能之前的数据清洗工作也会白做了。当数据量非常大的时候，在做任何有可能让数据集发生改变的操作之前都要做好数据备份工作。

在利用 Excel 进行数据清洗时，可以将同一个字段的数据制作一个映射表，然后让 Excel 根据映射表对数据进行查找和替换，这里常用到的功能是 VLOOKUP 函数。例如地址字段中城市的名称，如果用户在录入数据时不是通过下拉列表选择的，那么他们填写的信息肯定五花八门，虽然人工能够识别，但机器不能识别。所以可以通过透视表功能将所有的城市进行统计汇总，然后人工识别后建立映射表，再把原始的地址映射回去，从而将地址字段中的城市名称标准化为一个唯一值，之后再对数据以城市为单位进行统计汇总时，数据才会准确（见下图）。

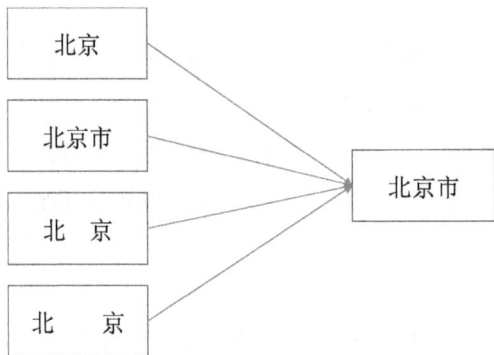

也可以利用第三方工具进行数据清洗。大多数第三方数据清洗工具都是先构建一个映射表，根据数据的特点进行猜测、精准匹配并用后台的"字典"来映射数据，然后将规范化的数据输出。第三方工具在适用性上往往都存在一定的缺陷或者适用于不同的数据集，有的适合客户数据的清洗，有的适合产品订单数据的清洗，而有的适合社交媒体网站数据的清洗。在选择第三方数据清洗工具时要进行评比，用一个比较小的数据集进行测试之后再购买。这类第三方工具一般都比较昂贵，动辄几十万元或者上百万元，所以要慎重选择，并且最好购买对方的服务。当数据清洗效果不佳的时候，要让对方的技术人员参与，制定更加符合自己的数据集的"字典"。目前国际上比较先进的第三方数据清洗工具对国内的企业来说都不太好用，这主要是由中文的词语结构等问题导致的，大多数的数据清洗工具都是针对文本类和数字类数据的，中文的语种结构与西方的各种语种结构有着较大的差别，所以在数据清洗上有一定的局限性。购买软件公司的服务可以优化数据清洗质量，如果企业的数据量级达不到 TB 级别，则购买这些服务就要看值不值得了。

2

数据分析的目的

数据是数字化的证据——没有记录下来的事情就没有发生过

追溯——追责、求根源、求真相

监控——监督、检查、评估、监控、检测

洞察——探寻规律，掌握发展的钥匙

商机——挖掘未被满足的需求

预测——指导未来实践的规律

数据是事物存在、发生和发展的数字化的记录，只有事物发生了才会有数据记录，有了数据，我们才能了解过去发生了什么，才能对这些现象进行分析，总结出一定的结论和规律，并指导我们的社会实践活动。所以，数据分析的目的是为了对过去发生的现象进行评估和分析，找寻事物存在的证据，并在这个基础上对未来事物的发生和发展做出结论并形成能够指导未来行为的知识或者依据。

2.1 数据是数字化的证据——没有记录下来的事情就没有发生过

在破案的过程中，需要保护犯罪现场，要从犯罪现场中的各种证据中分析犯罪过程，如果能够还原犯罪过程，那么就能够破案，从而证明嫌疑犯有罪。

企业的管理也一样。企业的各种业务活动也必须要记录下来，要证明员工做过什么或者员工是怎么做的，如果出现错误，则谁该对错误负责；如果做出业绩，则是谁做出来的。业务活动记录是成果或者结果的证据，是赏罚的证据。

笔者在外资企业工作的时间比较长，一般管理比较成熟的外资企业都有一套保存业务活动记录的规范或者规则，并且有一个不成文的规定："没有记录下来的事情就没有发生过。"事情做完之后需要写工作日志，填写各种报表，以及在各种标签、标记、记录、日志上签字或者盖章，虽然这些过程并不能为你所做的事情增加任何价值，但如果这些事情没有做，那么你的工作就白做了，这就是管理比较完善的企业所遵循的基本准则。因为只有记录下来，公司对各种事项和业务活动才能够追溯，没有追溯，你所做的工作价值就不能得到进一步的彰显，所以宁可"浪费"大量的时间，也要记录。

而国内的企业一般都充斥着"捷径思想"，从老板到高管，从高管到中层管理者，从中层管理者到基层管理者，都存在"务实思想"，即认为事情做完就好了，记录不记录无所谓，向上级或者同事说一声就可以了，不需要留存记录。所以这些企业沉淀的数据也不多，出现问题时"死无对证"，要想查找过去做了什么，只能凭借管理者的"记忆"。而人的记忆力是有限的，具体在什么时间和谁做了什么事情，即使记得，也很难精准地还原，另外，不同的人可能存在不同的记忆。没有对过去的总结，企业就不能积累经验，就不能完成公司能力的迭代升级，即使运营了20年，公司的管理能力和管理水平还是那个样子，最多就是因为招募了更加优秀的人使得公司的整体人力水平获得了提高，原有的团队还是没有迭代升级式地成长。

如果没有记录，则公司的经历就不能积累和沉淀为"经验"，公司就不可能真正积累"经验"，当人才流失后，公司的"经验"会随着这些人才的流失而流失了。这还是比较不错的情况，更为可怕的是，这些"经验"有可能会成为竞争对手的"经验"。

2.2　追溯——追责、求根源、求真相

数据是数字化的证据，可以用来追溯历史，让我们知道过去到底发生了什么。在管理上，我们可以追溯到底是如何发生了问题，可以追溯责任、追溯成就、追溯过程，了解驱动事物发展的根源。没有数据记录就无法追溯。

为了保证产品的品质和用户的安全，很多公司都会建立质量追溯机制，对产品的生产过程进行全程追溯。当产品发生质量问题时，可以追查是谁生产的、是谁质检的、是谁研发的、是谁采购的部件或者材料，到底是什么影响了产品的品质，这样不仅能够追溯到个人，还可以追溯到发生问题的过程和源头，从而改善管理过程，避免出现同样的问题，这是企业品质管控最基本的流程。

既然是为了追溯"真相"，追溯到底发生了什么，那么数据记录就必须具备"证

据效力"，要有各种完善的数据记录标准和规范，以及对数据和信息进行更加完备的记录，从而能够让事物的回溯更加全面，甚至是完全重放。文字和数字的记录形式最为简单，数据量小，好保存，便于查阅或者检索查询；而声音和图片的记录内容更加丰富，但在查询方面对技术的要求较高；视频或者 3D 视频的记录数据量级大，查询或者检索需要人工参与，现在计算机自动查询或者检索视频的能力还非常有限，能够快速解读视频的人工智能程序还没有被开发出来，或者目前还未见有商业应用。

法律上对证据的法律效力有明确的规定，虽然这些证据的法律效力远远落后于科技的发展。例如电话录音、电子邮件、电子文件等不能作为法律取证依据，个人拍摄的视频也不能作为具有法律效力的证据，但某些权威机构或者不为个人所控制的公共设施则具有一定的第三方公证的意义，在法律上往往会得到更大程度的认可。在企业的数据化管理上，有些信息和数据的保存也需要注意证据的效力性。一方面，公司可采用不为个人所左右的"公共设施"来记录数据，从而保证数据的真实性；另一方面，对于书面内容，可以通过增加见证人的方式来保证数据的真实性。笔者20 年前在一家公司的实验室工作时，每次实验完成后都要在实验记录本上记录整个过程和实验结果，并且实验室管理员也要在实验记录本上签上共同见证的签字和日期，如果实验室管理员不在，则需要其他更高级别的经理负责签署，而这些签署认可都必须要在当日完成，超过 24 小时未签字确认的记录都需要说明原因。

在数据对企业越来越重要，数据记录越来越方便，形式越来越多样的时代，数据记录与否只是管理问题，而管理问题的根源在于管理者的思维，管理者只有认识到数据的重要性才能让数据记录更加完善和健全，有了数据才会有数据分析，才会有对过去的追溯。如果觉得记录数据是一个可有可无的程序，那么肯定不会有数据的积累，也就不会有对历史行为的追溯，出现问题就不会有人负责。特别是当执行者不够自信或者不敢担当责任的时候，更会让这些执行者拒绝记录数据，这也是在大多数情况下在企业中推进数据记录时遇到的阻力。

2.3　监控——监督、检查、评估、监控、检测

企业在记录数据的基础上会进行数据分析和处理，形成一定的过程控制指标和管理指标，最终形成绩效评价指标。这些指标可以让企业的各层级管理者能够随时查阅相关任务的执行情况，从而对出现的问题和情况能够第一时间知道并采取相应的措施。

数据指标的建立可以让各级管理者即时地观测和掌控当前业务运营状况，能够随时根据企业当前的运行状况调整策略。监控的目的是为了保证业务的发展能够按照计划的轨道行进，如果过程中发生了偏差，则需要随时调整政策，无论这种偏差是正向的还是负向的。如果是正向偏差，那么就意味着当时计划过程中的预测过于保守，需要对预测重新审视；如果是负向偏差，那么就意味着预期的效果没有达成，需要审查过程中出现了什么问题并分析原因，找到根源，然后解决问题。监控是为了控制整个公司的业务流程按照既定的方向和目标而执行，而不是走偏了方向。

由于人并不能像机器一样完全按照既定的程序执行，但人又参与到各种监控过程中，所以以监控为目的的数据指标可视化体系往往会被人为地忽视或者阻挡，企业的高层管理者要有足够的意识，必须要确保监控指标的真实性，以免在执行过程中被人为修改，不管是无意地还是故意地漏掉相关数据导致数据的不完整。

就如同城市里安装的监控摄像头一样，每个人都不希望自己被监控着，所以我们会要求明示安装视频监控摄像头的位置。是否被监控，有些时候是你无法左右的，而且你会觉得有监控的好处大于没有监控，但是监控信息需要被安全地保存并妥善地处理，以免违反相关的法律法规。

美国影片《国家公敌》就描述了政府为了国家安全在所有的地方都安装了摄像头，甚至在著名影片《1884》中也有相关的描写。当我们每时每刻都被监控的时候，我们就已经失去了自由。自由是相对的，而监控是数据的应用价值之一，监控是数据采集的方法之一，也是数据的应用之一。

2.4　洞察——探寻规律，掌握发展的钥匙

所谓的洞察，就是理解事物为什么会发生，找到事物发展的规律，并对未来事物的发展进行预测。商业洞察就是对商业逻辑的探寻，寻求商业现象背后的逻辑和因果关系，从而为商业决策提供依据。人类的洞察力来自于对外部世界的敏锐观察，并将观察到的信息经过大脑加工形成对外部世界万物的认知，基于这些认知做出更加正确的决策，从而能够获得更好的收益。

数据分析的终极目的是预测未来事物如何发展。如果我们对商业社会现象有足够的数据，通过数据挖掘，找到事物的发展规律，则必然能够对商业社会的近期和中期的发展方向与趋势做出一定的判断，这就是数据分析所带来的洞察。

在传统的商业模式下，很多公司除设立了市场部门还设立了市场研究部门，它们利用统计抽样的方法了解市场情况、消费者的需求，并利用统计分析的方法来寻找规律，获得商业洞察。在大数据时代，越来越多的数据集让企业有更多的资源来获取商业洞察。

无论是相关性或者关联性关系，还是因果关系，应用这些事物之间的关系来对未来做出预测和判断，以及利用这些关系来把控事物的发展方向，都是大数据时代下的需求。并不是大数据不强调因果关系或更注重关联关系，而是大数据的量级与分析成本还很高，与其花费大量的时间去研究事物之间的因果关系，还不如利用数据挖掘成果快速做出行动，最终发现因果关系，这对于指导企业做出规划大有裨益。

2.5　商机——挖掘未被满足的需求

大数据是数据加工的方式，代表着人们的思考方式。数据分析过程就是人们思

考的过程，这些思考的过程不断沉淀，会形成丰富的处理数据的方法，也会产生更多的价值和智慧。

这些智慧是我们赢利的基础。如果要想获取更多的财富，必须要了解事物发展背后的逻辑，并利用这个逻辑来指导自己的日常生活。当我们掌握了更多的规律之后，就能够减少决策失误，从而在发现的商机中获得超额的回报。

数据分析能够帮助我们发现商机，商机代表商业机会。商业机会都带有时效性，如果今天的数据分析揭示了新的方法和理论，最好明天就付诸实施，如果没有及时实施，则商机就不再是商机了。

2.6 预测——指导未来实践的规律

预测是数据分析的终极目标。

前面我们提到"数据"是数字化的证据，而在日常管理上，数据的价值更加在于其是"数字化的依据"，是决策的依据。而如果要作为依据，那么数据就必须对未来的状况做出判断，即要对未来做出预测。数据分析是为经营和管理决策服务的，最终还是要指导我们未来的实践，所以预测是数据价值最能发挥力量的地方。

但我们也知道，预测也是最难的。无论是对经济的预测还是对天气的预测，都对我们的生活带来正面的影响，如果我们能够预测到天气变化，就能够提前做好应对措施，将恶劣天气带来的影响与损失降低到最小；如果我们能够预测到未来经济的变化，就能够及时做出判断，为未来的经济发展做好准备；如果我们能够预测到竞争对手的策略，就能够提前做好应对措施，确保不被竞争对手打倒；如果我们能够预测到客户的购买量，就能够提前生产，缩短交期，提高客户的满意度。

　　预测是我们认识客观世界的基本技能，也是自然科学研究的基本出发点。通过分析历史数据能够掌握事物的规律，从而就可以推导未来的事物变化，从而做出更好的应对策略。淘宝的大量交易数据让阿里巴巴精准预测了 2008 年的金融危机，从而让其能够有效规避了席卷全球的经济危机带来的影响。而在 2000 年左右，有大量的互联网企业倒闭了，虽然有很多企业拥有大量互联网用户的数据，但是因为缺少对数据的分析，对互联网的发展变化凭感觉做出了错误的预测，导致经营决策错误，最终倒闭。

　　预测是一门科学，需要丰富的历史数据和长期探索的算法。这些预测的方法也需要根据外部环境的变化做出调整。没有一个方法能够精准预测未来，而我们努力做的就是达到更加精准。

3

数据分析的思路

3.1　先总后分，逐层拆解

先总后分的数据分析思路，让我们在分析细节问题时能够有全局的观念。如果一上来就陷入到细节的分析中，则往往对数据的差异性解读不知所终——为什么会这样呢？发生了什么？为什么会发生这种情况？要回答这些问题，往往需要将问题本身放到一个更大的环境中去看。

什么是先总后分的思路？

例如公司的利润下降了，这是一个汇总的数据，要分析公司利润下降的原因需要通过数据来查找。因为利润的公式为：

$$利润 = 收入 - 支出$$

利用这个公式我们可以把一个总的问题——利润问题，转化为两个相对较小的子问题。利润下降的根源存在 5 种可能：（1）支出不变，收入减少；（2）收入不变，支出增加；（3）收入和支出都减少，而支出减少更少一些；（4）都收入和支出都增加了，但支出增加更多一些；（5）收入减少而支出增加。接着可以继续对这两个子问题进行进一步的拆解。其中：

$$收入（销售额）= 销售单价 \times 销售数量。$$

如果是收入下降，那么有 4 种可能：（1）销售数量不变，销售单价下降；（2）销售单价不变，销售数量下降；（3）销售单价和销售数量都下降；（4）销售单价和销售数量一个增长而另一个下降，下降的那个要素下降的幅度更大一些。

如果问题出在支出部分，那么支出部分可以按照上面这个分析思路进行拆分。

如此一级级不断拆分下去就是先总后分的分析思路。先总后分的分析思路的好处是先有整体后有部分，即先有整体的概念，再在整体的组成要素中寻找造成整体变动的原因，找到原因之后再继续拆分，直到无法拆分为止。当要素不能拆分时，往往这些要素要么是不可控的外部因素，要么是能够内部控制的单因素，这样就能够找出解决问题的方案了。

在从总到分的分析过程中可能会有不同的要素拆分思路，在上例中，总销售额可以是销售数量×销售单价，或者是销售人员平均业绩×销售人员人数，或者是单店平均销售额×专卖店数量，或者是客户数量×单客户平均成交金额，还可以是复杂的求和公式。拆分方式不同，我们追根溯源的思路就会不同。当用销售单价作为因子去分析的时候，我们在考察客户销售额和客户数量，即我们在客户开源或者客户管理体系中是否存在的问题；当我们用销售数量和销售单价作为因子的时候，我们是在考察产品中存在的问题；当我们用业务人员作为因子的时候，我们是在考察业务人员的努力程度的问题。要素拆分的视角不同，考察的内容就不同。要考察什么，就从什么视角进行要素拆分，这样才能真正找到问题的根源。

先总后分的分析思路很容易理解，但是当我们拿到数据开始思考和规划该从什么角度进行分析的时候，往往忘记了基本的出发点。拿到数据集后我们的第一反应应该是：这是一个什么数据集，这个数据集中有哪些方面的数据，每个方面都有哪些信息点，每个信息点都能够获得什么信息，不同信息点之间是否有关联影响，能否通过信息点的组合产生新的信息点，这一系列的思考本身也是"先总后分"的结构，然后再开始着手从总的视角进行拆分。

例如，下面需要分析公司中几千名员工的基本信息表。除非上级经理已经指定相关的分析思路和方法，以及提出了对分析结果的要求，否则我们需要自己在数据集中探索出有价值的数据分析结论，从而为公司的管理者提供决策依据。可以先看看员工的基本信息表中包含了哪些信息，一般有以下几种：

（1）人口统计学特征数据字段（性别、年龄、身高、体重、血型、种族、出生日期、籍贯、住址、婚姻状况、子女生育状况等)。

(2)员工教育培训和学历等信息(教育经历、专业学科、特殊技能、参训课程等,主要反映员工的技能状况)。

(3)任职经历(公司、岗位、取得的成果、入职日期、岗位调动历史等)。

(4)身心健康相关信息资料(体检记录、身体疾病记录等)。

(5)宗教信仰等,也包括因为种族或者宗教信仰所影响的饮食禁忌、生活禁忌等。

先把信息表分解成为几大类数据,然后将每一类数据细分到具体的字段,这样有助于我们了解整个公司的人才结构、能力水平分布、员工来源地分布。通过从不同方面进行统计汇总分析,我们可以了解目前公司的人员管理状况,以及可能存在的问题。如下图所示,2008—2009年,公司因为经营状况不善进行过裁员,并且没有招聘新的管理者,那么公司目前的中层管理者就有可能断层——除非人力资源部门已经早有预案,并招聘了一部分中层管理者来弥补这个潜在的管理断层风险。

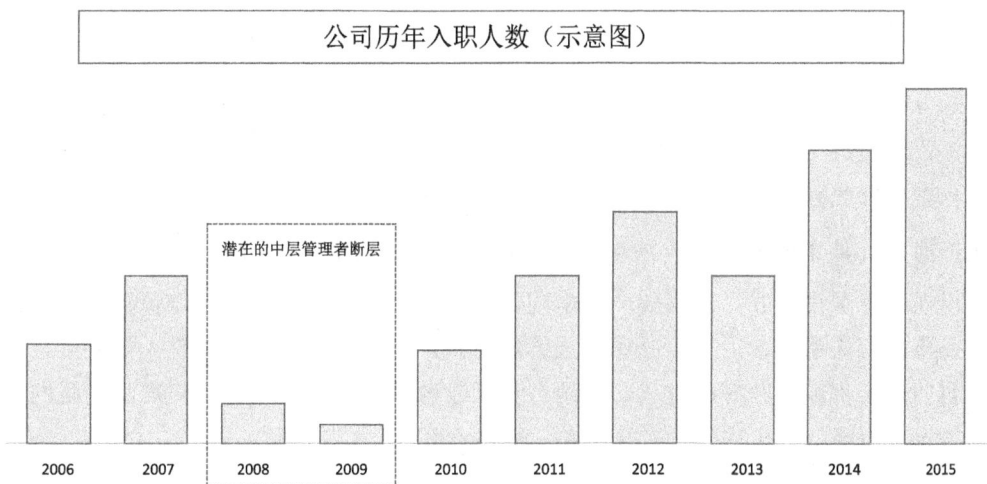

公司历年入职人数(示意图)

潜在的中层管理者断层

2006　2007　2008　2009　2010　2011　2012　2013　2014　2015

综上所述，先总后分的分析思路是所有数据分析工作的基础，使用此思路能够初步解决拿到一个数据集不知该如何进行分析的问题。

3.2　抽丝剥茧，寻踪问迹

根据先总后分的结构分析思路，我们在每个层级中都可以找到存在问题或者有差异的因素，然后针对这些因素进行再次拆分，顺藤摸瓜，直到找到问题的根源。这种分析思路需要强大的精细化的原始数据作为支撑，如果一个公司中的数据不完善和不全面，在层层追踪的时候就会继续不下去，也就无法找到问题的原因。

笔者在为某家公司做数据分析的过程中发现一个规律：当公司的生产额偏低时，产品的返修率和退货率就会上升，当公司在旺季产能几乎饱和的状态下加班加点生产时，产品的返修率和退货率都极低。我们本来以为生产越忙，产品的品质肯定会被忽略，容易导致次品的产生，但事实数据表明我们错了。继续追究原因时，我们发现缺少足够的数据支撑，无法追究下去，所以只能从产生次品的原因（"人机料法环"的维度）逐步确定对比的方法，然后通过设定数据采集点，进一步跟踪这个问题。当历史问题因为缺少数据而无法得到解答时，只能等新的数据产生之后再研究原因。

后来我们发现主要的原因来自人的因素，因为生产不饱和时，计件工资的工人工作积极性不高，容易懈怠，导致次品的产生率较高，而在生产饱和甚至加班加点生产时，计件工资的工人收入很高，工作积极性高，他们生怕犯错后被公司开除，所以做事也非常小心，次品的产生率较低。可见一线工作人员的工作积极性与产品的品质是有关系的。后期该公司加强管理，做好生产计划预测，调整人员数量，让上班的员工都能有较好的收入，并结合员工教育培训，让员工认识到产品品质的重要性，从而降低了淡季时产品的返修率和次品率。

任何一个小的现象背后都可能蕴藏着巨大的机会。在进行数据分析的过程中，对于特殊现象要明察秋毫，抓住一个点，然后用数据去追踪，直到找到问题的根源。要有抽丝剥茧的精神，把各种各样的经营活动现象理清理顺，不出纰漏，这一方面需要对业务充分熟悉，另外一方面需要一种精神，一种严谨的态度，这也可以说是数据分析人员的"工匠精神"。虽然现在是大数据时代，但是大多数人认为现象背后的因果逻辑关系并不重要，但笔者认为，这个因果逻辑关系仍然很重要，但是如果希望快速得到价值回报，则可以先根据关联关系等现象采取一些手段将分析结果用于调整企业的经营和管理，但是如果能够找到背后的原因，那么对于丰富我们对数据的理解非常有好处，甚至会成为一种知识，一种对群体现象的 Know-how（诀窍）。

关注细节是数据分析师首先要具备的能力。细节能力在于能否在微小的差异下感知差异驱动因素的能力。一般人最多能够感知两位小数的差异，而敏锐的数据分析师能够从微小的差异中找到驱动差异的因素。一般我们会说 9.5% 和 9.4% 没有太大的差异，但是数据分析师会追踪这个差异是由什么因素导致的，会不会有一些新鲜事物发生，这些新鲜事物在未来是否具有成长性的力量。例如在客户中忽然多了一类新客户，这类新客户是不是一类新的趋势，是否需要关注，经过几个月或者几次的接触之后，数据分析师会将自己敏锐的视角转向这个维度，通过长期对数据跟踪，给出一个前瞻性的预判。

关注奇异点。在统计学占领导地位的数据分析时代，我们在对一个数据集进行分析时，往往会对数据进行描述性分析，即将显著的 outlier（奇异点）都去除之后再进行分析。因为我们认为这些奇异点数据往往是受随机因素影响而产生的，我们更加关注核心的问题，所以会消除奇异点再做分析。现在的大数据不再是抽样数据，而是完整的数据集。存在就有其合理性，这种存在的背后一定有其存在的原因，而任何一种存在都有追踪的价值。

例如某电商平台在纳斯达克上市之前，其网上商城的各种品类中几乎都上架了一些价格超高的超级奢侈品，如一台笔记本电脑定价 298888 元（接近 30 万元），一枚钻石戒指接近 99999999 元（接近 1 亿元），一台专业单反照相机机身定价 29

万元。高价产品充斥了整个电商平台，这些商品甚至被放到首页。笔者不敢说该电商平台在上市前"刷单"，这需要内部数据的审计才能有确凿的证据，而外部的人是很难得到真实数据的。作为一名分析师，对事物变化感知的敏锐性是基本的能力，在对这个电商平台做出重大投资决策时，需要有敏锐的观察，要提出质疑，作为机构投资者让该电商平台出具交易明细记录数据进行审计也是值得的。

作为一名数据分析师，不是简单地处理数据这么简单的，更重要的是要理解数据背后的逻辑关系。很多人说大数据不需要关注因果逻辑关系，只需要知道数据之间的关联关系就可以了。而笔者认为这是错误的认识，是急功近利的表现，虽然这样可以取得短时间的经济效益，但理解数据背后的逻辑关系，可以让我们更好地做出预测。

互联网改变了信息的传播方式，改变了人们的沟通方式、交易方式和生活方式。互联网让消费者发出了声音，所以消费者的话语权变重。企业必须要按照消费者的需求组织生产，以满足消费者的需要，这也改变了很多公司的经营方式和商业模式，重置了消费者和生产者之间的关系结构，有了C2F（C2B或者C2M）等各种新的经营模式创新。

大数据改变了信息加工的方式，也必将改变我们的思考方式、认知事物的方式、认知社会和大自然的方式、应对大自然和社会各种活动的方式。在企业管理中，大数据会改变我们的管理方式、决策机制。大数据必将产生更多的智慧，让我们更加聪明地做事，更加有效地做事，减少浪费，提高工作效率。大数据让资源的利用更有效，让资源配置达到最优化，进一步提升人类的创造能力。

现在我们还不太清楚大数据将改变什么，就如1999年到2000年时[1]，我们还不清楚互联网能够改变什么一样。

---

1 1999年到2000年，互联网泡沫前期，当时人只是认为互联网是一种信息传播的方式，是一种媒体，是一种让全球都能够看到各种信息的工具，但现在这种认知已经完全颠覆了。

必须要追求因果关系，必须要追求现象背后的逻辑关系，这样我们才能从大数据中产生智慧，而不是仅仅产生现象之间的关联关系。

3.3　内涵外延，概念清晰

数据分析最终都要形成结论，而结论是对数据所揭示的洞察的定性化总结。这是一个从定量分析到定性总结的过程，是形成洞察和"智慧"的路径。例如，沃尔玛分析了其购物车，发现啤酒和尿布有非常高的关联性，买尿布的购物车中总会有啤酒，所以他们形成了一个结论：啤酒和尿布有高相关性，把啤酒和尿布放到一起，能够更好地促进两者的销量。这个结论就是定性的总结，是研究大量数据之后得出的结论。

随着这个案例的传播，"啤酒与尿布"这个词逐渐成为一种关联关系的代名词，或者是一种购物篮分析方法的代名词，这就形成了一个概念。这个概念有内涵：购物车中的尿布和啤酒的共存关系；这个词也有外延：关联关系、购物篮分析算法模型，以及其他数据挖掘分析的应用等。

我们在做数据分析时要特别注意概念的清晰化，容易产生多种理解的概念要详细解释，不可以让概念产生歧义，衍生出错误的认知。

大数据的概念同样有内涵和外延，甚至不同的人有不同的认知。随着大数据技术的发展，我们对大数据概念的理解肯定会发生变迁，甚至会发生颠覆性的变迁，我们要随时准备好。

所以在数据分析的过程中，概念要清晰，要有明确的内涵和外延，必要的时候要做好精准的解释。例如我们从销售数据中看到去年年底 11—12 月销售额技术性下跌，到了今年的 1—2 月销售额又开始了大幅度的上涨，那么就有可能存在"囤货"

的现象。囤货是一个概念，是指销售人员在一定时间内"惜售"。当产品价格处于快速上涨的时间段内，有存货的经销商就可能会存在惜售行为，因为晚卖一天，产品的价格就有可能提高1%，这对经销商来说有强大的吸引力。当然，如果销售团队完成年度目标后，超额完成的销售额会影响来年的销售计划和目标，而对激励影响不大甚至有负面影响时，销售团队也会"惜售"，产生技术性断货，从而导致公司丧失一定的销售机会。因此，对"囤货"的概念的解释要做到清楚和明白。

与"囤货"相对应的是"压货"。所谓的压货是指通过调整销售政策，将更多的产品销往渠道或者终端用户，从而在短时间内提高销量的方法，其中包括一些促销活动。本质上的压货是指为了快速完成销售业绩而采取的各种措施，并非产品被快速消费掉了，而是形成了渠道、中间商或者最终用户的库存。例如，销售团队在年底为了冲刺销售业绩，给渠道商非常优惠的条件，例如只要渠道商的订货量达到某个标准，就可以享受一定的折扣，大幅度的让利让渠道商一下子进了很多货，而这些货是一下子卖不出去的，需要更长的周期才能消化，但销售团队的业绩完成了。这种现象会让公司提前消费了市场需求，不但不会扩大市场，反而会损害公司的利润。

3.4 可视化作图——按照认知规律作图展示

数据可视化本身就是一种数据分析方法，把数据用可视化的方法展示出来，本身就说明了一个故事，表达了一个观点，形成一种定性的判断。虽然在图形中没有写一个文字，但是图形却能呈现出强烈的数字对比。

如下图左图所示，当我们把中国的GDP和全球其他发达国家的GDP放到一起时，可以看到中国排名第二，远远拉开排名第三的日本，并且是日本的两倍还多。但当我们看到右图时，发现中国人均GDP还不足日本的四分之一。除必需的标示外，在图片中没有多添加任何的评论或者总结性语言，但这两张图告诉了我们很多内容，虽然每个人的解读不同，但获取到的信息已经足够丰富。数据可视化本身就是数据分析的方法。

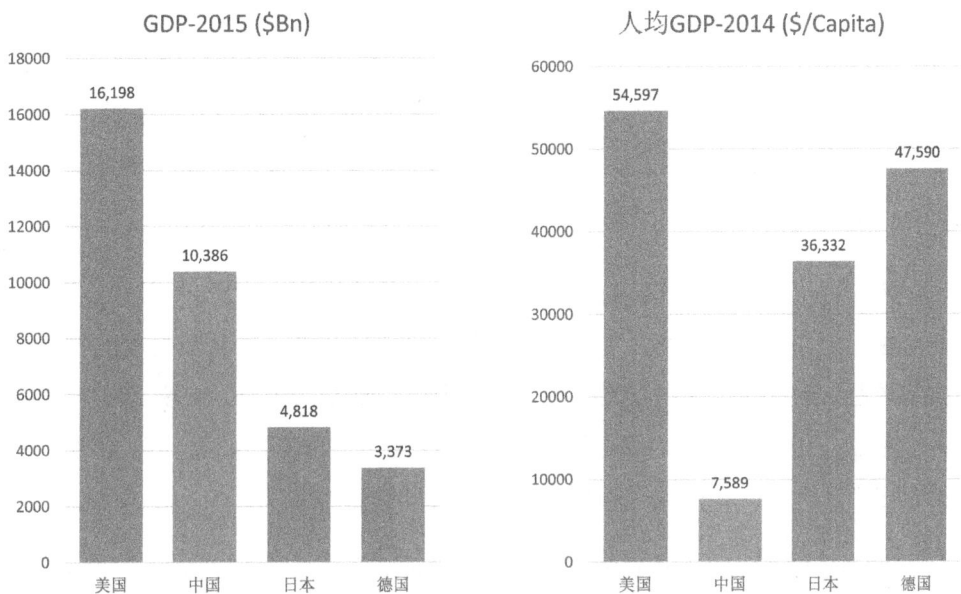

同样的图形会有不同的解读，因为不同的人会有不同的理解和看问题的角度。

甲说：虽然中国人均 GDP 非常低，远远落后于其他国家，但中国的综合经济实力已经是世界第二，而且远远拉开与第三名的距离——乐观主义者。

乙说：虽然中国的 GDP 在世界排名第二，但中国的人均 GDP 非常低，不足日本的四分之一，只有美国的七分之一——悲观主义者。

丙说：虽然中国的 GDP 不足美国的三分之二，却养活了四倍于美国的人口总量，我们确保了 13 亿人口的生活和生存质量，基本解决了温饱问题，并且在向小康社会前进——社会学家。

无论你的图形多么中立，总有人会有特殊的看法，就像相同的颜色在每个人大脑中形成的影像是不同的。

一对多年未见的好友一起走进了一家豪华的餐厅，点了一份78元的豆腐汤，在奢华的环境衬托下，他们并未觉得这个价格有什么问题。这对老友中的一个人第二天与一个同事去大排档吃午餐，点了一份同样的豆腐汤，售价为38元/份，这两个人都觉得这个价格贵了。为什么会有这种心理变化？环境不同而已。所以，环境本身也会左右我们对事物的看法，我们的看法既然会受到环境、情绪的影响，必然地，我们的看法就无法真正达到中立。

既然我们容易被环境所影响，在用图形表达数据的时候就要尽量避免人为的差异性存在，比如同样是红色，有些人认为是血淋淋的，有些人认为是激情洋溢的；同样是绿色，有些人认为是春意盎然，有些人认为是冷冰冰的。即使是同样的颜色也会有色温、色调的差异。为了避免这些问题，在一套图形中，要尽可能地选择一个比较符合逻辑的颜色序列来搭配，以保证表达的一致性。

在进行图形化表达的时候，要符合人们认知事物的逻辑，从而不需要更多的解释，让图形自己会说话。

3.4.1　点图——相对位置、相关关系

点一般用来标识一个事物的"位置"，以及在"位置"上的相互关系。在做点图时，一般至少要用两个维度来描述事物，然后用点标识该事物在两个维度上的位置关系。两个维度比较容易做成象限，4个象限（2×2等分）或者9个象限（3×3等分）均可。如果多个点在一张图上，则可以标识各个点之间的相互关系，于是就做成了"散点图"。

下图是两张点图，每个点代表一个事物，其从两个维度上来评测了这个事物。这样的例子有很多，如波士顿矩阵、麦肯锡·GE矩阵等。

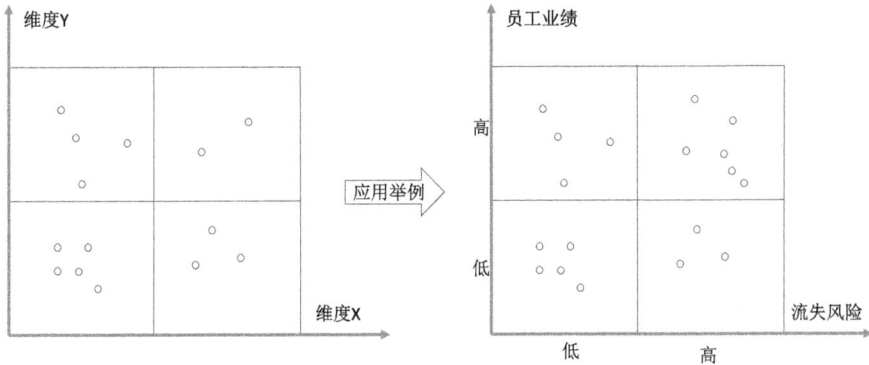

如果点代表的是同一个事物在不同条件下的状态，也就是说是一个事物在两个维度下不同的状态值，则可以根据点图的分布了解两个维度参数之间的关系。

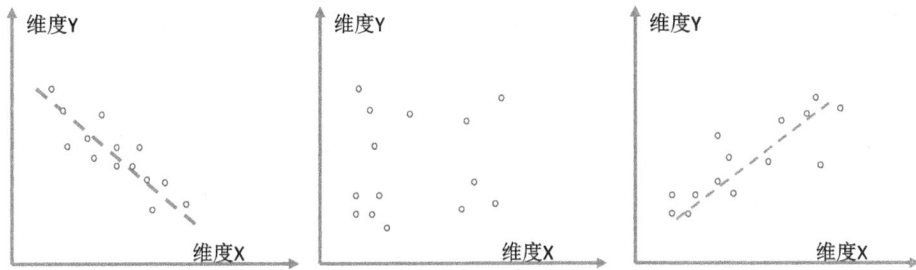

散点图是一个比较好的用来标识两个事物之间关系的工具。例如一个公司采用计件工资与计时工资相结合的计薪方式，因为生产的波动性较高，且员工受劳动合同法的保护，公司不能灵活地调整员工数量，所以员工数量（或者员工工资总额）与产量之间存在一定的不确定的关系。而这个关系在理论上来说应该呈线性关系，实际上的差别有多大，与公司人力资源管理的敏捷性有非常大的关系，它是衡量人力资源管理能力的重要指标，因此可以用点图来表示。

下面这张图标识了公司在两年内每个月参与生产的人数与公司月度的产值情况，其中2011年的人数控制能力明显下降，2010年的人数控制得非常好，线性关系非常明显。

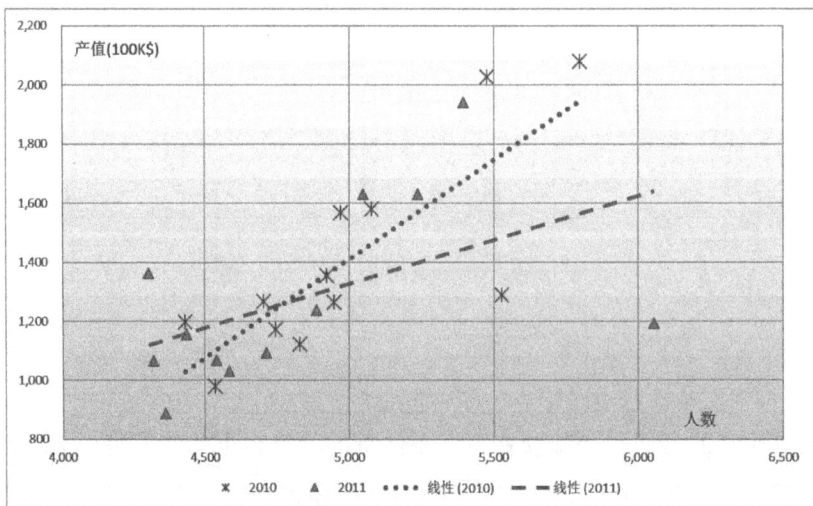

3.4.2 气泡图——点图的延伸，结构组合关系、相对位置、分类

在点图的基础上，把每个点的大小也标识出来，就形成了气泡图。气泡图是在点图的基础上延伸出来的，具有三维变量衡量的指标。每个气泡代表不同的事物主体，各个主体在三个维度上的差异决定着气泡图的位置和大小，如下图所示。

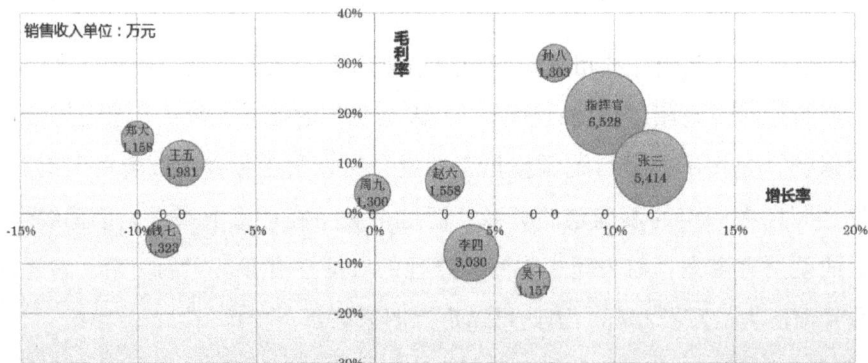

使用气泡图可以对产品、客户、市场、区域、业务、员工、竞争对手、供应商、渠道商等各种主体进行分类分析，用气泡大小来代表主体的大小。

3.4.3 线图——变化趋势、变化特征、规律

线图一般用来标识事物发展变化的趋势和规律（见下图），通过线条的变化我们知道事物沿着什么样的轨迹在发展，未来会发展到什么地方——潜意识地就会延伸下去。人们能够根据线条的形状做出特征和规律的总结，不需要特殊指明。

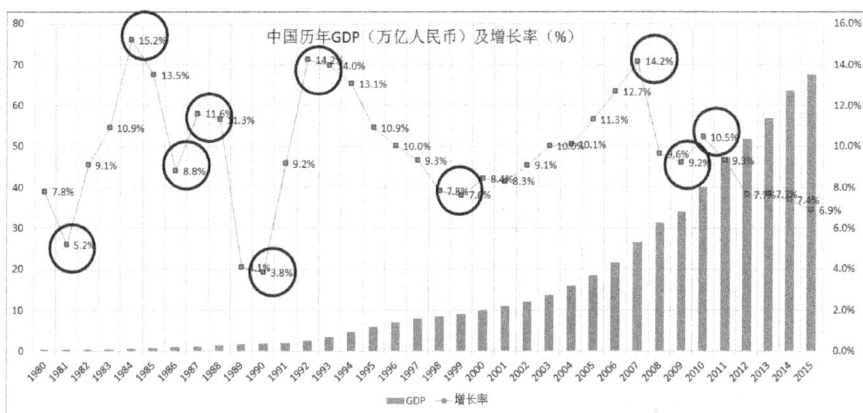

如下图所示，将中国自改革开放后历年 GDP 的增长率放到一张图中并用曲线来表示，我们很容易就可以看出有 3 个倒立的"V"字。

这3个倒立的"V"字代表着中国经济发展的3个重要历史时期。第一个倒立的"V"字是中国处于计划经济转型到市场经济时期。1979年是中国改革开放开始之年，此时释放了大量的市场机会，"下海"成了热词，只要是下海早的人，基本都捞到了第一桶金。此时是中国经济快速发展的"机会红利期"。随着机会越来越少，之后中国经济增速开始出现下行。

第二个倒立的"V"字是中国处于经济改革的第二个时期。1991年，邓小平南巡，开放经济特区，在这个时期中国为了购买国际的技术和设备，放开出口，此时"出口换汇"是热词。大量的产品出口拉动了中国经济的发展，因为出口加工需要大量的劳动力，剩余劳动力得到充分利用，此时是"人口红利期"。随着就业程度的饱和，劳动力成本上升，之后中国经济增速开始出现下行。

第三个倒立的"V"字是中国处于经济改革的第三个时期。2001年，中国正式加入WTO（世界贸易组织），各种进出口壁垒逐步得到消除，中国迎来了更加宽松的政策环境，这个时期可以算作"政策红利期"。中国经济在2008年世界金融危机之后出现大幅度下滑，为了延缓经济下滑，中国推出多个万亿元投资政策，资本红利延缓了经济增速的下行，但效果没有预期中的好，持续下滑成为不可逆转的趋势，直到现在。

要想了解事物的发展变化规律，线图是最直观的表现方式，它能够让你一眼洞穿数据背后的变化情况。如果将上图中的中国历年GDP数据换成表格的形式（见下表），则普通人是无法直接获得非常直观的洞察（Insights）的。

中国历年 GDP 数据

年份（年）	GDP（亿元）	增长率（%）	年份（年）	GDP（亿元）	增长率（%）
1980	4546.62	7.80%	1998	84402.28	7.83%
1981	4891.56	5.20%	1999	89677.05	7.62%
1982	5323.35	9.10%	2000	99214.55	8.43%
1983	5962.65	10.90%	2001	109655.2	8.30%

续表

年份（年）	GDP（亿元）	增长率（%）	年份（年）	GDP（亿元）	增长率（%）
1984	7208.05	15.20%	2002	120332.7	9.08%
1985	9016.04	13.50%	2003	135822.8	10.03%
1986	10275.18	8.80%	2004	159878.3	10.09%
1987	12058.62	11.60%	2005	184937.4	11.31%
1988	15042.82	11.30%	2006	216314.4	12.68%
1989	16992.32	4.10%	2007	265810.3	14.16%
1990	18667.82	3.84%	2008	314045.4	9.63%
1991	21781.5	9.18%	2009	340902.8	9.21%
1992	26923.48	14.24%	2010	401512.8	10.45%
1993	35333.92	13.96%	2011	473104.1	9.30%
1994	48197.86	13.08%	2012	518470.1	7.65%
1995	60793.73	10.92%	2013	568845	7.67%
1996	71176.59	10.01%	2014	636463	7.40%
1997	78973.03	9.30%	2015	676708	6.90%

参与股票投资的人基本都会看股票的价格曲线图和指数曲线图，并根据图形来判断股票价格的涨跌情况。对于上图中的中国历年 GDP 变化的曲线图有更多的解读方法，例如从转型期的视角来看这张图，则可以有如下图所示的解读方法。

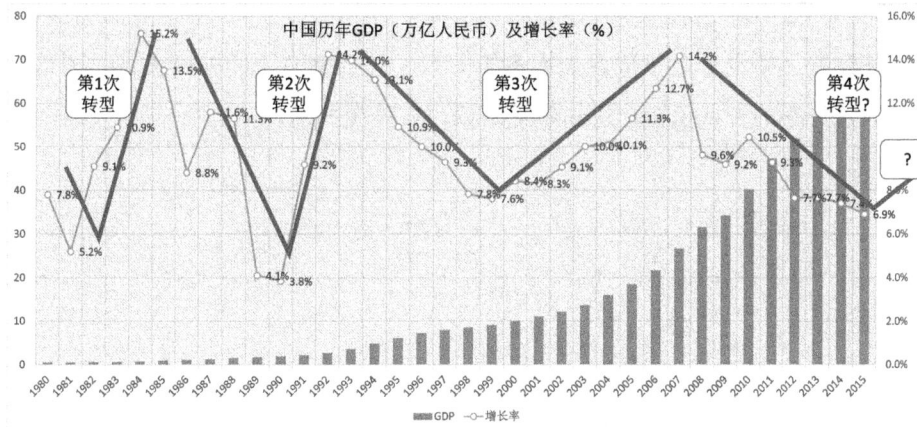

从经济转型的视角看，中国经济经历了 3 次比较成功的转型，这让中国经济保持了长时期的快速增长，而现在中国处于第 4 个转型期，而且 2016 年是关键的一年，此次转型是否成功决定着中国经济未来的走势。

"一图胜千言"，利用图表我们能够将数据背后的规律和特征演绎出来。

要衡量一家公司的管理能力和水平，看看他们在开会时所展示的报告就可以判断。如果报告全部是 Word 文档、文字性说明，没有图表，那么就说明他们解读数据的能力非常差。不能解读数据背后的特征与规律，如何保证决策的准确性和正确性？如何确保公司稳健地发展？绝大多数企业倒闭都是由决策失误造成的，利用数据的图形化、可视化，可以大幅度提升我们解读数据的能力。

3.4.4　柱形图、条形图——比较大小及结构关系

柱形图和条形图属于一类图，在本质上没有什么区别，但在应用上还是有差异的。

当数据描述的事物有时间先后关系时，可以用柱形图来表示，在横坐标上从左到右标识时间的先后顺序；当数据之间没有明显的先后逻辑关系时，这种并列关系可以用柱形图表示也可以用条形图表示；当数据之间有明显的上下关系时，则要尽可能用条形图来表示。

如果数据之间没有上下或者先后逻辑关系，并且是完全的并列关系，则这个时候可以通过排序的方式让图形更加容易解读，如下图所示。

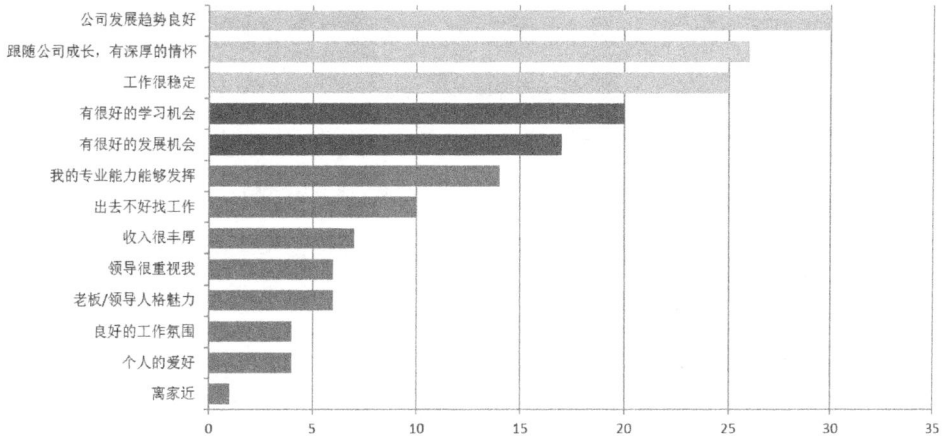

问题：您之所以愿意在本公司工作，主要原因是什么？（最多选择4项）
N=66

  如果数据之间有明显的时间先后逻辑关系，则要尽可能地照顾到时间的先后逻辑关系，这样容易让读者看到前后的数据变化过程。

  如下图所示，这是某企业在过去 5 年中的销售额数据。如果将数据按照大小来排序则没有任何的意义，而使用时间轴可以代表企业的发展历程，所以，如果有明确的逻辑关系时，则必须要服从这个逻辑顺序。如果把这柱形图做成条形图，就没有历史发展的逻辑顺序关系，也就失去了图形表示的"故事性"，如下图所示。

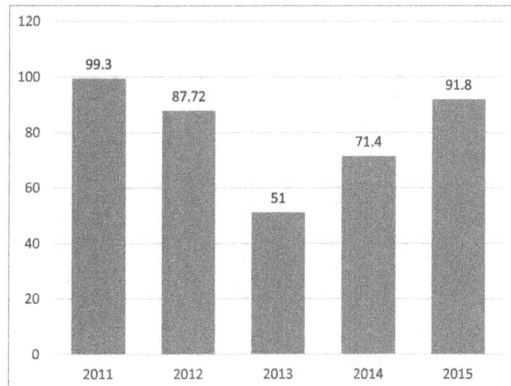

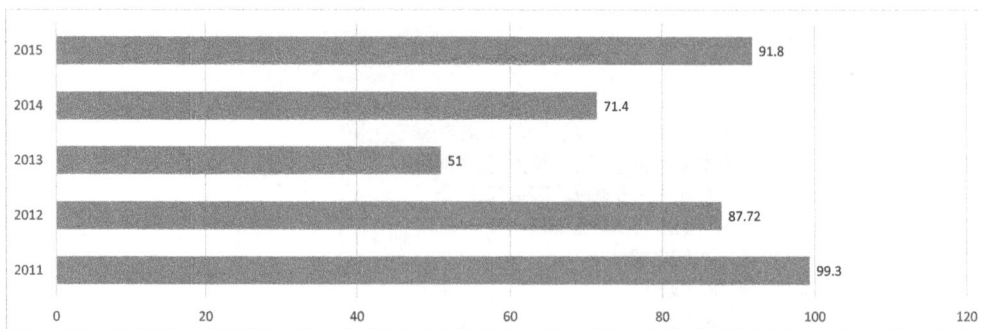

如果柱形图的标识并没有强逻辑顺序关系，则可以通过排序的方式，让表达更加清楚，即要么突出前几名，要么突出后几名，具体如何突出或者希望表达什么，必须在作图的时候确定。

无论是条形图还是柱形图，都会有很多的变种来表达不同的内容或者作者希望传达的消息。在变通的过程中，需要对图形顺序、大小比较的基准进行设计，如果有必要，则可以使用不同的颜色来表达相关的喜好或者结论，或者用刺眼的颜色来引导读者，如下图所示。

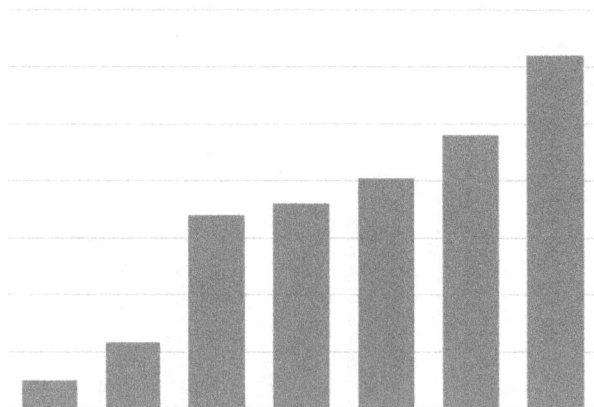

用作大小对比的柱形图或者条形图，可以用来制作更加复杂的对比图形，例如

可以对比两个要素之间的变化情况，虽然它没有点图更直接，但可以通过大小变化来初步了解两个变量或者两个指标之间的变化关系，如下图所示。

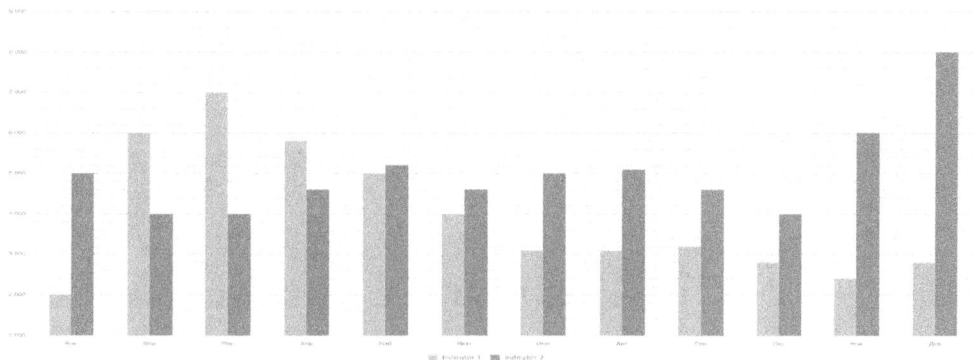

笔者不太喜欢一个图形中有太多的内容，这会让读者无法理解这个图形的主旨内容。一个数据图表只需要清晰地表达一个观点即可，试图表达更多的内容，往往会造成每个内容都没有表达清楚，越复杂的图形实用价值越低（见下图），只能作为"艺术品"让人去欣赏，不能作为数据分析工具供我们使用。

公司员工年龄分布图

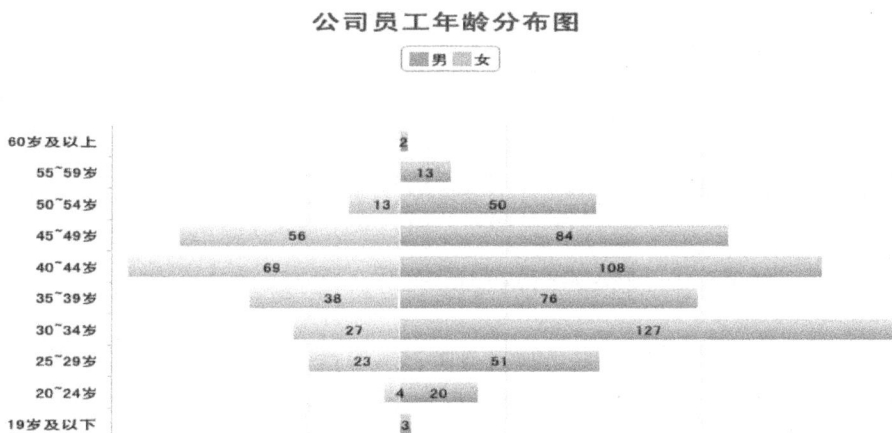

条形图和柱形图有很多种表达形式，如果我们掌握了基本的对比技巧，避免常

识性错误，则可以更加有创意地使用条形图和柱形图来表达我们希望表达的内容，而且还可以有各种各样的变种，如下图所示。

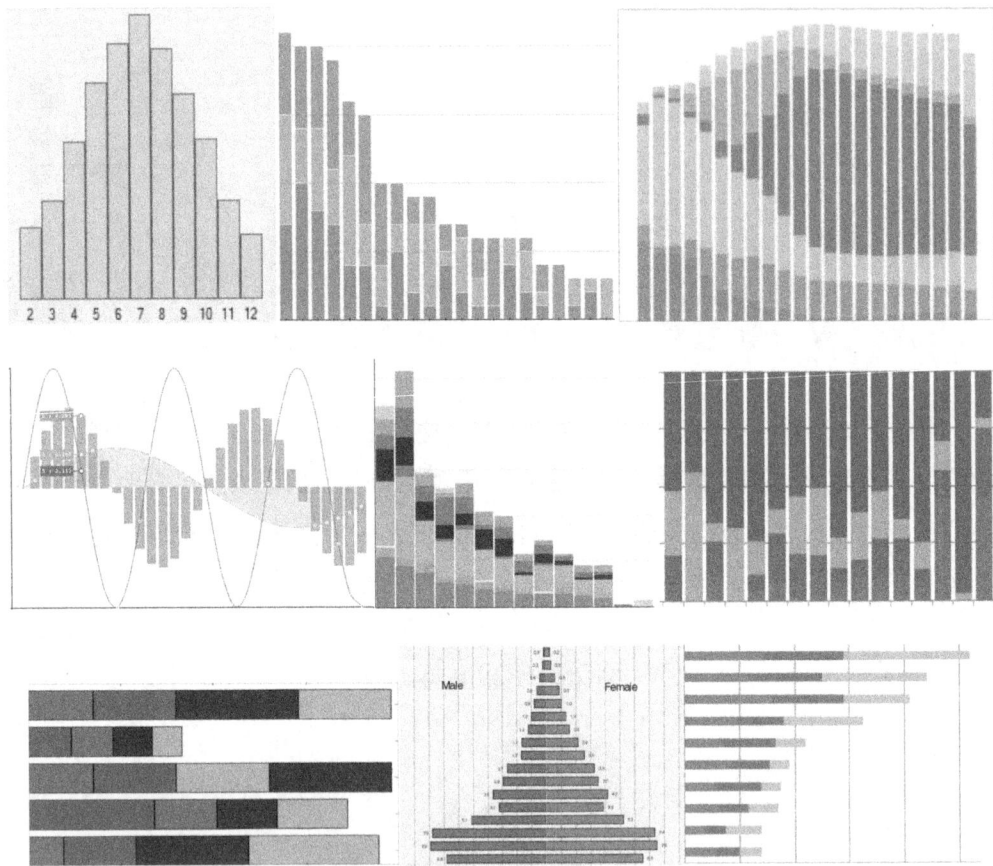

3.4.5　饼图——事物的结构配比关系、配方

饼图是最基本的面积图形，它利用面积上的占比来表示事物内部的结构关系。一般情况下，可以用饼图来表示一个事物，如下图所示。

企业2015年销售额来源组成以及占比关系

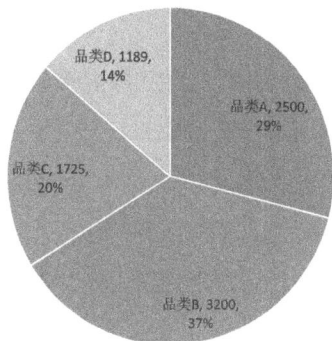

品类D, 1189,
14%

品类A, 2500,
29%

品类C, 1725,
20%

品类B, 3200,
37%

企业2015年广告投入渠道占比情况（万元，%）

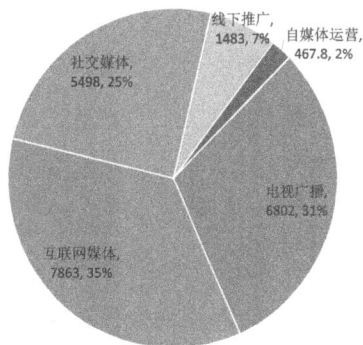

线下推广,
1483, 7%

自媒体运营,
467.8, 2%

社交媒体,
5498, 25%

电视广播,
6802, 31%

互联网媒体,
7863, 35%

　　饼图是做结构性展示最直接的工具，而任何的资源配置都有一个结构比例，不同的结构配方代表不同的资源配置比例，不同的资源配置比例会带来不同的效果。

　　华为每年的研发投入都超过其销售额的5%，甚至大多数时候都超过了10%，所以华为的研发实力、专利数量、产品的技术领先性都超越了竞争对手；联想在产品的研发投入上不足其销售额的1%，所以联想一直需要购买他人的专利来保证技术领先性。因为联想在研发上的投入低，所以研发实力必然就弱；而华为在研发上的投入高，随着时间的推移，其产品在技术上的竞争力就能越来越强。大多数公司目前的状况与其之前的资源配比有着直接的关系。一个公司不考虑资源的配置，就无法保证公司能按照既定的战略去发展。如果想让公司的各种资源更加集约，就需要更加合理地配置，需要有更加合理的配方。最优化的配方会大幅度减少资源的闲置和浪费。

　　任何一家企业都是由人、财、物、信息等各种资源构成的主体，这些资源之间是有配比关系的，不同的配比关系决定着这家企业的特点。有的企业土地资源丰厚，有的企业人才资源丰富；有的企业通过人海战术实现超高额的业绩，有的企业采用精兵强将策略，人数虽然不多，但个个骁勇善战；有的企业擅长客户服务，有的企业擅长产品设计和生产。不同企业的特点都是由其资源配置结构决定的，所以在分析一家企业的时候，用饼图对企业的各种资源进行分析，有利于我们充分了解企业的资源配置特征。

如下图左图所示，这是一家典型的生产制造型企业的人力资源配置饼图，通过此图可以看出企业大部分的人力成本都配置到了生产环节，即工人的工资是最大的支出，而在研发、营销、人力资源管理、采购管理上的投入非常低。可以看出这家企业的基本特征是以生产为中心，不重视营销、研发。这样的企业往往在传统行业锁定一个产品或者一类产品进行生产，并且有稳定的大客户关系，专注服务几个大客户，并不太重视市场营销和客户开源。

而右图则完全不同，同样是生产制造型企业，该企业会投入超过25%的人力成本去做市场营销和销售，这家企业是市场导向型企业，通过构建公司的销售网络和品牌知名度，实现企业长期稳定地发展，并且注重人才管理以及技术研发，有5%的人员从事产品研发工作，从而为企业提供源源不断的新产品。

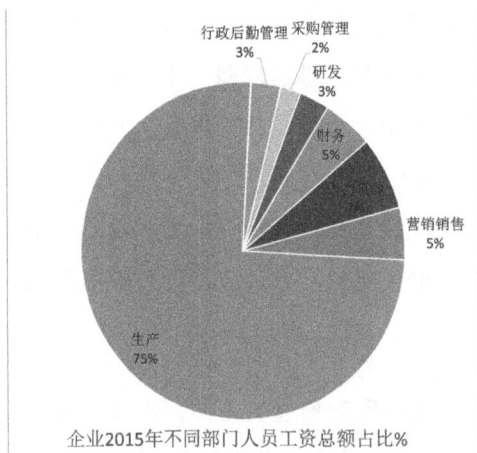

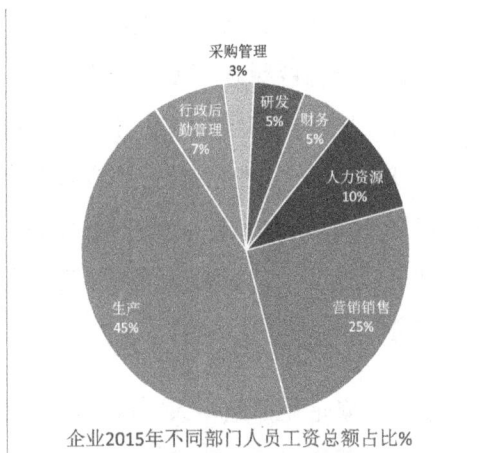

企业2015年不同部门人员工资总额占比%　　　　企业2015年不同部门人员工资总额占比%

企业的资源配置结构决定着企业自身的特征，一张饼图就能让我们对企业有更加深刻的了解。如果企业处于变革的过程中，根据变革的策略，也可以用饼图来跟踪企业实际变革的过程和效果。例如，企业需要从以生产为中心转向为以市场为中心，那么企业在生产上的投入和在营销上的投入必须要发生结构性的变化，如果没有发生，那么我们就可以得出结论：这家公司所谓的转型仅仅停留在口号上，并未付诸行动或者行动没有任何效果。

3.4.6　面积图——展示累积效果、结构关系、结构变化

面积图一般用得比较少，主要是因为它比较复杂，看起来不够直观，理解起来比较费劲，在看图的过程中需要人为解读。当然面积图也有其好处，最典型的面积图就是帕累托图，即累计面积图，如下图所示。

帕累托图主要用来分析各种事物主体的集中度结构状况。根据二八原理，我们知道 80% 的利润是由 20% 的客户给创造的；20% 的产品创造了 80% 的销售额；80% 的成本花费在 20% 的业务上；80% 的人创造了 20% 的收益……所以我们可以用帕累托图来看看企业是否存在这样的现象，如果存在这样的现象，那么企业可以从改善管理、改善客户关系、改善产品结构、改善业务结构等方面不断优化，让企业的绩效产出进一步提高。

饼图只能提供一个维度的结构分析，如果存在多个维度，则需要用更加复杂的图形。历史上比较典型的一个多维度结构分析的可视化图形是南丁格尔做的玫瑰图。南丁格尔通过其精心制作的玫瑰图向人们展示出真正在战场上死亡的士兵是比较少的，大量的士兵是因为在战场上缺少救治而死亡的，从而推动了战地医院的建设，让大量的受伤士兵得到救治，挽救了大批的战士，她因此被称为"伤员天使"、"提灯女神"，每年的 5 月 12 日被定为"国际护士节"，以纪念其成就。

南丁格尔的玫瑰图是饼图的延伸，其将图等分成 12 份（表示 12 个月），然后每个部分都代表死亡的士兵数量，根据士兵死亡的原因，分别分成不同的段，从而能够看到哪一种死因占比最大，如下图左图所示。

我们可以使用玫瑰图来制作产品销售结构图，例如有 10 个产品品种，每个品种有不同的规格或者细类，每一类都对应一个销售额，这样我们可以做出一个类似玫瑰图的图形来展示不同产品的销售贡献，如下图右图所示。

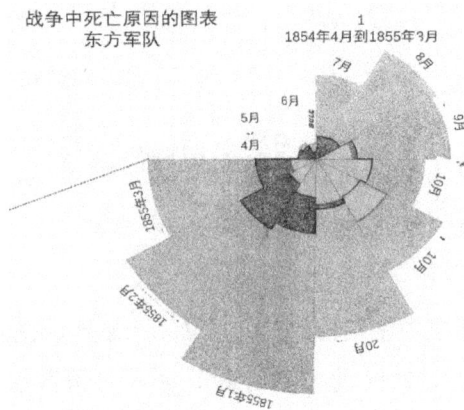

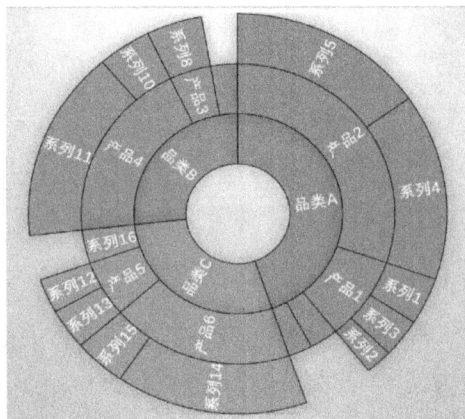

另外，还有一种面积图形叫作 Mekko 图，它是用来表示多层级结构关系的数据图形之一，如下图所示。

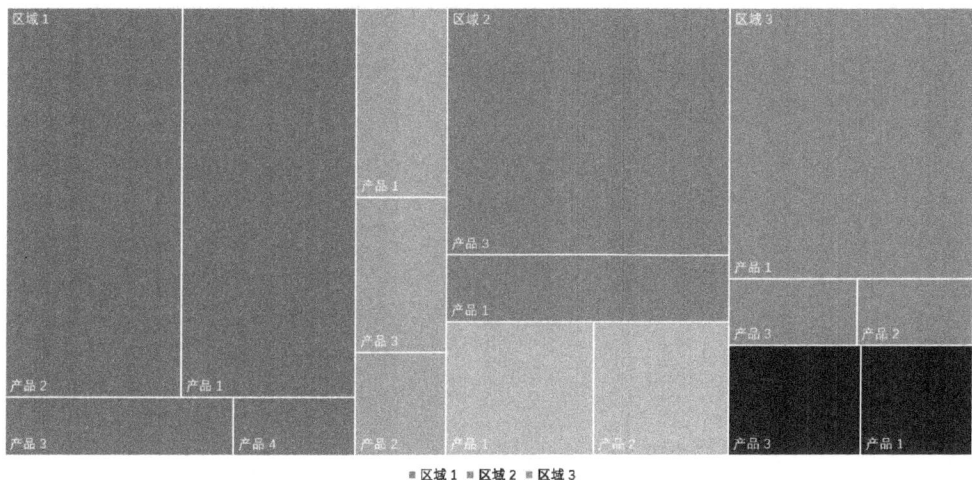

■区域 1　■区域 2　■区域 3

这个图形主要用来表示业务结构、产品或者业务组合、人员组合、客户组合等各种组合结构的问题。这是一个静态的业务组合结构图形。通过此图形可以分析公司业务组合的合理性、结构性，某些产品在某些地区是否特别受欢迎，某些地区的某些产品的销售还有多大的空间，从而方便公司制定相关的区域市场策略。

3.4.7　雷达图、扇形图——多维图表，描述事物多个维度的特征

我们对事物进行分类时，需要有一个分类标准，有时候分类标准不止一个，可以是两个、3 个或者更多。只有一个维度的分类被称作单维度分类，例如对客户进行分类，根据客户的大小，可以分为大客户、中客户、小客户、微型客户；根据成为客户的时间，可以分为老客户、新客户。如果是两个维度的分类，则被称作矩阵分类。例如按照客户所在的地理位置和大小这两个维度，将客户分成北方大客户、南方大客户、北方小客户、南方小客户等。如果是三个维度的分类，则被称作魔方分类，例如 RFM 模型就是比较典型的三维度客户分类，通过此模型可以对企业的客户关系管理进行评测。

当分类维度超过 3 个以上时，就需要使用扇形图或者雷达图来表达。比较典型的一个分析模型就是 IBM 产品竞争力评价模型 $APPEALS，如下图所示。

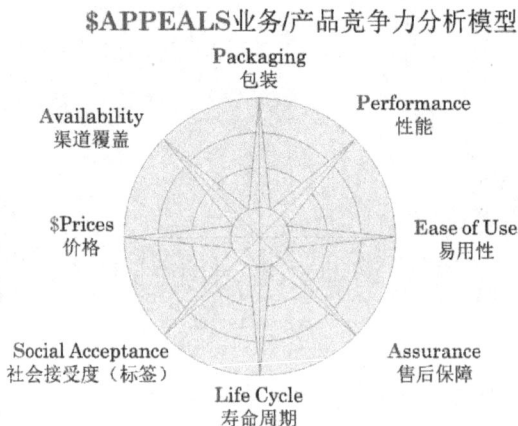

$APPEALS业务/产品竞争力分析模型

该模型是从客户对产品需求价值的 8 个不同维度对产品的市场竞争力进行分析，主要用于评测 IBM 服务器产品、电脑产品等硬件产品。不同的产品品类、不同的业务特征需要根据自身企业的特点，从用户的需求出发，设定不同的维度来对产品进行竞争力评测，不可以完全照搬 IBM 的模型。任何数学模型都有其适用的范围，都需要结合企业的业务特点进行修订。别人的方法我们可以学习、参考，可以照葫芦画瓢，但不可以完全"拿来主义"。

3.4.8　组合图——以上几种图形组合形成的较为复杂的图形

笔者不太赞同使用相对复杂的组合图，因为有些图形对普通的管理者来说已经过于复杂了，例如气泡图、雷达图、面积图等。如果使用的是组合图，则必须要画得清楚明白。

以上所有的图形都能使用微软的 Office 2016 制作出来，可以使用 PowerPoint制作，也可以使用 Excel 制作，因为它们使用的是相同的模块程序，但前提是使用

Windows 版的 Office 2016。目前 Mac 版的 Office 2016 还有很多复杂的数据图形功能未能载入，包括组合图制作功能、Mekko 图、玫瑰图等。

3.5　识图的九个基本方法

做数据分析时，一方面我们要学会将数据制作成图形便于他人解读，另一方面，我们也必须要学会解读别人的图形，或者解读自己过去曾经制作的图形。每个图形的背后都是数据，而具有不同水平和能力的人对于相同的图形解读也会不同。

解读数据有很多种方法，下面介绍九种典型的方法。

1．辅助线

强化差异的辅助线让我们能更加清楚地认识事物的规律性、特征性，如下图所示。

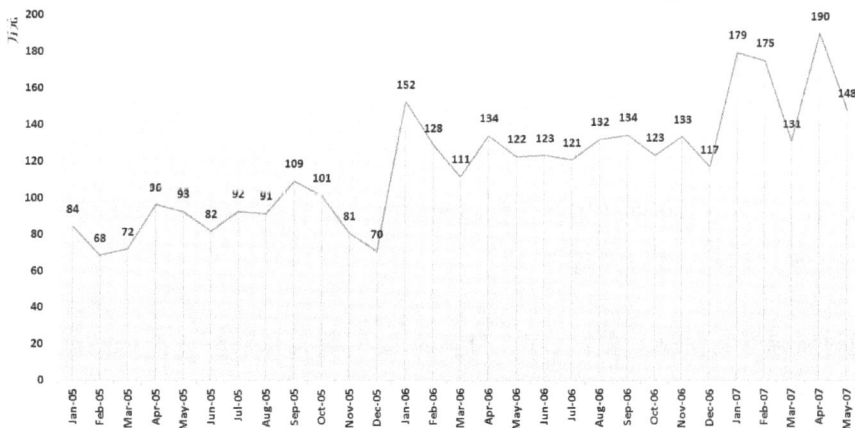

如下图所示是一家快速消费品公司的月度销售额曲线图，总共包括两年半左右的数据。从图形上我们可以看到这家公司的月度销售额在不断上升，呈现稳定增长的态势，大多数月份都是呈小幅波动，只有部分月份的波动幅度比较大。

　　如果对数据的解读仅仅停留在这个层级上，则我们可能还没有看到这个公司存在的销售管理问题。下面添加一条"辅助线"，"辅助解读"一下图形，如下图所示。

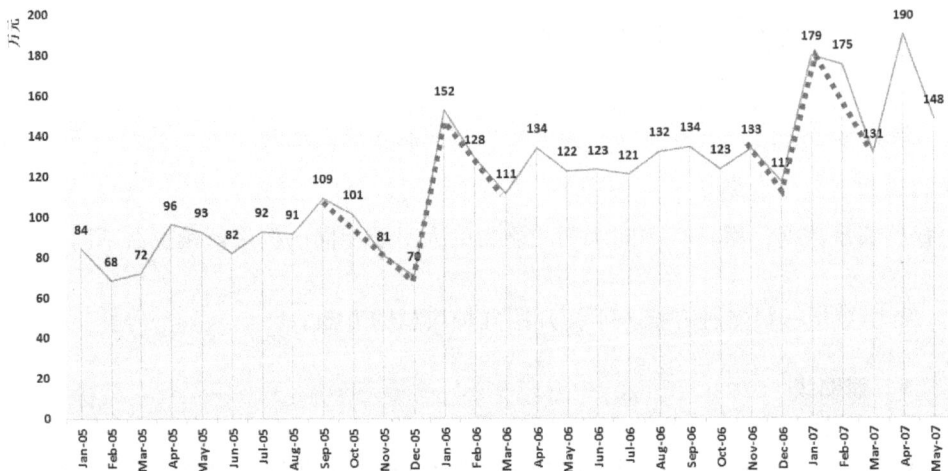

　　添加辅助线之后，我们会发现每年11—12月的销售额不增长或者呈下降趋势，每年1—2月的销售额呈井喷式增长，而到了3月销售额又大幅度下滑。这个数据走势带有春节期间的销售特征，但作为快速消费品，有可能是消费者在年前大幅度购买为了储存年货；还有一种可能是业务人员为了达成年度销售目标，在每年的12月进行促销，从而让本年度的销售目标超额完成。为了追究原因，数据分析人员需要去查看市场，了解具体的情况。

　　通过实际考察发现，这个公司在每年的12月货架几乎都空了，这是销售团队进行的"技术性断货"。因为销售团队完成了当年的任务目标，担心今年完成的任务太多，明年的销售目标定得太高，给自己带来压力，所以选择技术性断货。而此产品是非常受消费者欢迎的，当消费者发现自己喜欢的产品断货了，等到产品重新上架的时候，就会一下子购买很多，以免下次断货时不好买到，所以造成1—2月的销售额大幅度提升。这种现象称作"压货"现象。

压货会造成公司的营销费用浪费和错失销售机会，阻碍公司的发展，影响公司提升市场占有率。同时，供货不及时会造成渠道和终端抢货，在无形之中形成过高的库存，甚至让公司对终端销量的预测失效，影响决策的准确性。

存在压货现象是由于公司制定的销售目标不科学，武断地将去年的销售额作为基础，再生硬地添加一定的增长比例作为新一年的销售目标，对市场需求、公司发展、竞争对手等估算不足，不能根据市场情况制定合理的销售目标；另外，公司对销售团队超额完成任务的奖励不足，导致销售团队超额完成当年销售目标的积极性不足，从而宁愿牺牲很小的超额完成任务的奖励，也不愿意明年背负更多的指标，这是人力资源设定的绩效激励机制存在不足造成的。

同样的图，我们再添加第二条辅助线，如下图所示。

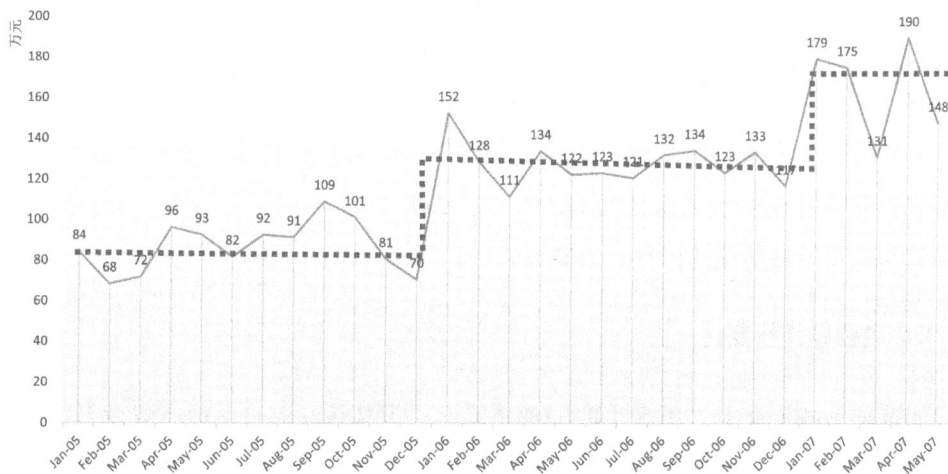

通过添加这样一条辅助线，我们会看到整个公司的年度销售额增长竟然呈现"大阶梯式"，而不是我们常见的"斜坡式"。一个公司的销售额的增长肯定是呈斜坡式的，因为随着公司品牌的推广、渠道的推广，公司的知名度在慢慢提高，而不是一下子就提高了。此公司呈现阶梯式增长反映了公司在"限量销售"，即公司每个月就只有这么多货物，产多少卖多少，多了生产不出来；第二年的销售额上了一个台阶，说明公司扩大了产能，供应量增加了；而第三年又是通过扩大产能来实现销售额的增长的。

仔细审查一下公司实际的产量，如果不是产能限制导致出现这个走势，那么就是销售团队存在管理问题。该公司产能利用远远未饱和，销售人员按量销售，并且销售人员的月度指标是按照全年指标除以 12 来设计的，销售人员完成了当月的指标之后，就没有了积极性去继续销售更多的产品。虽然第二年的销售目标设定得更高了，但他们仍然能够快速地完成任务，这说明这家公司的产品还是有非常大的市场潜力，销售人员只是按照自己的目标和奖励机制在工作，并没有考虑公司的发展和提升市场占有率，这就导致整个公司丧失了大量的销售机会。造成这种结果的根本原因有两个：

（1）销售目标分解不合理，没有考虑从 1 月到 12 月的增速。

（2）销售超额完成激励不足，销售人员没有动力去超额完成任务。

辅助线是一个强大的工具，就如我们在中学学习几何要利用辅助线解题一样，我们也需要利用辅助线来解读我们的数据。必要的时候，在图上添加几条辅助线，能够让我们更好地解读数据背后的故事。

2．找差异，找变化

找差异和找变化是人类天生的一种技能，人类从认知大自然的时候就开始认知差异和变化，并从不断地大自然的变化中寻找规律。

如果事物没有什么变化，则我们往往得不出一个明确的结论；当事务有变化的时候，我们可以寻找事物变化的驱动因素，从而得到事物变化的驱动要素，如果我们希望事物发生某种变化，那么可以按照我们从事物变化中总结出来的驱动要素进行配置，从而让事物发生变化。

一个事物的变化往往有必要条件和充分条件。充分条件是指只要这个条件达到了，事物必然会按照预定的方向发生变化；而必要条件是指要想事物发生变化，这些条件必须具备，但是如果仅仅具备这些条件，则事物还是不能按照预期发生相应的变化。当我们分析数据或者现象事实时，如果找出的是充分条件，则我们就成功完成了分析工作；但是如果我们只是找出了必要条件，则我们距离成功还有很长的路。要想验证我们找出的条件是必要条件还是充分条件，就需要通过重复试验来完成。

我们听过太多关于成功的故事，当外部环境发生变化后，当时成功的充分条件可能已经变成了必要条件。马云创业成功的故事激励着很多人，但马云成功的外部环境在现在已经发生了翻天覆地的变化，他的成功路径已经无法复制。

数据分析师需要对事物的变化有足够的敏感性，不要因为变化微小而忽略，更不能因为变化不常见而不见。敏锐地觉察到事物细微的变化是我们比别人更早发现问题、发现规律、发现事物发展方向的捷径。等大家都看到变化的时候，你所看到的跟别人看到的就没有不同了。

我们在阅读大量数据时，如果能够感受到事物的微小变化，就能够做到"春江水暖鸭先知"；如果我们感受不到事物的微小变化，就会成为"温水中的青蛙"，因为感知不到微小变化而逐步被淘汰。

找变化是人的本能，但寻找变化背后的驱动因素需要专业能力，需要理解事物，需要一些基本的常识。企业的管理人员需要对企业经营、行业规则等有较为深刻的认识，能够辨别一些变化因素是充分条件还是必要条件。

3．找奇异点、特殊群体

与统计学不同，在大数据时代，我们的数据集都是全部数据，不是抽样数据，如果存在奇异点，则不是因为抽样造成的，也不是因为随机因素造成的，而是确实存在的，而奇异点的存在必然有其道理——存在即为合理。对奇异点的深度研究能够让我们感知到一些新的变化或者细微的变化。

为了更快地商业化数据分析结果，我们可以将发现的关联关系、相关关系、共生关系应用到实践中，但是不能停止追求现象的逻辑规律。我们需要了解事物为什么会发生，为什么会存在，我们只有知道事物的逻辑规律，才能更好地预知世界，才能产生更多的知识和智慧。

特殊点、奇异点、特殊群体的存在为我们揭示了事物的差异所在，而这个奇异点在未来会不会成为主流，会不会成为一种趋势，都是需要我们探究的。探究奇异点的存在，让我们发现更多新生的东西，也是做数据分析的乐趣所在。

笔者在一家婴幼儿奶粉公司做商业智能分析的时候，发现有一个用户购买了大量的三段奶粉，而其家里并没有婴幼儿，笔者以为这个用户是买来送礼的，但是连续两三个月他都购买了大量的奶粉，应该是四五个婴幼儿的用量。后来我们继续追踪，发现这个用户是买给术后住院的家人的。在公司内部开会的时候，我提出一个想法，除婴幼儿市场外，还有一个值得关注的市场——老年人和手术后营养补充市场，这个市场应该也不小，值得关注及开发对应的产品。

就如同海尔在农村市场发现有人用洗衣机来洗土豆，然后开发了用来清洗土豆的洗衣机一样，一个奇异点数据可以给我们带来新的探索。如果我们把握好了奇异点的数据并对其进行研究，就会发现完全不同于我们常规理解的内容，我们就会有了新的启发点、新的引爆点。

4．找转折点和拐点

数据的转折点和拐点是非常重要的，甚至是非常关键的分析要点。事物的发展都有惯性，而转折点和拐点突破了事物常规发展的惯性，完全转向另外一个方向，这需要强大的力量来扭转。分析这个拐点和转折点能让我们认识这个强大力量的真实实力。

如果一家公司的销售额突然出现下滑了，那么就要分析驱动因素是什么。如果忽略了这个驱动因素，则公司就有可能像高山滚雪球一样，越往下速度越快，而雪球越滚越大，最后一发不可收拾。

其实仔细研究中国经济的发展历史后会发现很多个拐点，有的拐点很大，例如1981—1982 年的快速增长，1984—1985 年的持续下滑，1990—1991 年的再次快速增长（见下图）。通过研究这些拐点，我们能够认识到一个国家经济发展增速的驱动力，以及在驱动力发挥过程中的阻碍力量和每个驱动力的极限。

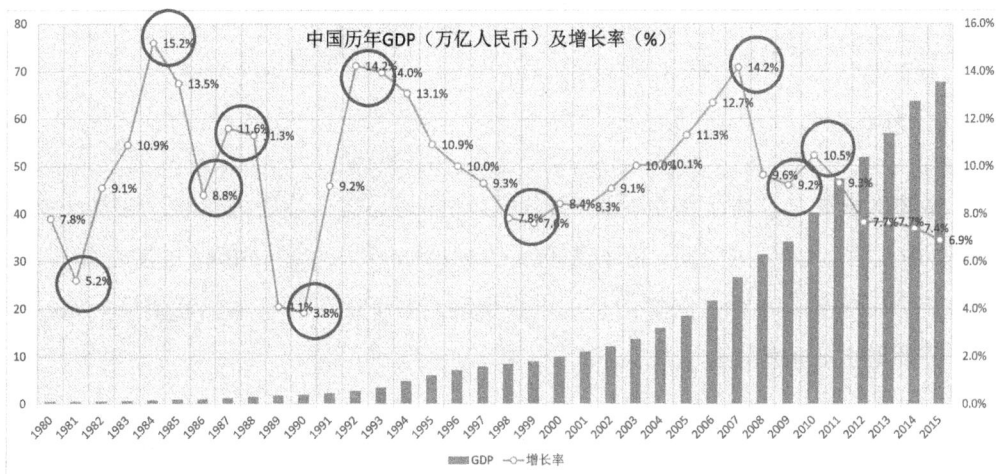

在研究行业数据时也要分析数据的拐点，一个行业从快速发展到逐步稳定，再到后期的持续下滑，然后逐步进入不增长的阶段，都会有一个发展历程和周期，都会有不同的驱动要素。

研究公司的发展历史也可以看出一些常见的规律。一家企业发展到 20 ~ 30 人的规模时，就需要建立分工的组织体系；当发展到 50 ~ 100 人的规模时，就需要建立相对完善和严谨的制度和流程；当发展到 250 ~ 300 人的规模时，企业就需要开始考虑每个人的职业规划，公司的职级、薪级体系需要完善；当公司规模达到

500人以上时，就需要将不同的业务领域分组管理，开始考虑业务的中长期规划，需要在人员管理上做出不同的调整，在业务安排上有不同的激励措施；当发展到1000人以上的规模时，企业又开始面对新的挑战了。不同的行业面临的瓶颈期的时间也是不同的。

行业环境也会大大影响企业瓶颈期的到来。对于快速发展的行业，企业的瓶颈期到来的时间就晚一些，当行业发展停滞时，企业的瓶颈期到来的时间就早一些。原因很简单，当企业乘坐行业的大船快速发展时，只要企业发展，大问题也不是问题；当行业发展停滞时，企业的发展也会受到影响，企业不发展，小问题都会成为大问题，甚至是致命的问题。

5．找特征

事物的发展总会留下历史的证据，而这个证据是需要不断挖掘的，这就是数据分析的经验所在。看过美剧《犯罪现场》（*Crime Scene Investigation*）的朋友都知道，所有犯罪证据的收集都是必需的，可以根据现场留下的各种证据然后使用推测、演绎、还原等方式来推演过去发生了什么。

其实只要在事物的发生和发展过程中记录了数据，就能够推演过去发生了什么，为什么会发生，怎么发生的，然后找寻其中的驱动要素或者发展规律，这就是从数据中寻找证据。

任何事物的发展都有其自身的特征，如果能够对事物的数据特征有更好的认知，就很容易从数据的表现形态上看到事物是怎么发生和发展的。这就是我们所说的要看数据表现出来的特征。

识别特征是需要经验的，这也是数据分析师与其他的技术人员、编码人员不同之处。数据分析师类似于老中医，经验越丰富、经历越多，价值越高。越是有经验的数据分析师，越能够从一些简单的图形中看出问题所在。虽然在软件操作、代码编写上落后于年轻一代，但在数据解读和数据识别上，资历深厚的数据分析师能够给出更加丰富的解读。

也可以说数据分析师越懂得人性，越能挖掘数据背后的故事。如果数据分析师拥有社会学、心理学、经济学、管理学等多学科知识，就能够了解企业中会发生什么，在解读数据的过程中就能够有更加丰富的想象和假设，然后根据想象和假设寻找相对应的验证，佐证发现的问题。如果没有这些知识，则数据分析只会停留在对数据本身特征的描述上，不能解释数据所反映的事物的发展变化规律。

做股票交易的人会有各种看图的本领，例如 5 日均线、10 日均线、40 日均线与主交易线穿插代表什么，什么时候预示着行情上涨，什么时候预示着行情下跌，这些都是经验的积累，以及数据分析的结果。通过图形本身的特征找出事物背后的相关规律，这是从数据的角度去解读事物发生和发展规律的基本方法。

可以采用各种方法寻找数据的特征，其中一种方法就是将数据图形化，用肉眼来观察具体数据的特征；还可以使用描述统计的方法，通过观察描述统计后得到的指标找到数据分布的特征，从而能够更准确地理解数据，包括数据的平均值、最大值、最小值、中值、峰度、偏度等信息。

6．找问题

对数据分析人员来说，找问题就是找数据，只要问对了问题，就能够找到合适的数据，通过数据可以分析出具体的问题，并能够找到具体的解决方案。从一定意义上来讲，问对问题比找到答案更加重要。只要问题问对了，答案非常容易获得。甚至可以夸张地说，问对了问题，事情就解决了一半。

资深的数据分析师常使用以下 5 个问题来确保数据分析能够深入到最深层次，挖掘到事物的本质，以及找到问题的根源。这 5 个问题是数据分析师应该掌握的，否则就称不上是数据分析师，而仅仅是数据处理人员。

（1）What

事物存在什么差异或者变化？这个差异和变化是什么？是向好的方向还是向坏的方向发展的？是好现象还是坏现象？是需要警惕还是需要挖掘创新点？What is the change？——这个变化是什么？这个变化的本质是什么？

（2）Who

这个变化的主体是谁，客体是谁？是谁在变化或者是谁引导了变化？是谁造成的变化？如果是好的变化，则谁该领功；如果是坏的变化，则谁该负责？为什么要引领这个变化或者有什么样的动机要让这个变化发生？背后的利益或者情感的驱动是什么？

（3）When

这个变化是什么时间发生的？是最新发生的，还是过去就一直在发生着，只是现在变化大了才发现？这种变化持续多久了？多长时间才发生了这么大的变化？是快速变化还是慢速变化？按照这个速度发展下去，多长时间可以发生质的变化？这种变化是否需要阻止？最迟需要什么时候阻止？这个变化是否需要加速？如果需要，到什么时候需要达成什么结果？

（4）Where

这个变化在哪里发生的？发生的环境要素是什么？牵扯到哪些部门、组织或者利益相关方？每个利益相关方的诉求是什么？会对该事物的发生和发展有什么影响？这个变化发生的环境因素是必要条件还是充分条件？哪些条件达到了才产生了这个变化？这个条件是否可以人为创造？如果不能人为创造，有什么可能形成这样的条件？

（5）How

如何调整变化？如何强化变化？如何弱化变化？如何创造事物发生的条件让事物按照我们期望的方向进行变化？如何才能改变现在的状况？这个变化是怎样发生的？这个变化的发生能否避免或者重复？

这5个问题简称4W1H方法，它可以让数据分析师把握问题的关键，找到问题的根源。在执行过程中要有钻研精神，不要放过任何一个细微的变化与差别，对所有的问题都要有追根究底的精神。在刚开始学习4W1H方法的时候，很容易陷入一个窘境，即有太多的问题要问，非常少量的数据需要花费大量的时间去分析。其实，当你对公司的业务熟悉之后，在追问问题的根源时，也会更有重点，当然这也可能是遗漏问题的根源。**越想走捷径，越容易出遗漏的问题。**

7．找源头

4W1H方法让我们通过问问题的方式找到问题的关键和问题的根源，找到发生变化的原因，从而找到解决问题的方法，这是一个非常全面的数据分析方法。而在进行数据分析的时候，找到问题的根源，却是一个比较见功底的活儿。

常言道："问题都在前三排，根源就在主席台"。很多公司的管理问题都可以追究到公司老总的管理理念、管理方式、管理思路上。为何公司令行不止？因为老总言行不一致。为何很多人收贿、受贿？因为老总就是这样的人。为什么很多人光说不做？因为老总只喜欢那些说得好听的人……

有些问题的根源来自公司的潜规则或者员工长期以来养成的习惯，例如有些公司的员工不作为，是因为长期以来养成了懒散的习惯，没有尽职尽责的精神。而制度流程的问题往往是管理中常见的问题根源。门在哪儿开，人们就从哪儿走。门开错了位置，大家就会走错位置。公司的制度和流程缺少严谨性和严肃性，往往会导致很多制度和流程最终成为形式；如果制度和流程在不同的人身上执行都不同，那么制度和流程的严肃性就会被人质疑，从而失去其权威性；如果制度和流程失去权威性，则很多人就会钻空子。

随着公司规模的变化、人数的增多、业务复杂程度的增加，原有的制度和流程可能会发生变化，出现不适用的现象，这时需要根据公司的发展进行调整。数据能够显现出一些问题，当出现这些问题后，数据分析人员需要根据公司的情况，提出相关的建议和意见，协同相关的部门对制度和流程进行修订，并追踪制度流程修订后的结果。要用数据来追踪效果，确保这种修订是好的、可行的、有效的。如果公司制定的目标和流程不科学，则需要重新设定公司目标和分解流程；如果公司制定的员工激励制度不合理，不能有效地激励员工超额完成任务，就需要协同人力资源部门修订员工激励方案，确保员工能够把能力发挥到极致，让公司把握所有的发展机会，不能因为员工的问题影响公司的持续发展。

在挖掘现象背后的原因时，我们需要对事物的本质有清醒的认知。同样是营销和销售，每个公司对这两个部门的定义有很大的区别。在快速消费品公司中，营销主导销售，公司的销售模式是通过广告吸引消费者购买，而销售需要做好产品的分销，确保店面中有可销售的产品，不断货；而在药品、医疗器械、耐用消费品公司中，销售起到非常重要的作用，影响终端消费者的决策，而营销则是为销售提供各种销售工具的。为什么会产生这种差异呢？这取决于购买者的决策机制。当购买者的决策机制是由感性的品牌喜好决定时，营销主导销售；当消费者的购买决策复杂，需要具有专业知识、理性决策时，需要专业的销售人员或者专家在销售点把握成交过程。由此可以推断下去，B2B 的销售往往都是销售主导营销，或者营销为销售提供支持服务。

8．找关系

通过数据找到事物之间的关系比较容易做到。例如通过散点图（见下图），我们能看到相关数据的分布状况，从而能够直观地判断数据之间是否是相关关系，相关性有多高，随机误差的影响有多大。

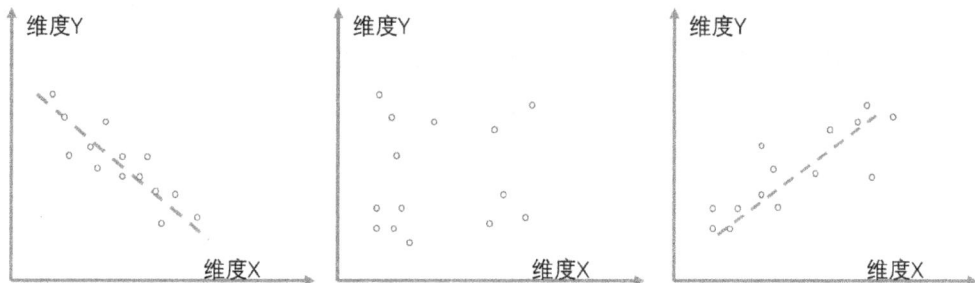

有时候我们需要对数据进行一定的调整才能看到其相关性，例如可以通过对数关系等处理后再看其相关关系。

相关性研究需要更谨慎一些，既要有足够丰富的专业知识，同时还要不违背常识。例如，如果监狱中 85% 的罪犯都喜欢吃米饭，那么是否可以得出结论：米饭是导致犯罪的原因？调查研究显示，癌症患者中只有 18% 的人是重度烟民，但 90% 的人都吃米饭，其中有 65% 的人每天至少吃一顿米饭，那么是否可以得出结论：米饭是导致癌症的原因？纽约股票交易所的股票指数与华尔街中的女性的裙子长短成正相关，股票下跌，裙子变短，股票上涨，裙子变长，那么华尔街中的女性的裙子长度是导致纽约股市涨跌的原因吗？

以上这些都是无法立住脚的分析判断，但是数据分析软件或者算法所给予我们的只有这些相关性，以及真实的数据和指标，我们在解读数据的时候必须要加入常识，不能单纯地从数据角度去判定事物之间的关系。

9．找驱动

数据无法直接告诉我们事物变化背后的驱动要素是什么，只能告诉我们相关的关系或者两种指标之间的变化关系，我们需要寻找事物变化的驱动关系。

汽车加入汽油后，通过启动发动机，就能够行驶几百千米，这是典型的汽油驱动发动机、发动机驱动车轮前行的逻辑关系。但在现实世界中，特别是在商业环境下，这种单纯的关系是不存在的。

广告可以扩大产品品牌的知名度、提高消费者的认知度，从而提高产品的销量，但广告和销量之间的关系并不像汽油和发动机那样明显。我们把广告投放到电视媒体、广播媒体和互联网媒体中，让品牌有更多的曝光率，但是曝光率和购买率之间还有很大的距离。那么如何来评测广告的效果？站在公司的角度看，这是投入和产出之间的关系；而站在消费者的角度看，则这是消费者看到与最后购买之间的转化率关系。

数据分析要从多个维度进行，一方面要从公司的维度分析：广告是公司的投入，销售是公司的产出，这是一个投入与产出之间的关系；另一方面要从用户的维度分析：广告要吸引人，如果广告冗长，则会让消费者看到广告后感到腻烦，更不会购买你的产品。消费者会越来越成熟，能否让广告更加符合他们自身的需求，变得越来越重要。

我们在做销售数据分析时经常会分析转化率，例如我们获得了多少客户的信息、有多少客户愿意跟我们接触，有多少客户愿意了解我们的产品，有多少客户对我们的产品感兴趣，又有多少客户对我们的产品产生了购买意向，最后有多少客户购买了我们的产品。整个过程的数据体现了各个阶段的转化率，转化率代表着营销和销售的效率。

我们做的数据分析只能分析从一个阶段到另一个阶段的转化率，却无法发现从一个阶段到下一个阶段转化的驱动要素，我们可以通过各种方式采集数据，但现阶段的技术无法实现驱动效果分析，我们能做的是进行各种不同的试验，分析不同方法的效率和效果。这种方法被称为 A/B 测试。

所谓的 A/B 测试，就是指我们针对同一类客户采取 A 方法和 B 方法，然后对比 A 方法和 B 方法之间的效率、效果差异，从而确定哪种方法更加有效。数据分析最终的结果可以评测 A 方法和 B 方法的效率与效能，但无法揭示 A 方法为什么有效、B 方法为什么低效，或者其背后的逻辑是什么，这就需要人为地参与解读和理解。而这些理解往往是建立在假设或者臆想之上的，没有足够的证据证明其驱动过程和效果。

A/B 测试是一种方法，是数据分析人员与公司的管理者达成一致进行试验的一种方法，如果管理者本身不想进行测试，那么这个过程就很难实现。因为管理者有其管理目标，A/B 测试总要锁定一定的条件，导致管理者在过程中的自由裁决力度被减弱，而管理者为了保证既定考核目标的实现，往往会采取其喜欢的方式来管理，从而让整个测试结果不可用。要推行 A/B 测试，需要公司的高层给予支持，管理者在背负相关责任的基础上要有明确、合理、适合的科学实验精神的标准，否则这个测试就会带来不一样的结果，甚至会得不到希望得到的结论。

笔者曾经主导过一个 A/B 测试，公司投入了差不多两亿元人民币的广告费用，但在测试过程中，因为投入成本高，管理者的业绩压力大，在出现问题之后需要做一些调整，但这些调整会让整个测试失去可对比性，不可否认，测试只能向公司管理目标倾斜，最后只好放弃。这个测试失败的原因有两个方面：一方面，这个测试的标的过大，让管理者的压力太大；另一方面，缺少最高层领导的支持和理解，他们也不想放弃短时期内看似可行的方案，从而让整个对比试验夭折。短期利益的驱使会让整个 A/B 测试中途夭折，数据分析人员需要在开始之前就要做好预案。

10．找规律

找规律是数据分析与数据挖掘最基本的目标，也是唯一的目标，数据分析的根本目的还是指导企业未来的经营实践。通过数据分析找到事物发展的规律，让我们能够对未来做出更加准确的预测，能够把控未来的发展方向。

例如，我们要研究整个互联网行业的发展状况，而纳斯达克股票交易市场的综合指数基本能够反映长周期的市场情况，也能够反映整个市场的价值，如下图所示。

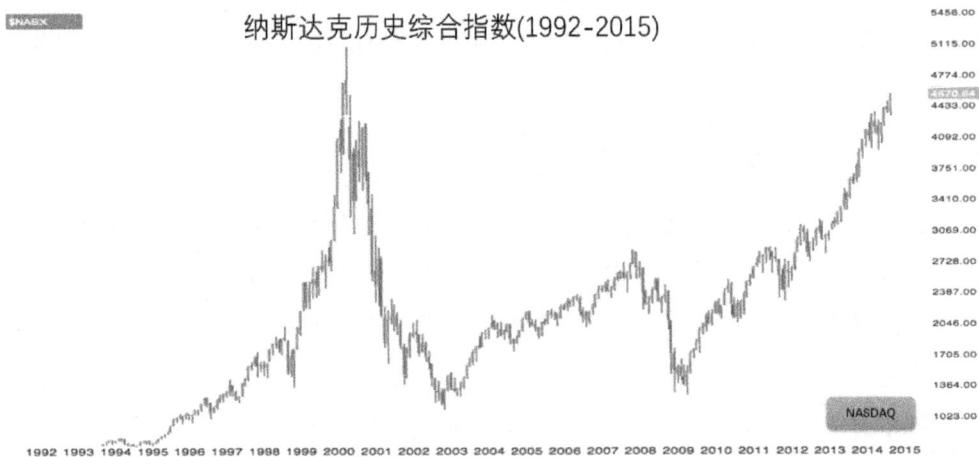

纳斯达克综合指数代表着一个技术从发展到应用普及所走的道路。Gartner 机构研究了上百种技术的路线，得出了类似的结论。感兴趣的读者可以用谷歌搜索 Gartner Hype Cycle，如果对本行业的技术应用阶段性分析感兴趣，则可以在谷歌搜索中加入行业的关键词，例如 Gartner Hype Cycle Digital Healthcare（数字医疗）。

3.6 管理常识是数据分析的基础

数据分析的本质是用数据来解读商业的逻辑和规律，并对现有的认知进行再次修订的过程。如果不懂得商业逻辑和基本的常识，那么就很难理解数据，甚至不知道其背后到底发生了什么。

供需关系规律一直是经济领域的第一规律，价格影响需求和供应，如果产品价格高，供应方可以赚取更高的利润，那么他们就会有更大的动力去生产更多的产品，产品供应就会充分。同时，当产品价格高的时候，购买者的需求量就会下降，那些可买可不买的人就会放弃购买；需求方减少，产品生产多了就会卖不出去，供应方为了把产品卖出去就会降价销售，这样需求量和供应量就会逐步形成一个动态的平衡。而当产品生产还有利润可赚的时候，供应方就会继续生产导致供应量增加，当产品价格降到接近于零的时候，则不会有更多的供应，也不会有更多的需求，从而达到一个稳定的平衡点。这是经济学理论上的供需关系原理。用它可以解读基本的市场数据之间的变化。但市场永远不会按照理论来发展，还会有很多的变化和变种，所以在实际工作中，供需关系规律是基本规律，是一个基本的常识，在这个基础上结合供应方差异、需求方差异来解读数据才会更加完整。

数据分析人员也需要掌握一些管理学方面的基本常识。管理永远是在管理人和事的关系，对人性有足够的认识才能更好地做好管理工作。对数据分析人员来说，也要懂得不同的人性，包括不同文化理念下的人性，必要的时候可以经常阅读一些西方管理学文集和中方管理学文集。之前某个管理学研究者曾经提出一个"中国式管理"的概念，这个概念非常好，其区分了中国人做管理与西方人做管理的不同，虽然在某些观点上有些偏颇，但值得我们去学习和了解，这对于我们解读国内市场数据、本土企业管理数据是非常有益的。

笔者在为某个公司提供数据化管理咨询服务时，为了更好地推进管理实践，让咨询方案更好地落地，在6个车间中选择最差的一个车间进行试验，让数据化管理在这个车间里先行先试。在短短两个多月里，该车间在生产效率、生产品质和生产交期方面，已经从最差的车间变成最好的车间，而且与其他5个车间拉开了很大的距离。本来笔者希望利用这个车间的成果在其他车间开始推广数据化管理，结果两个月后，试点数据化管理的车间主任找到笔者，他说："赵老师，不好了，我混不下去了。"

我问："为什么啊？"

他说："上周五，我们 6 个车间主任下班后一起去喝酒，我们都是共事二十多年的老朋友了，大家都很熟悉。那天喝了点儿酒之后，我们 6 个人中的老大哥，也是我们都很尊重的人，在酒桌上对我说：'小吴，你这样做还让我们怎么混啊！以后这样的场合你还是不要来了。'"

笔者当时就懵了。在笔者看来，一个人做出了成绩，大家都应该向他学习才对，既然有好的方案，大家一起学习，共同提高，让整个公司发展起来，这样大家可以过得更好；如果不提升，大家就会跟着公司这条大船一起沉没。他们为什么会这么想呢？当时笔者特别不理解，在欧美的企业中是不可能存在有这种想法的人，这些元老级的人物，难道不希望公司发展壮大吗？

他解释说："在这 6 个人中，我的年龄最小，45 岁，而年龄最大的人已经 58 岁了，马上要退休了。而我还有 15 年才退休，我是希望公司能够持续发展的，也希望趁着自己还有力气、有能力就再拼一把。而其他几个人已经不是这种心态了，他们希望在自己职业生涯的最后几年保持不变，顺利退休。现在都是公共社保了，公司的死活与退休金没有关系，而他们更关心的是自己在这几年该如何更顺利地度过，这种数据化管理的变革对他们的冲击还是很大的。"

由此可见，一些人们根深蒂固的思想是很难改变的，而且年龄越大越难改变，相应地，企业的历史越久，变革的阻力越大。一家企业的董事长开玩笑地说："一家拥有近四五十年历史的企业要进行数据化治理，其实还不如将公司出售，用这个钱重新组建一个全新的企业来得容易。"虽然这只是说说，但任何企业都不可能关掉重来。变革的阻力需要公司的高层和数据分析人员一起面对。

为什么说公司存续时间越长，变革的阻力越大呢？排除技术方面的问题，人情是最大的问题。所有的事情都会涉及人和事两个层面，我们把事情做一个分类分析，将其分为两个维度：人和事，用重要程度来衡量会形成一个矩阵，如下图所示。

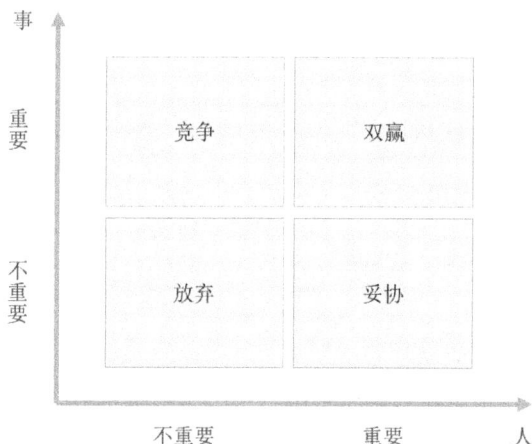

这个人事矩阵在本书的多处都会提到。当人很重要时，我们要让对方"赢"；而当事情也很重要时，我们也要"赢"，所以理想的结局是"双赢"。也就是说，对于人很重要，事情也很重要的"事情"，要采取"双赢"的策略。人不重要，事情很重要，可以采取竞争的策略；人很重要，事情不重要时，我们尽量妥协，确保让对方高兴。

在一个"历史悠久"的公司中推动变革时，因为人与人之间的关系很重要，导致很多事情的重要程度被比下去了，有些该采取双赢和竞争策略的事情，往往会演变成采取妥协策略，这也就是为什么人际关系越融洽的企业推动管理变革越难。

以上都是一些管理的常识，或者从管理常识推演得出的结论。在进行数据分析时，要了解一些基本的管理知识、经济学知识、社会学知识、心理学知识，这样数据分析工作才能够顺利地进行，从而发挥出数据分析师应有的价值。

第 2 篇

方法篇

4

对比与对标——识别事物的基本方法

4.1　对比是识别事物的基本方法

对比是最基本的数据分析方法，也是其他数据分析方法的基础。

我们识别数据的差异是通过对比来实现的。为了得到一个结论，我们通常会查看两个数据的差异，如果 1 月份的销售额是 1000 万元，2 月份的销售额是 1200 万元，则月度销售额环比上升了 20%，销售额增加了 200 万元，这就是一个数量上的对比。人总有问问题的本能，我们潜意识里会问：为什么会增加了 200 万元，这 200 万元从哪里增加的？怎么增加的？

从这种潜意识的思考中可以看到，我们关心的是差 200 万元，而没有关心 1000 万元或者 1200 万元，为什么会这样呢？因为在我们的潜意识中，如果两个数字相同，就没有太大的比较价值。如果 1 月份的销售额是 1200 万元，2 月份的销售额也是 1200 万元，那么这个时候我们只会得到一个结论：两个月的销售额一样。然后，大多数人就没有然后了，去追问为什么的人是少数人。而数据分析师需要去追问：2 月份和 1 月份的 1200 万元在产品、客户、区域、业务人员、销售时间、销量、单价等方面是否有区别？如果有，那么这些区别是什么？都完全一样吗？还是都发生了很大的变化。

如果把这个案例变成：1 月份的 1200 万元销售额来自上海客户的订单；2 月份的 1200 万元销售额来自北京客户的订单。这个时候就存在了差异，我们应该在潜意识里提出疑问，为什么会有这个差异？为什么 1 月份北京没有订单？为什么 2 月份上海没有订单？如果 2 月份的订单来自北京，那么上海的客户是不是流失了？这两个地方的客户的订单都是 1200 万元，都是同一个客户吗？为什么都是 1200 万元？是巧合还是有特殊的原因？是因为销售政策导致的最优采购量，还是因为两家客户碰巧有相同的需求量？这两个客户来自同一个集团吗？下个月会在哪里产生订单呢？——当数据有了差异之后，就会衍生出一系列的问题，当数据相同的时候，这些问题也是可以问的，但是因为数据相同导致大多数人没有了追问的好奇心。所以，在人的本能或者潜意识里容不下差异，因为差异可能意味着一种"不安全"因素；而相同，没有变化，是一种"安全"的状态。

从事数据分析的专业人士要从这种天生的"安全"感走出来，要保持足够的敏锐和敏感，即使在相同的数据中也要找寻差异，要找寻"相同的原因是什么"，即一般人在找寻"差异的原因"，而数据分析师要找寻"差异是有原因的，而相同也是有原因的"。所以，数据分析师的"对比"和普通人的"对比"在概念上是有本质区别的。当然，这也体现出了数据分析师的基本素养。

4.2　对比——横向、纵向及多维度对比

在使用对比方法时，首先必须要有两个事物或者同一事物的两个状态；其次，必须要有一个对比的标准或者指标。对比的两个事物一个是对比的主体，一个是对比的客体；对比的指标或者标准被称作对比的度量。

例如"小明比小强高 10 厘米"，这是一个最简单的对比。其中小明是对比的主体，小强是对比的客体，虽然句子中没有明确对比的指标是什么，但从语义上可以知道，对比的指标是两个人的身高，度量的标准是厘米。如果追究语法的完整性，那么这个句子是病句，应该改成"小明的身高比小强的身高高 10 厘米"。在现实生活中，语言是用来表达含义的，能够让大家理解而不会产生太大歧义的表达我们都会认可。当我们在分析大数据时，有大量的这样简易的表达语句，我们不能像语言学家那样追求所有的句子都是完整和无误的。

从上面这个例子中我们明确了对比的三个要素：主体、客体、度量（指标或者标准）。

上例可以转换表达为："小强比小明矮 10 厘米"。在这个新的表达中，小强成了主体，小明成了客体，度量没有变化。之所以要区分主体和客体，主要是要分清楚

谁（WHO）对比谁（WHOM），在比例和对比中，主体和客体转换会带来数据的差异。

如果小强的身高是 100 厘米，那么小明的身高是 110 厘米。我们可以用百分比的方法来表达："小明比小强高 10%"（小明的身高是 110 厘米，小强的身高是 100 厘米，(110-100) /100=10%）。如果将主体、客体转换过来，则数据就不同了："小强比小明矮 9%"（小明的身高是 110 厘米，小强的身高是 100 厘米，(110-100) /110 = 9%）。

这种差异主要来自于分母的差异，在比例类的对比上，我们常用客体作为分母，可以简易记忆为：比谁就除以谁。例如要计算这个月的销售额比上个月的销售额增长了多少，上个月的销售额是 1000 万元，这个月的销售额是 1200 万元，分母是上个月的销售额，所以增长幅度是 20%。

我们常用柱形图或者条形图来展示数据之间的差异，但在这个过程中要注意基准的问题，如果基准不为零，则容易产生视觉误导。例如小明和小强身高的对比，如下图所示。

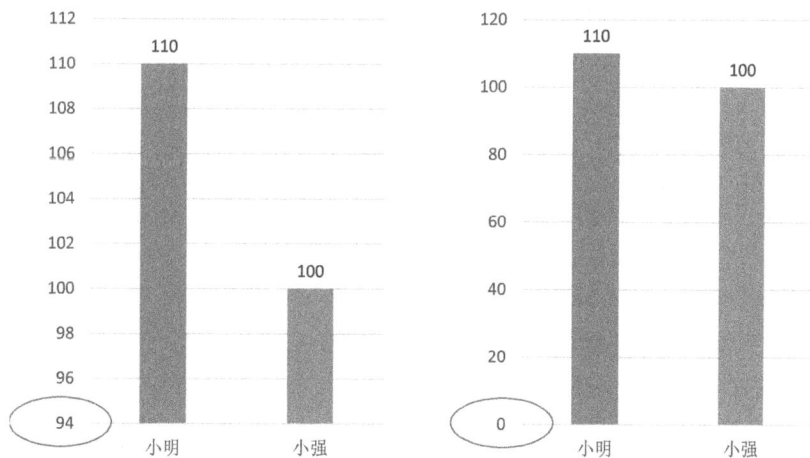

在上图中，左图和右图都是柱形图，唯一的差异是数据基准的选择，左图以 94 为基准，无形中放大了小明和小强的身高差异，给人感觉两者的身高差别很大；而

右图则是以零为基准，反映了两人真实的身高差异。我们在阅读图形的时候，一定要关注基准，不要被作图者人为地放大视觉差异从而影响了对事物真实状况的判断。

有时候，我们使用对比的方法，但没有明确指明对比的客体是什么，那是因为背后是有共识性的客体存在的。

例如当我们去大排档点了一份猪肉饭花了 48 元时，会觉得太贵了；当我们去五星级宾馆的旋转餐厅点一份猪肉饭花了 148 元时，反而没有觉得太贵，还会认为是比较合理的。当我们使用对比的方法对数据做出判断时，其实在这些方法背后都有我们主观形成的基准在帮我们做判断，也就是我们在拿数据与我们的"常识"做对比。我们根据常识认为大排档的饭菜一般都应该在 30 元，如果超过 30 元，就会觉得贵了；而我们在五星级宾馆超豪华的旋转餐厅吃饭时，会觉得一盘菜的价格都应该在 100 元以上，所以并不觉得猪肉饭的价格为 148 元有什么问题。这个时候，我们选择了"常识"作为客体进行比较。

选择常识作为比较的基准或者客体是没有问题的。但问题在于，我们所谓的"常识"并非"共识"，每个人的"常识"是不同的。同样一款 LV 的包，对一个富家子女来讲，几万元的价格很正常，而对一个偏远山区的孩子来讲，这可能是一个天文数字。作为数据分析师，我们在得出结论或者对数据结果做出判断时，必须要审查我们的"常识"是否是所有人的"共识"，如果不是共识，那么我们就要非常谨慎地得出结论，否则就容易从自我出发做出结论性判断，这会影响结论的中肯性。

例如，如果在一二线城市中一个环境相对不错的餐馆吃饭，则人均消费在 60 ~ 100 元；如果是更高档的餐厅，则人均消费在 100 ~ 200 元；如果是超豪华的高档餐厅，则人均消费可以达到 1000 ~ 5000 元，这些就是共识，不要用自己的常识来做出判断。

人们在通过对比形成概念的过程中，会受到客体的影响。选择的客体不同，得出的结论就会不同。客体的度量指标为我们对主体的评判提供了一个标尺。当我们去一个咖啡厅喝了一杯咖啡消费 48 元时，会觉得很正常；但当我们要花 48 元下载一个 APP 时，就会觉得这个 APP 太贵了。这是因为我们对比的标准是不同的，我们不是从使用价值的角度来评测的，而是根据相对价位来定义价格是否合理的。

在营销和销售领域，企业也经常通过帮助用户构筑一个价格参照物，引导用户认可产品或者服务的定价。例如，你在买房子或者租房子时会发现，中介绝对不会第一次就带你看你希望看到的房子，而是带你去看价格差不多，但质量差很多的房子，你会在心中形成一个概念：这样的房子都这么贵，那么比这个房子好点儿的房子肯定更贵，如果比这套房子还好的房子是一样的价格，我肯定要考虑租／买了。然后中介会带你看很多房子，当你基本要累趴下的时候，他会带你去看最适合你的房子，并且说房子价格合适，是紧缺户型，流动性高，要赶紧下手，不然明天就没有了。甚至当你去看这套房子的时候，另外一个中介，就是带你看房子的中介的同事，也带了另外一个客户去看这套房子，这时不冷静的你就会立马出手了。

中介就是利用了对比原理，利用前面所看的质量较差的房子，让你形成目前市场价格的基准，然后让你在这个基准上再去衡量中介要推销给你的房子的定价。如果中介直接带你去看目标房子，你不会觉得这套房子好，也不会觉这套房子差，因为你所看的第一套房子会形成你的定价基准，你肯定会寻找性价比更高的房子。这个时候中介就非常被动，很可能带你看了好几套房子都无法成交。

很多公司产品的定价也采用了这种方案。例如苹果手机，每一代苹果手机都会推出不同内存的机型，就拿 iPhone 6S 来说，16GB 的机型的定价是 5288 元，32GB 的机型的定价是 6188 元，64GB 内存的定价是 7088 元，128GB 内存的定价是 7888 元。你觉得哪一款机型更划算？一个 64GB 的内存不足百元，在实际产品中价格却增加了 800 元，你会觉得心有不甘，从而会选择 64GB 的机型，而 64GB 的机型对比 32GB 或者 16GB 的机型也不划算，但 32GB 和 16GB 的机型容量太小让你无法使用。

苹果构筑了这个产品系列的目的是让用户在这 4 款产品中比价（见下图），而不会将比价的范围放到其他的产品上。既然选择了苹果品牌，就不要用苹果手机的价格与三星或者华为的手机的价格做比较。如果苹果手机只有一款 64GB 的机型，那么消费者肯定会跟其他的产品进行比较。这个时候消费者对价格的评判就不再是哪个容量的手机价格更合理，而是哪个公司的产品价格更合理。

通过对比引导消费

苹果（APPLE）iPhone 5 64G版 3G手机（白色）WCDMA/GSM 全新设计，更薄
¥6688.00
★★★★★ 已有32人评价
北京预订

苹果（APPLE）iPhone 5 32G版 3G手机（白色）WCDMA/GSM 全新设计，更薄
¥5649.00
★★★★★ 已有518人评价
北京预订

苹果（APPLE）iPhone 5 16G版 3G手机（白色）电信版 纤薄、极致、时尚潮流，
¥4999.00
★★★★★ 已有2330人评价
北京有货

（图片来自京东网站）

作为专业的数据分析人员，一方面我们要避免被别人左右了我们的比较基准；另外一方面，我们在准确传达数据对比结论的时候，可以采用一些心理学的方法，让数据的认知度更高，确保我们的数据对比结论能够有效达到说服的目的。

4.3 比值比率背后的逻辑

最常见的对比是大小的对比、数量的对比，例如销售额的对比、人数的对比、时间长短的对比。使用不同的对比指标会得到不同的结论。

我们把对比标准的选择叫作对比的视角，对比视角不同，就会得出不同的结论。例如将小强和小明对比，从身高的角度对比，就有了高矮的判断，我们还可以从学习成绩、年龄等其他的视角进行对比。在对比人的时候，我们可能会有更加综合的维度，例如在对比客户的时候，我们会综合考虑各种因素；在对比各种变化的原因时，我们也有各种模型。对比随时随地都在发生，我们所要做的就是找到合适的对比视角，针对同样的问题，发现不同的洞察。

对第一层级的变量做了对比之后，我们还可以形成综合的变量。将第一层级的变量（直接描述事物的变量，如长度、数量、额度、宽度、高度等）加工之后得到的变量，称作二级变量。在进行二级变量对比的时候，常用的有增速、效率、效益等指标。

增速是指在一定时间范围内数量变化的比率。两家公司、两个产品、两个市场、两个客户、两个渠道，都可以对比增速。而对比的时间周期可以按照月份、季度或者年度来设定。2015年，美国的国内生产总值为17.4万亿美元，中国的国内生产总值为10.4万亿美元，美国全年经济的增速是2.4%，中国全年经济的增速是6.9%。这就是速度的比较，如下图所示。我们很自然地会问，如果按照这个增速发展下去，中国国内生产总值赶超美国大概要等到哪一年？ 2027年！

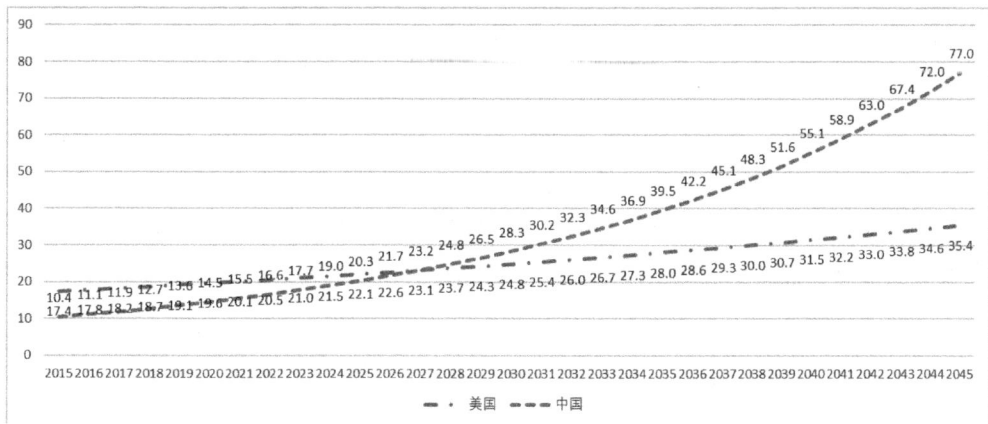

效率是投入与产出之间的比值，是资源利用能力的评价指标。效率对比就是看谁能够利用更少的投入产出更多的价值。对比两家企业的效率，可以看出哪家企业更有发展潜力，更有竞争力。

常用的衡量人力资源效率的指标是人均产值（一定时期内平均每个人产出的价值）、元当产值（公司每发出一元工资所带来的产值），如下图所示。前者是把人数作为投入要素来评价的，而后者是把人员工资作为投入要素来评价的。如果一家公司的销售额和利润实现了快速且稳定的增长，但是在公司成长的过程中，物质要素的效率在提高，而劳动力要素的效率却在下降，即人均产值在下降，那就意味着随着公司的发展，新招聘的人员的平均水平在下降，而工资却在不断增长，每一元工资投入的产出在大幅度下降。

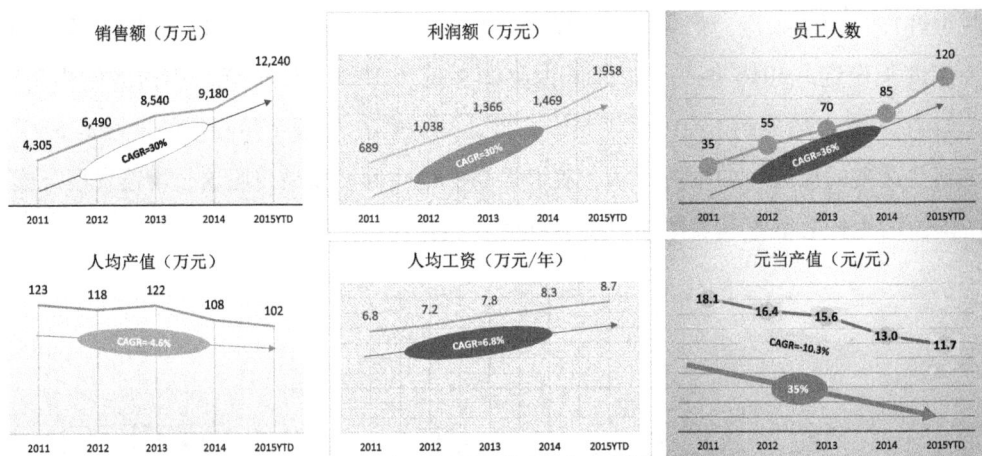

一些表面繁荣的公司，背后却蕴藏着巨大的人力资源危机，公司的人力资源整体水平在下降，这样的公司是很难持续发展的，特别是到了市场竞争越来越激烈时期，人力能力跟不上公司的发展。如果公司在发展的过程中看不到这个问题，将来就会成为非常关键的问题——公司在快速发展时，所有的问题都不是问题，但到了公司发展受阻时，一个小问题都会成为天大的问题。很多公司在危难时期面临的问题都是在顺境中衍生的。所以，对一些效率指标的跟踪非常重要。

4.4　指标的逻辑与管理指标

对于相对比较复杂的事物，某一个维度的分析往往只代表一个侧面，不能代表事物的全貌。而如果对比的维度太多，我们往往就不能得到一个明确的答复。

例如小明比小强高 10 厘米，但小强比小明帅；有的客户购买力不强，但他能够带动朋友来购买公司的产品和服务。这就需要综合考虑各个因素，也给数据分析工作带来了新的挑战——我们需要找到一个更加简单的方法来评价事物。

所谓的指标，就是各种评价标准经过加权综合之后得到的具有一定意义的评价体系。例如消费者物价指数就是衡量物价变化的指标。蔬菜价格在上涨，但大米的价格在下降，肉、禽、蛋、奶的价格也在下降，我们就不能说整体的物价在上涨。那么如何评价物价的波动呢？可以用衡量物价的综合指标——CPI（Consumer Price Index，消费者物价指数）或工业价格指数 PPI（Producer Price Index，生产者物价指数）等指标来衡量物价的波动。

消费者物价指数（CPI）是综合了大多数人的消费习惯，按照消费产品的比例加权计算消费者综合的消费价格波动，不同时期的 CPI 组成也不同，不同国家也会根据消费者不同的消费习惯组合成不同的消费者物价指数。因为中国地域广阔，消费者的消费习惯差异很大，所以 CPI 带给大家的感觉也会不同。CPI 的本质是用来衡量消费者所拥有的现金在特定时期生活消费购买力变化的指标。PPI 则是指工业生产者综合购买力的指标。

在企业管理中也会采用一些综合的评价指标来进行对比。例如，最为典型的就是 KPI（Key Performance Indicator，关键业绩指标），它是根据公司对某个岗位的要求，以及在各个维度上要求的重要程度的不同，设定不同的权重，从而形成的一个综合评分指标。不同岗位在不同公司的 KPI 设定肯定会不同。为了能够更好地让业绩指标为公司战略服务，曾经有知名的咨询公司提出一个通过综合考虑 4 个方面要素而组合出来的 KPI 指标，叫作 BSC（Balance Score Card，平衡记分卡），其考虑到每个岗位的财务指标、客户指标、成长指标和流程指标。不同公司中不同岗位的 BSC 肯定不同，但基本涵盖的是 4 大类指标的综合加权平均值。

数据分析师有一个关键的职能就是要设计"指标"来对比。设计指标与应用指标有着天壤之别，很多人在应用别人的指标的时候还会出错，如果要真正设计指标，则需要对事物之间的逻辑关系有着深刻的理解。

例如，笔者服务过一家经营婴幼儿食品的公司，其产品包括配方奶粉、米粉、水果泥和婴幼儿安全营养补充零食。他们的业务与一个市场中人口的出生率、这个市场的整体购买力、消费者对婴幼儿食用包装食品的观念有直接的关系，还与政府对这个市场中的食品安全管控力度有关系。分析了这么多关系之后，他们希望能够构建一个指标反映一个市场对公司的吸引力，从而能够让公司根据这个市场吸引力指标来投资。

而市场的吸引力还与市场中的竞争强度有关系，如果在这个市场中竞争者众多，前几名的竞争者实力雄厚，后台资本实力强大，那么这个市场的吸引力就小；如果这个市场几乎是空白市场，那么这个市场的吸引力就大。

考虑到以上因素，我们需要建立一个综合指标来评价这个市场的吸引力，最好能够直接得到一个分数进行直观判断，例如 80 分的市场比 75 分的市场有 5 分的吸引力差异，60 分的市场是 30 分的市场的吸引力的两倍。那么如何设计这个指标呢？我们需要各种数据的加权计算。

在不考虑市场规模的情况下，我们可以先构建一个指标指数模型：

$$Y=aX_1 + bX_2 + cX_3 + dX_4 + eX_5 + fX_6 + \cdots$$

其中：

Y：市场吸引力指标值。

X_1：婴儿出生率（或者每年婴儿出生的数量）。

X_2：市场购买力平价指标。

X_3：消费者对婴幼儿包装食品的态度。

X_4：企业信誉对消费者购买婴幼儿产品的影响。

X_5：政府对婴幼儿食品的管控力度。

$a,b,c,d,e,f \cdots$是系数，代表影响的程度。

我们可以构建一个加法模型。加法模型代表各个要素之间并没有相互的影响，各个要素独立地对市场吸引力产生影响。

当然我们也可以构建成乘法模型：

$$Y =aX_1 \times X_2 \times X_3 \times X_4 \times X_5 \times X_6 \times \cdots$$

此乘法模型假设各个要素之间是相互影响的。例如如果消费者的信心不足，则购买力会因此被大幅度缩小。

我们可以追踪各种历史数据，将不同阶段的数据放到一起，形成多个数据组合方程式，通过近似求解的方法实现对模型的构建。最终得到一个计算市场吸引力指标的数学模型：

$$Y_{\text{市场吸引力}} = f(X_1, X_2, X_3, X_4, X_5, X_6, \cdots)$$

这个数学模型可以用来指导公司未来的市场投资实践，也可以在公司不断拓展市场的过程中不断地验证这个数学模型，不断完善各种假设、指数、系数、计算方法，最终形成适合公司自我发展过程中的扩张模型。

这是本书第一次提到数学模型的构建，这些内容需要读者具有数学基础。如果以上的内容让你感到很难理解，那么完全可以跳过这部分内容；如果你是从事数据分析专业的人士，那么这部分内容对你来说应该不太难；如果你不是从事数据分析专业的人士，那么只需要了解这些内容就足够了，不需要深究，更不需要自己去构筑完成一个数学模型；如果你是公司的高层管理者，那么阅读这部分内容可以让你更好地了解一个数据模型产生的过程，从而能够理解数据分析师每日的工作内容。

下面就以CPI来进行示范说明。CPI本质上是一个构筑数学模型后形成的综合数据指标。

假设一个居民每个月要吃掉5斤猪肉、3斤鸡肉、2斤牛肉、1斤羊肉、0.5斤鸭肉、0.5斤鹅肉、5斤白面、5斤青瓜……经过大量的统计调研，我们得到全国人民的饮食结构是如上的构成要素。

我们调研所有的菜市场（其实是抽样代表）中所有这些产品的价格，得到本月该居民的消费支出，假定为1000元；下个月他同样购买这些产品来满足自己的日常生活需要，但是各个产品的价格发生了变化，用当月新的产品价格重新计算了他的消费支出情况，得到的结果是1050元，那么将该月的消费支出与上个月的消费支出进行对比，消费者价格上涨了（1050 − 1000）/1000=5%。如果把上个月的CPI认定为100元，则本月的CPI为105元，CPI上涨5%。这就是对CPI即消费价格指数的形象描述。当然，实际的CPI计算会比这个要复杂，因为我们监控的产品品种比我列举的要多，获取产品价格的渠道和监测点也要多得多。

指数在整个经济领域中有着重要的地位，有的指数直接代表了经济的风向标，甚至左右着经济的发展。代表一个经济体、一个经济实体或者公司的指标有信誉评级指标，价格指标有 CPI 和 PPI，短期经济发展兴衰指标有 PMI（采购经理人指数）……

我们对数据进行对比分析的时候，除简单地直接对比数据外，还需要构建一些可以重复使用或者在某个部门、某个业务领域、某个情景下进行评测的指标。这些指标背后可以是多个数据的综合分析结果，也可以是某个业务指标的合集。数据分析师要根据业务需求做出各种指标的模型，并形成长期的观测数据集，从而验证这种指标的合理性，只有通过长时期实践检验的指标才可以成为公司持续使用的对比指标。一个综合指标企业得使用越久，就越完善，并且可以体现出公司管理的特色。

当企业的管理指标逐步丰富之后，你会发觉企业的管理文化和管理体系都在发生着潜移默化的改变。之前管理者的职责是根据生产经营状况做出决策并确保决策的执行，在执行的过程中形成事前、事中和事后的反馈，并不断调整决策的执行过程。当数据承担起更多的这种分析和决策的过程时，管理者的职责逐渐从"思考型"向"指挥型"过渡，并且对管理者的聪明程度、经验能力的要求反而变弱了。同样能力的管理者所能够管理的人员数量在逐步发生变化，管理幅度在增加，一些复杂的管理工作逐步由数据和数据指标在发挥作用，一些分析和判断性的工作由智能的系统来完成，企业组织逐步转向扁平化、社群化。

4.5　对标的层次和维度

当设定了各项管理指标之后，剩下的就是比较工作了。通过比较，我们才能发现各种变化，从变化中追踪到事物变化的轨迹，找到问题的根源，从而找到事物发展的规律。这个过程叫作对标。

对标有两种基本形式：（1）与自己比；（2）与别人比。

1．与自己比

与自己比就是同样的指标，与自己的历史比，与历史最好水平比，与自己设定的目标比。大多数实施目标管理的企业都会设定 3 个目标：

（1）基本目标：根据企业发展战略需要，企业必须达成的底线目标。

（2）挑战目标：发挥企业各层员工最大的能力，全员在超额完成任务后力求达成的目标。

（3）移动目标：在战略目标执行的过程中，根据行业、市场、外部环境和企业状况对目标重新审视后调整的目标。该目标力求可行性，是考核的基础，并参照了基本目标、挑战目标。

有了这 3 个目标，企业必然会形成一个基于目标的评价，反思战略实施过程中的问题，找到改进的路径方法。

2．与别人比

与别人比包括与竞争对手比，与行业比，与上下游行业比，与更优秀的跨行业企业比，与潜在的替代者或者进入者比。

与行业比是指一家企业要想发展和领先，必须要超越行业的增速。如果连行业的增速都跟不上，连行业的基本指标都无法达成，那么企业一定是在行业内走下坡路的。连水涨船高的能力都达不到，如何能够成为行业内的领先企业？而不能在行业内积极领先的企业往往都会被大浪淘沙。

传统行业有二元论。什么是两元论？就是在一个行业中，往往有两家规模差不多的企业在激烈竞争，它们规模差不多，但是与第 3 名拉开很远的距离。例如在可乐行业中有可口可乐和百事可乐，这两家企业此消彼长，谁也干不掉谁；在智能手机行业中有苹果和三星。

而在互联网企业中，只有第一，没有第二，例如即时通信工具只有一个 QQ，连微软的 MSN 和谷歌的 Gtalk 都要让步，这也是为什么很多新兴互联网行业中的第一名和第二名做到一定的程度后要合并，例如赶集网与 58 同城合并了，美丽说和蘑菇街合并了，去哪儿与携程合并了……大量的合并案例告诉我们，在新兴互联网行业中只有第一才能生存，这与传统产业的二元论有着本质的区别。

一家企业必须努力赶超行业的增速才能在大浪淘沙的过程中逐渐凸显，否则就会沉寂在行业中，特别是在行业的集中度快速提升的阶段，要抓住机遇，快速扩张，超越行业的增速。例如万科为了跟上房地产行业的发展，在 2014 年提出了双倍行业增速的战略发展速度目标。

与竞争对手比是必需的。商场如战场，如果不能干掉竞争对手，就会被竞争对手干掉，这是企业的生死之战，所以必须要超越竞争对手的发展。虽然在博弈论中，第一名往往更加倾向于采用跟随战略，而第二名才有更大的积极性进行创新[1]。但是在"互联网＋"与大数据融合的新时代，"跨界打劫"成为新常态，企业需要随时防备着其他竞争对手的加入，所以第一名也必须要保持足够的敏锐性，以创新驱动超越竞争对手。如果企业是行业内的第一名，则可以采用跟随＋创新策略，即跟随第二名或者主要竞争对手的创新，确保企业不会丧失任何一种行业趋势，确保一直保持领先，并在过程中随时保持创新。

1　来自于博弈论的"上策均衡"中，有一个"美洲杯帆船比赛"的故事，说明领导者只要跟随者第二名随时调整市场的策略，肯定会一直压制第二名从而保持自己的领先地位；如果领导者冒险创新，一旦失败将被第二名超越；而第二名如果一直跟随着第一名，则永远无法超越竞争对手，必须要不断创新才有可能超越第一名从而成为第一名。这就是所谓的"领导者多跟随，跟随者多创新"的原理。

与上下游行业对比是很多企业容易忽略的。为什么要与上下游行业对比呢？道理其实很简单，同在一个产业链上，如果你跑得快了，则上下游的客户肯定会拖你的后腿；如果上下游的客户比你跑得快了，则你会被他们抛弃。一个产业链上的企业必须是联动和共同发展的，随着"互联网+"时代的到来，整个产业链会越来越透明，连接也会越来越紧密，如果企业不关注上下游行业的发展，就无法让产业链的联动效应显现。企业必须要随时关注上下游行业的发展指标，包括企业的增速、利润水平、规模、集中度等，不仅仅要跟踪对比与自己有业务往来的企业的相关指标，还要与上下游行业中的各种指标进行对比，确保企业能够与上下游行业的发展保持同步。

有的企业在本行业或者本行业的细分领域已经保持领先了，这时除需要考虑以上的对标外，还需要借鉴其他行业的先进经验，为企业寻找新的突破点或者发展起跳点。一家好的企业会不断吸收行业内和行业外的先进模式。行业内的经验有助于改善企业的经营和管理，而行业外的经验往往能够给企业带来更多的创新想法，引领企业在行业内的创新。

选择明确的对标对象之后，就需要明确对标的维度。从哪些方面进行对标呢？可以参考以下 5 个维度。

（1）规模指标

规模指标是非常重要的指标。企业的规模代表着一种实力、在市场中的话语权、用户的信任程度，以及代表着政府、社会等资源的倾斜力度。同样是 1000 万元的投资资金，对一个年营收额只有 5000 万元、利润只有 500 万元的企业来说压力就会很大；而对一个年营收额有 50 亿元的企业来说，1000 万元的投资额度不需要动用自己的利润，通过银行贷款就可以解决前期资金投入的问题。企业规模代表着企业的实力，而银行更加喜欢与有实力的企业合作，即使这个项目投资不成功，对一个规模在 50 亿元以上的企业来说，1000 万元的损失是很容易消化的；而对一个规模为 5000 万元的企业来说，1000 万元的损失有可能是致命的。

企业的规模还意味着客户的认可度、市场的影响力。只有企业上了规模之后才会有更多的人听说过你，才会有更多的人信任你。

企业的规模还代表着一种信用。如果市场上推出了一款新产品，消费者一看是不知名的厂家生产的，就会怀疑，不敢购买；而如果是知名的厂家生产的，那么有这个厂家的背书就会提高产品的信用程度，消费者就会愿意去尝试这个新产品。企业的规模直接影响着其品牌的影响力、消费者的信任程度、客户的信任程度，在采购和销售订单上，也会拥有更多的信誉担保能力。

企业的规模也直接影响着政府和企业的关系，影响着企业是否能够从政府的相关政策中获得更多的优惠条件。如果政府有一块地挂牌出售，而有一家不知名的企业和一家知名的企业都想获得，那么政府肯定希望是知名的企业获得，因为未来利用这块地构建工厂后，知名的企业更能有效地赚钱。或者政府相信知名的企业会比不知名的企业能更稳健地发展。只要企业能稳健发展就能够给地方政府贡献更多的业绩，更能够为地方创造更多的就业机会，从而能够更好地发展当地的经济。

我们从企业规模的角度进行对标时，首先要衡量的就是营业额，而电商平台可能更多的是衡量 GMV（Gross Merchandise Volume，综合订单销售额），即平台的成交金额；其次可以衡量用户数量、用户活跃度、商品数量、员工数量等。不同行业有不同的规模衡量指标，一家医院的规模可以用医护人员数量、病床数量、接诊数量、年营业收入额等衡量；一家餐馆的规模可以用餐馆面积、接待人数、销售额等衡量。企业需要根据自身行业的特征来选择特定的规模指标，并根据指标做出跟踪性的对标体系。

（2）速度指标

速度指标代表着一家企业的综合活力，代表着这家企业未来的发展潜力。企业现有规模基数和发展速度决定着其未来的规模。此处的速度指标不仅仅包含规模的增速，还包括运营管理的各种速度指标。在不同的行业、不同规模的企业中，增速的评价标准是不同的。如果是行业中非常小的企业，那么需要更大的增速才有可能在行业中凸显出来；如果在行业中已经是老大了，那么企业的增速只需要超越行业的平均增速和主要竞争者的增速就可以维持领导者的地位。一家规模达上千亿元的企业，增速达到 10% 已经是非常大的增长了，一家规模为上千万元的企业，增速达到 100% 也不见得是快速增长。

除规模增速外，企业运营管理的速度也直接反映了企业的活力。如果在企业中一个报告的审批需要几个星期才能走完流程，那么这样的企业就是慢速的；如果在企业中重大项目的审批只需要几天，那么这样的企业就是快速的。

京东的送货速度快是非常出名的，自从京东推出"211 送货制度"后，就争取到了大量的天猫用户，它们的产品价格是一样的，京东当天就能够将货物送到，而天猫需要第三方送货，基本需要 2 ～ 3 天才能送到。速度构筑了京东的竞争实力，所以它才能在一个一元结构的商业环境中凸显出来，把电商公司做成了一个物流公司。本质上天猫是电商公司，而京东是物流公司。

速度决定着企业的未来，没有速度，很多问题都会暴露出来。还是那句话，当企业在发展中，再大的问题都是小问题；而当企业不发展了，再小的问题都是大问题。所以速度非常重要，如果一家企业出现了问题，要么可以通过快速扩张来解决，在发展中快速地解决管理的问题。如果不通过发展速度来解决问题，则问题往往难以解决。中国企业的管理水平普遍较差，如果企业的发展速度下降了，则很多问题都会暴露出来，所以很多企业都在寻找发展的解决方案，而不是寻找管理的解决方案。

（3）效率指标

效率指标是指企业投入与产出之间的对比关系。如果投入的是时间，则称为时间效率，分母是时间，例如月度产值、月度销量、月度利润等是以一个月为时间单位的效率。

如果把投入的其他资源，例如资金、人数、资金作为分母，就有了更多的效率指标。例如投入的是人数，则有人均产值、人均销售额、人均利润、人均产量、人均销量等指标；如果投入的是人员工资，则有人工元当销售额、人工元当产值、人工元当销售量、人工元当利润等指标；如果投入的是净资产，则有净资产周转率和净资产收益率等指标。

对标的指标需要我们灵活设计，不同的业务特征需要使用不同的指标。如果把服务行业员工工作时间和非工作时间做比较，就有员工闲置率这样的指标。在某些服务行业中，员工闲置率是非常高的。你在非吃饭时间去餐馆看一看，会发现有大量的"剩余劳动力"，这是餐饮企业的常态，因为消费者吃饭是有固定时间的。聪明的餐饮企业老板则会想出比较好的办法，例如当员工午间休息或客人不多的时候，可以让员工从事其他的工作，可以让员工从事营销工作，在网络上搜索各种数据和信息；还可以让员工加工月饼、蛋糕或者其他可以以公司名义销售的产品。

未来一个人从事多份工作看似都不是难事，而更重要的是要有一个完整的商业规划，并找到实施的路径，然后高效地实施。

在效率指标对标的过程，我们还要进行试验，这样可以帮助我们大幅度地提升效率。我们在研究企业经营管理各个方面的效率时，需要根据某些变量的影响程度做出一定的调整并跟踪调整的效果，然后将改善的效果与调整的资源投入进行对比，看看哪种方案更加有效，更加高效，从而不断优化整个公司的效率。

例如企业可以在不同的月份或者季度对广告投入做试验，在某个领域多投入一些广告费用，在某个领域少投入一些广告费用，然后分析其对整体销售绩效产出的影响，在下个月或者下个季度再做一次调整，再跟踪绩效数据，根据试验来验证各种资源投入在配方条件下的产出效率，从而优化投入，得到最大产出。

效率是企业竞争的核心武器，两家公司最后谁能够成为行业中的老大，就看谁的效率最高。效率代表对资源的最佳利用，代表在同样的产出条件下，谁能够产出更多；在同样的产出数量和质量条件下，谁消耗的资源最少；在同样的市场价格下，谁的利润最高。例如甲公司生产一件产品需要成本 80 元；乙公司生产这件产品只需要成本 70 元。只要乙公司把该产品的价格定为 75 元，甲公司很快就会从市场上消失，因为乙公司每件产品卖 75 元还有 5 元的利润，而甲公司每件产品卖 75 元就要亏损 5 元。在短时期内甲公司可以跟乙公司亏本竞争，但不会持久，因为乙公司在有利可图的情况下不会亏损，还会继续发展壮大，而甲公司无法持续太久。

说效率决定企业的生死一点都不过分。现在的市场竞争逐步进入到白热化的阶段，产品同质化严重，客户关系也不是那么紧密。特别是在中国这种市场环境下，一分钱的差价完全可以拆分曾经的合作伙伴关系，绝对可以让所谓的"忠诚客户"流失，在 B2B 领域尤其如此。虽然价格不是最重要的竞争因素，但当产品的品质、设计、服务等各种条件都相同时，价格就会成为竞争中的关键要素，只有把成本控制下去，价格才会有优势或者弹性空间，才能保证公司在赢利的同时能够争取到更多的客户。

（4）效益指标

所谓的效益指标就是指赚钱的评价标准。虽然效益一般都被认为是利润，但对不同发展阶段的公司来说，效益的定义可能是不同的。公司在创业初期，效益指标是增速，是快速发展，而不是利润，如果公司在起步阶段就把利润当作第一要务，那么发展的机会就会很小；当公司高速发展的时候，效益指标不再是增速，而是品质，包括产品的品质、管理的品质、体系的品质、流程的品质、供应链的品质、工厂的品质、研发团队的品质、整体管理团队的品质。如果不建立品质指标，等公司发展壮大时，则公司越大，企业的实力越弱，内部越虚空，也越来越危险，就如一个气球，越吹越大，破裂的风险也越来越高；当公司到了成熟期，公司的效益指标才真正回归到利润这个终极目标上。

作为理性的数据分析师，不能单纯地从字面上理解指标的含义，要根据企业的实际情况定义词义的概念，并在公司所处的不同阶段，找到企业健康稳定发展的关键要素。如果始终把利润指标放到公司经营的首位，则是非常危险的。其实在现实生活中有大量这样的例子。

某企业的某个产品在市场上的售价为 100 元，产品的成本为 80 元，卖 1 件产品赚取 20 元毛利。企业通过内部改善和产品工艺创新，将成本降到 70 元。企业对这 30 元的毛利非常满意，此产品的市场售价继续维持在 100 元，市场总规模为 100 亿元，该企业的市场占有率非常低，每年有大概有 3 亿至 4 亿元的销售额。当整个行业竞争越来越激烈时，其他企业也通过效率优化和创新提升了效率，降低了成本，该企业的发展开始受到威胁，于是将每个产品的售价降到 70 元。该企业在赚钱的时候不舍得牺牲利润来获取市场规模，当市场竞争激烈的时候，价格已经没有下降的空间了，该企业则丧失了发展规模的大好机会。如果该企业在刚开始通过创新将成本降低到 70 元的时候，就将产品的售价降到 75 元，则可以大幅度提升公司的市场规模，把一些小的竞争对手或者打不起价格战的企业清理出市场，企业规模就能够快速扩大。一旦错过了这个机会，就不得不面临痛苦的市场竞争，甚至有被新来者驱逐出市场的可能。

所以，企业在不同的发展时期应该有不同的策略，应该有不同的效益衡量指标，完全将利润作为效益的衡量指标对企业是很不利的。

效率和效益天生是一对儿。只有提高了效率，才会有更高的效益，但是有了更高的效益，反而会影响效率。为什么呢？当一家企业的产品有非常高的利润时，企业内部节约成本的动力就会不足，员工创新的积极性也会变差，既然赚钱了，为什么要改，这样的理由看似是非常合理的。当产品还有 30% 的毛利时，企业就不会花费大量的精力去寻找可能只能节约 1% 资源的创新方法。而那些毛利不高的企业会锱铢必较，节约每一分钱，最终能够通过节约获得更大效率的提升。企业效益太好有时候也不是什么好事，其只会掩盖管理的不足、效率的不足，以及培养员工的惰性。

（5）综合指标

综合指标是将前4项指标（见下图）经过综合加工而成的指标，其也可以看作为了衡量某种特定指标而通过加权关系或者特定算法得到的指标。例如CPI、PPI、PMI等都是综合性指标，虽然它们只表达一个维度的意义。

评价一家企业能否健康和持续地发展，可以将企业的规模、市场占有率、行业内排名、增长率、赢利水平和利润率、负债水平等信息综合到一起考虑，给每一个维度都设定一个权重，然后加权计算得到一个综合指标。如果一家企业的规模很大，在行业内排名很高，但其赢利水平（利润率）低、增长缓慢、债务负担非常重，那么对于这样的企业我们可以给予不同的评价，即：

$$C = f\ (规模，市场占有率，排名，增长率，利润率，负债率)$$

我们也可以综合4项指标来评定一家企业的整体状况或者整个企业的特征，以便在不同的企业发展模式上做出分析和判定。

根据不同的商业目的也可从设定不同的指标模型来评价企业。针对一个企业，可以多类综合的指标来评价其运营状况。例如对于一家餐饮企业，我们能够轻松找到上百个评价指标，每种指标都针对不同的生产要素，例如餐饮企业一般有7大要素：菜品（菜品、饮品、包装产品等）、店铺（座位、吧台等）、客户、员工、供应商、地址、资金。每种要素都可以从 4 个维度（规模、速度、效率、效益）设定各种管理指标。如果每个维度上的指标是全面的，则我们可以针对这 7 大生产要素进行加权得到企业在这 7 个方面上的综合评价分数，由此可以评判这家餐饮企业的管理短板在哪里、长板在哪里，并深度研究这个企业未来的改善路径（见下图）。

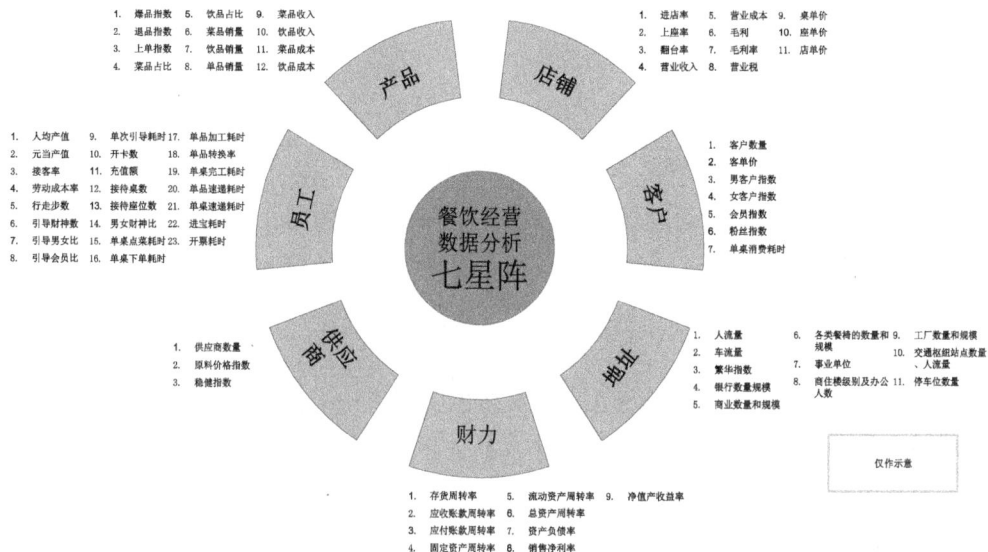

针对连锁服务业，基于其店铺的经营模式，我们可以开发一个"开店模型"，即通过产品和服务的定位、产品的毛利空间、店铺周边的客流量、目标客户群的数量、运营费用控制，可以计算应该开多大的店铺。如果客流量不足，只能开 700 平方米或以下的餐饮店，那么 1000 平方米以上的店面就不要考虑了，这样会因为租金负担过重，经营不饱和而亏损。很多企业在开店时都是凭借感觉在开店，有经验的人可以非常明确地估计出应该开多大的店，如何定位，如何营销，如何管理，从而保证在开店后能够赢利。而没有经验的人，只能通过试错来完成。而现在试错的成本越来越高，一个好的数学模型其实完全可以替代这种专业能人。当然，这个数据模型需要这个企业在数据积累上、在各种管理指标的监测上不断丰富和完善。

4.6　标杆管理与榜样的力量

学习标杆企业的做法、学习先进企业的经验，可以改良本企业，以及大幅度改善企业管理效果，而且成功概率非常高。因此，我们在研究数据时，要研究标杆企业的数据，用数据为本企业的改良措施提供建议和意见，从而确保我们的方案更有可行性，更容易成功。

用数据量化标杆，能够从数据指标上构筑一个标准，就如同跳高运动员跳高，如果没有横在高空中的标杆，那么其跳跃的高度往往达不到自己的极限。通过不断调整标杆的高度，运动员能够不断刷新跳跃的高度。企业的管理也一样，如果企业能够以优秀的企业作为标杆，不断挑战自己，那么一定会超越这个标杆企业的。

数据本身也会成为一种标杆。喜欢跑步的人都有一个经验：在每次计量跑步的步数时，会希望每次都能够超越之前最高的记录，所以有的朋友会越跑越远，并且越来越喜欢跑步。在企业管理中也可以设定一个数据指标，例如每天打电话的次数，最先设定每天打 80 次电话，然后让团队成员不断超越这个数据，你会发现，第一天团队成员基本都很容易完成了任务，有的人为了拿到很好的排名会不断冲刺新的纪录。如果我们设定一个每周销售额的目标并把这个目标及每周实际的销售额也写在下面，则当目标达不成的时候，团队成员就会思考，如何才能达成目标，如何才能超越目标。其实这就是内心比较的结果，是一个实际与虚拟目标比较的结果，这就是标杆的力量。企业要设定一个标杆，让团队不断超越。

为了让设定的标杆更加具有科学性，并能够找到达成这个标杆的路径，我们需要研究标杆企业，需要学习别人的做法，并在过程中不断研讨：为什么我们做不到，而别人能做到。设定标杆最基本的一个功能是：目标激励并找到达成目标的路径。

设定标杆可以让企业日常的工作和管理变成一种竞技，一种需要努力才能取得更好成绩的过程。数据化的标杆就是通过数据指标量化企业实现的绩效，通过对比找到差距并弥补差距，并在这个过程中探索优化公司管理、业务流程、业务结构的方法，从而大幅度提升业绩。没有标杆，企业就只会自我感觉良好，并且远远落后竞争对手而不自知，这是非常危险的。

2004 年，笔者在为万科提供第 3 个 10 年中长期战略规划咨询服务时，就是通过研究优秀标杆企业的做法，让作为国内房地产行业的领导者万科看得更远，看看国际上先进企业是如何管理公司，如何建设房子，如何做决策的，从而找到与它们的差距。万科学习的标杆企业叫浦尔特公司（Pulte Homes），它在巨幅波动的房地产市场上，连续 50 年未出现过亏损，这是一家值得万科认真和虚心学习的公司。万科可能在规模上超过这家企业，但在中国这个拥有天然规模优势的市场上，大并不代表强。要虚心学习，建立一个通过努力能够达成的目标，并能够不断以开放的眼光去看看世界级的企业在做什么，而不是仅仅满足于自己的利润，这样才能不断超越自己。

笔者在服务国内的企业的过程中发现，企业越大，员工的傲气越大，并自以为很牛。任何优秀的企业都存在管理方面的问题，发展好的企业是管理方面的问题还未暴露出来，或者暴露出来了还没到伤筋动骨的地步；当企业发展不好时，各种问题都来了。如果总认为自己很牛，就很难找到学习的标杆。其实每家企业都有自己的特点，哪怕是小型的企业都有自己的特长。

笔者在服务一个地方能源企业时，曾经建议其向美国的一家能源企业学习，当笔者提出这个建议时，该企业的高管团队中有一半以上的人几乎是异口同声地说："我们已经比这家企业大了！"这让笔者感到中国某些大型企业借助各种垄断资源（包括自然资源、政府资源和关系资源构建的垄断资源）已经几乎到了目中无人的地步。实际上，这家外国企业与这家国内企业的业务非常雷同，但这家国内企业人均产值不足百万元人民币，而这家外国企业的规模是其 3/4，而员工人数是其 1/10 都不到。光看这个指标就值得我们学习人家的经验了。当然，这种建议是无法在这样的企业中推动下去的，因为笔者知道，如果要做到同样的人均产值，则这家国内企业中会有大量的人"被下岗"，而这是这家企业的管理者无法忍受的，至少绝大多数高管都会拒绝笔者的建议，因为他们担心会因此而失去工作。

5

分类——认知事物的基本方法

5.1 什么是分类？为什么要分类？分类的方法是什么

分类与对比一样，是人类认知事物的基本方法。人类在征服大自然的过程中，先通过各种对比来认知事物，然后把事物之间的差异和相似之处进行总结，给相似的一类事物贴上一个标签，例如将不动的但会慢慢生长的事物叫作"植物"，将会动的事物叫作"动物"；吃肉的动物对于人类是"危险的"，吃草的动物对人类的威胁不大，是"安全的"。其实这就是一种分类的方法。

分类是由"分"和"类"组成的，其本质就是把事物分开，归到不同的类别中并分别识别，从而获得对事物的重新认知。如果我们把客户分成不同的类别，就可以更仔细地识别客户。如果将客户按照大小来分类，就有了大客户、中客户和小客户，这样我们对"客户"这个研究对象就有了更加深刻的认知，对所拥有的客户结构也有了更加深入的了解。例如我们总共有300个客户，如果将其分成10个大客户、30个中客户、60个小客户、200个微客户，那么客户从一个整体变成了由4种客户组成的结构化组合，如下图所示。

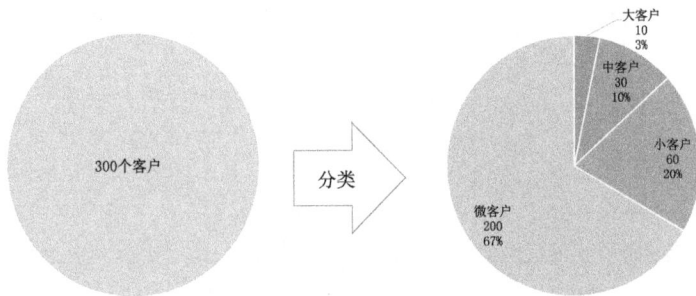

汉字分4大类：象形字、会意字、指事字、形声字。"分"就是会意字，拆开看是由"八"和"刀"组成的，本质就是将事物一个切成八刀。在日常生活中，最简单和最基本的拆分事物的方法就是一分为二，笔者把它叫作"一体两面"。

举一个例子，"事情"一词可分为"事"与"情"，做事情肯定与人有关，中国人讲关系、讲人情，所以做事情的时候一定包括"事"与"情"两个方面，即做事情和沟通感情。我们要成就一件事情，就要把握两个方面："事"要做好，"情"也要做好。

数据分析师大多是工科出身，喜欢钻研技术、算法，却不善于沟通，在"事"方面做得再厉害，也只是在"事情"的一方面上做得很好，但也要在"情"上做得很好。在公司工作时，能否与人深入沟通，能否让更多的人了解你为什么这样做、这样做有什么好处、带来什么价值，能否让别人心甘情愿地听你的，这些都是关于"情"的方面，也是关于"人"的方面。

因为"情"都是跟人有关系的，所以可以将"事情"拆成"事"和"人"。用重要性来评价这两个维度就会形成一个矩阵——"人事矩阵"。这个矩阵可分为 4 个象限。我们在评价一件事情时，要看"事"和"人"对我们的重要程度。如果"事"重要，"人"也重要，处理时需要有双赢的结果，可以采用双赢策略；如果"人"很重要，而"事"不重要，则为了让对方高兴，让对方赢，可以采用妥协的策略；如果"事"很重要，而"人"不重要，则可以采取竞争策略；如果"事"不重要，"人"也不重要，则可以采取放弃的策略，如下图所示。

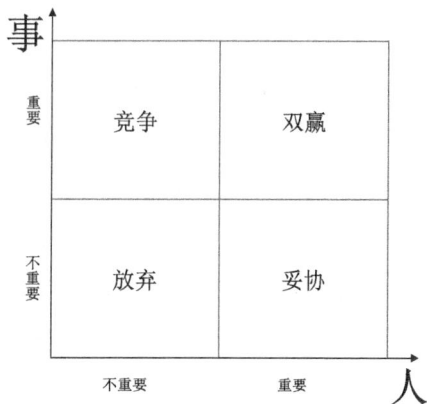

例如在生活中，夫妻之间为了一些事情吵架，因为夫妻是要过一辈子的，所以

"人"很重要，"事"就不那么重要了，你所采取的策略就只能是双赢和妥协。但是双赢策略容易导致竞争，过多注重"事"的重要性就会进入竞争环节，把吵架升上到打架，就是把"事"看得太重要了，把"人"看得不重要了。

在公司里也是同样的道理。在公司里人际关系是很重要的，但是做事也很重要，公司是一个做事的环境，所以在公司里要尽可能采取双赢的策略；如果人不太重要，像与协作方、供应商等都是商业关系，关系不是那么紧密，一般采取竞争策略；但是如果一家公司历史悠久，人员关系稳定，同事关系超过 10 年以上，则会很容易弱化事情的重要性，强调人与人关系的重要性，把人看得过于重要，最后只能采取妥协的策略，如下图所示。所以，越是历史悠久的企业，变革管理越难。

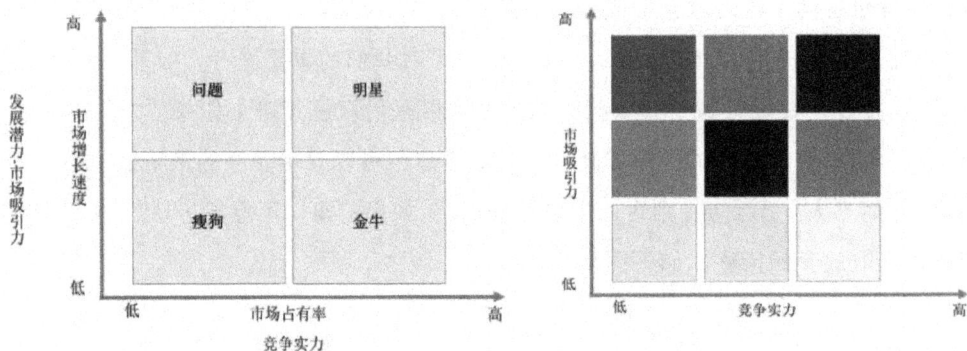

下面再介绍一个矩阵——GE 矩阵。在做产品或者业务分析时，可以通过产品的未来发展潜力（或行业吸引力）和现在的市场占有率这两个维度对产品进行描述。麦肯锡在给 GE 做咨询的时候发现波士顿矩阵有一定的局限性，因此增加了市场吸引力指标，包括业务未来发展前景如何、竞争水平如何、发展速度如何、客户资源状况如何等，由此形成了 GE 矩阵。GE 矩阵有更多的维度来评价市场吸引力和业务竞争力。GE 矩阵在本质上是把业务分为两个维度来描述形成的矩阵，我们称其为矩阵分析法。

把一个事物分为两个方面，能够更全面地观察事物的变化情况。在分类时必须要有标准，也就是分类的维度或者看问题的视角。例如把事情从人的重要性和事的重要性两个方面来看，就形成了"人事矩阵"；在处理大量事情的时候，把事情从重要性和紧急性两个方面来看，就形成了时间管理矩阵，如下图所示。

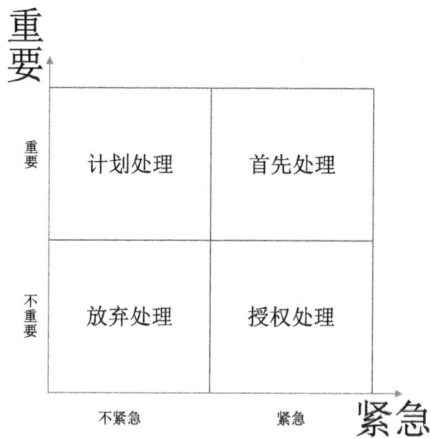

重要且紧急的事情要首先处理；重要但不紧急的事情可以按计划来处理，但千万不能等到事情变得紧急的时候再处理；紧急但不重要的事情可以授权给下属或者其他人去处理；不重要也不紧急的事情，或者没有必要去做的事情，能推掉就推掉吧。

"分"一定要有维度，可以按单维度分，例如新客户和老客户是按时间进行分类，大客户和小客户是按客户的规模进行分类。按客户的规模分类也有不同的分类方式，可以按客户对公司的贡献来分，对公司贡献大的叫大客户，贡献小的叫小客户；也可以按客户自身的规模来分，虽然 GE、阿里巴巴只在你的店里买了一个小图钉，但是其也算大客户，因为公司规模很大。这两种分法是完全不同的，虽然都是按规模来分，关键在于用什么"规模"指标来分，用客户自身的规模来分，则是站在客户的角度；按客户对公司的贡献来分，则是站在公司的角度。

RFM 模型是三维度分析方法（见下图），用来从企业的角度去分析客户，其三个维度分别为：R——时间进度，代表客户的活跃度或者流失风险；F——购买次数，代表客户的忠诚度；M——购买的金额，代表客户的购买量或金额贡献。这三个维度是从企业管理客户的角度来分的，不是从客户自身特征的角度来分的，所以RFM 模型不能看作是客户分类的模型。一个购买量大的客户，不见得其自身就是"大客户"，而一个企业规模大的客户，可能其购买的数量和金额都很小。

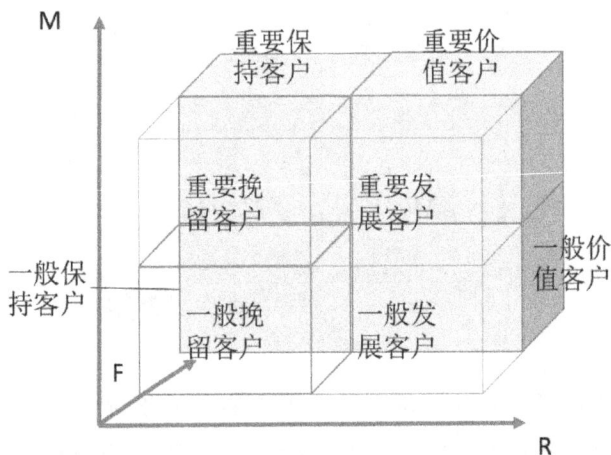

RFM 模型用来指导企业内部的客户管理。针对不同的客户，企业需要采取不同的策略。F 和 M 值都很高的客户，但 R 值变大了，说明客户处在休眠期，需要对客户采取激活策略；当 R 值很小，F 值很高，但 M 值很小，说明这是一个少量多次购买的小型忠诚客户，企业除了要维护他们的利益，还需要采取一定的措施增加他们每次的购买金额，减少购买次数。因为购买次数在整个企业中是"成本中心"，客户每次购买都需要专门的人员进行跟踪、服务，这就导致企业的服务成本很高，所以可以引导客户提高每次的购买金额。RFM 模型本质上是客户经理们的绩效评价模型以及管理客户的工具，而不是对客户进行描述的模型。

在对客户进行分类时，可以从各种维度去分析客户，将维度两两组合都可以进行矩阵分析。

　　下面以一个建筑企业采购水泥为例，从其自身的成长性和与我们的合作关系角度对其进行分析。有一家建筑企业从我们这里采购多少水泥，从其他供应商处采购多少水泥，我们在这家企业供应商中的排名如何，代表着我们与这家建筑企业的客户关系紧密程度。虽然这家企业的销售额可能每年没有太多的增长，但是每年从我们这里采购的水泥数量都在增长，即从其他供应商处削减了采购量，在我们这里增加了采购量，所以从我们的角度来衡量，此客户是增长型客户。客户在我们这里采购额的增长并不代表客户的销售额在增长，也不代表客户对我们的忠诚度或者依赖度在增加。所以，我们在进行数据分析的时候，要清楚数据所代表的本质含义，不能把一个数据的含义给放大了。如果在 RFM 模型中客户的 M 值高就认为它是大客户，这是错的；如果客户在我们这里的采购额增加就认为它是增长型客户，这也是错的。这是笔者在讲解数据分析的时候特别强调的观点——**基于数据，不要放大数据的内涵和外延**。数据的观测点非常重要，是站在自己的角度还是站在客户的角度来分析，结论是不同的。

　　分类的标准就是分类的维度，一个分类维度叫作单维度，两个分类维度叫作矩阵，三个分类维度就形成了魔方，例如 RFM 模型就是三个维度的魔方。多维度可以用雷达图、扇形图或其他图形来表示，例如衡量市场竞争要素常用的模型——八爪鱼模型就是从八个维度来分析产品的市场竞争力的。

　　分类是一个非常强大的工具，没有分类，我们对事物的认识就只能停留在表面。例如，企业要对产品的销售额进行分析，可以从两个不同的视角来看，一个是不同业务的组成，另一个是不同区域的组成，可以通过这两个维度来了解企业的产品组成状况，如下图所示。

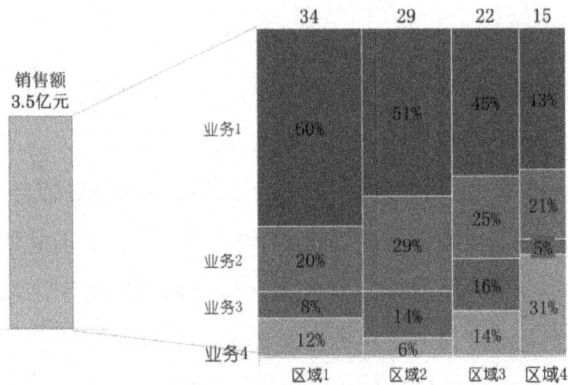

在分类的时候可以有很多自己的创意。早在 2004 年，笔者作为万科"千亿元目标战略项目"的项目组长，帮助万科做了一个客户细分。当时我们向美国的房地产公司老大——普尔特房屋公司学习。普尔特在对客户分类时有一种特殊的维度——家庭生命周期，其将客户分为单身家庭、丁克家庭、有小孩的家庭、有成年孩子的家庭和空巢家庭，家庭在不同阶段就会有不同的住房需求。2004 年，当时中国人的理念还是一个家庭一辈子就买一套房子，但是我们进行一个大胆的假设：未来中国的家庭也会根据不同的家庭阶段换不同的房子，并且这会成为常态，因此，我们把万科的客户细分加入一个新的维度——用户家庭生命周期，如下图所示。

这种分类看似很简单，但要找到这个"分"的维度，需要对事物、对商业有充分且深刻的理解。

对于现有的互联网公司，可以从业务的角度对其进行分类，例如阿里巴巴是平台型电商公司，京东是物流型电商公司，百度是搜索引擎型公司，腾讯是通信社交型公司，网易是游戏型公司，新浪是媒体型公司……这些是从各个公司主营或者最大的业务模块来分类的。我们也可以从互联网发展的历程来看不同业务的发展潜力，互联网从一个媒体型工具（互联网媒体、新闻、搜索、信息传播），逐步发展成内容传播平台（微博、博客等）再发展成社交平台（微信、脸书、推特等），目前，互联网开始在传统行业中普及应用，并有了新的创新应用领域，发展成了资源整合平台（O2O 服务、共享经济、微商等）。这些都是一个技术在发展阶段上的应用创新所带来的时代变化，这些也影响着不同业务的商业价值，越紧跟时代的技术价值越高，所以媒体型的新浪只有 30 亿美元左右的市值，游戏平台型的网易则有接近 200 亿美元左右的市值，而电商平台型的阿里巴巴和社交平台型的腾讯则有接近 2000 亿美元的市值，如下图所示。

注：市值估算截止2016年3月5日

分类是一种基本的分析方法，但这里面深藏着对事物本质的理解。如果你把互联网看成媒体，那么你就是传统的互联网门户网站（网易、搜狐、新浪）。而随着互联网技术的快速发展，互联网已经不仅仅是媒体，不仅仅是门户网站，而是具有了更多的能量。如果你把互联网看作一个平台，那么你就是阿里巴巴和腾讯，这两家企业都在做平台，一个做交易平台，一个做沟通平台。那么未来的互联网会是什么？这个很难回答，就如同在 1999 年时，极少人能够知道在互联网中可以做出滴滴打车、Facebook、微信、Uber 等产品。当然不排除猜对的人，但目前的共识是：互联网正在与传统行业深度融合并发生化学变化，引导着传统行业重构。

5.2 解构事物的三要素——要素、属性和行为

解构是与结构相对而言的。把事物拆解开叫作"解构"，将事物按照一定的配比关系组合在一起叫作"结构"。这是从字面上来理解这两个词。任何事物都是由不同的结构组成的，事物既然存在结构，我们就可以对其进行解构，但并非所有的结构都可以解构，就像有些工程是不可逆的，解构也有一定的限制条件，解构的方法在大多数情况下也不会是唯一的。

我们要解构一家公司，可以从供给侧资源要素的角度来进行，一家公司基本由四大类资源要素构成：人（员工）、财（资金）、物（土地、房产、设备、办公设施以及其他各种固定资产）和信息（技术、管理方法、流程、制度、体系、系统、数据、关系资源、品牌资产、创新、新奇的想法等）。还可以从领导力、市场力、产品力、文化力、管理力、技术力等管理的视角来解构公司。

所以，在解构事物的时候需要有解构的方法或维度，而这个方法或维度要与解构分析的目的一致，要考虑到解构分析的应用场景。

一般来说，基本的解构方法包括：要素、属性和行为。一家企业、一个组织、一个人、一个产品、一个活动、一台设备、一个订单等都可以用这种方法来解构。

1．要素

要素即构成事物的组成部分。一件事由人和事两个要素组成；一支笔由各个零部件组成；一个订单由产品、数量、定价、交期、品质说明、付款方式等部分组成。这些都是事物的构成要素。

2．属性

属性是事物自身的特征或者特性，也包括各种要素的特征或者特性，这些特征或者特征包括颜色、硬度、强度、导电性、隔热性、灵活性、可燃性、阻燃性等。

3．行为

因为事物的构成要素和其所具有的属性，所以事物会具有行为上的特征。人们有了双脚，就有了走路、跑步等行为特征，人们有了双手就有了手工劳动的行为特征……事物的行为都是由事物本身或者其所拥有的要素的属性所决定的。

事物可以包含事物，当某个事物具备了某些要素、属性和行为特征之后，其包含的事物也将具有这些特征。SUV 是汽车中的一种，所以 SUV 也具备汽车的某些典型特征，例如其在构成要素上有轮子、方向盘、发动机；在属性上有燃油、驱动、油耗等属性特征。

要素、属性和行为的解构方法是认识事物的基本方法，在日常工作中并不见得要严格按照这种方法来解构事物，特别是非专业的数据分析人员，直接根据自己对事物的理解来解构需要分析的主体即可。如果是专业的数据分析人员，在对企业经营管理中的各种数据构建数学模型时，这个方法就变得非常重要了，它能够大幅度拓宽我们解构分析主体的思路。

我们可以用这个方法来练习解构企业的数据地图。构建企业的数据地图是数据分析师的主要工作，只有不断完善数据地图才能更好地规划、统筹和管理公司的数据资产。构建数据地图思维为数据分析师提供了一个网状的数据管理思路。

例如从流程的角度来解构企业的构成要素。第一层解构为投入→生产经营管理活动→产出。如果从属性的角度理解投入，则投入具有"资源属性"，即需要有利用价值；而产出的属性必须是对客户有价值，所以具备"价值属性"。从投入价值到产出价值，这个变化就是行为特征，在这个行为的过程中，产出价值要大于投入价值，这样企业的经营管理活动才能创造溢价，才能让企业的存在变得有意义。

第二层解构是对这三个具有先后逻辑关系的流程要素再次解构。投入的要素有人、财、物；产出的要素有产品、服务、品牌（客户关系）。第二层的解构可以表示成下图。

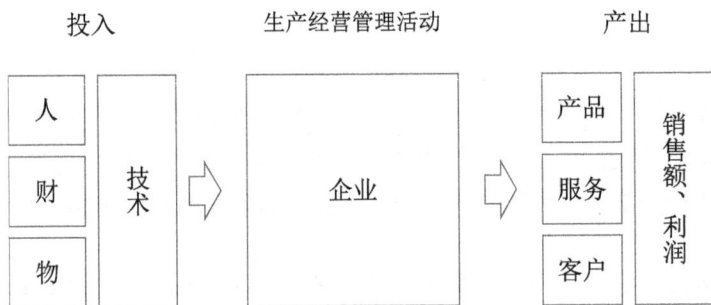

每一个要素都有其属性，也都有相对应的行为特征。人——可再生资源，劳作一天后，吃饭、休息就可以恢复，而且该资源不仅具有再生性，还具有成长性，消耗越多，知识和经验的积累越多，资源价值也会增加；财——代表着资金，有高流动属性、投资属性、时间价值属性、所有权属性等；物——包括动产和不动产，有所有权属性、使用权属性、消耗属性、分摊属性、折旧属性、空间属性等，这些都是需要用数据去描述的。限于篇幅，这里就不一一介绍了。

对于第三层的解构，例如解构"人"这个生产投入要素，可以按照其组成分成员工（可进一步解构为管理者、生产者、服务者等）、客户、供应商、股东、利益相关者（可进一步解构为政府、社区、竞争对手、行业协会等）等。员工有员工的属性，客户有客户的属性，可以深入去描述。员工基本信息表最全面地描述员工属性。

对客户属性的描述要看公司的经营模式，如果是 B2B 经营模式，则客户的相关属性内容就会有很多数据；如果是 B2C 经营模式，没有会员体系，与超市或者大卖场一样，客户买了东西就走了，则客户的相关属性数据就是缺失的，所以在相同的模式下，谁更加用心采集数据，谁就有更多的客户属性数据，谁就能够更加清楚自己的客户是谁。

5.3　维度分类法

分类维度的选择非常重要。一般情况下，建议采用两个或两个以上维度对事物进行分类时，这些维度相互之间是不相关的，即在数学模型上就是"垂直"的关系，相关系数接近零，严格控制在（−0.3,0.3）范围内。

为了确保分类的维度不相关，可以对数据进行统计分析，计算维度之间数据的相关性，如果相关性高，则需要对维度进行因子化拆分，这时会用到因子分析方面的知识，可以使用统计学上的主成分分析法来计算因子。

当然，在某些商业情景下并不需要这么严谨的计算，我们在进行三维度分析时，常常采用 RFM 模型，这个模型因为数据比较容易采集所以应用比较广泛。从严格意义上来说，绝大多数企业的 RFM 模型中的基础数据都会存在 F 值与 M 值相关。这按照常理来推断也是成立的，即当客户的购买频率高时，平均每次购买的量就会少一些，也就是 M 值相对会小一些，所以 F 值与 M 值在一定程度上应该存在负相关性。但在实际构筑这个模型进行分析时，我们并未考虑两者的相关关系，而是根据这个模型直接得出实际应用结论，然后在使用过程中不断调优。

换句话说就是理论和方法可以是严谨的，但商业应用更重要，只要是能用就是好方法。在商业环境下，很多方法不见得是完美的，但却非常实用。本章中所讲的各种分类法，其实也不能看作是严谨的学术研究意义上的分类法，所有的分类法都可以归为维度分类法，无论从哪个角度进行分类，都可以把这些角度叫作维度，包括属性的角度、流程的角度、要素的角度、层次的角度等。之所以要列举这么多的方法，更多的是从实用的角度出发，为读者在分析数据的时候提供一种思路或者探寻数据分析角度的路径。

事物本身是复杂的，所以我们在掌握了各种认知事物的方法时容易进入一个误区：看任何事情或者事物都是如此复杂，唯恐只看单一的维度或者少数几个指标无法认知事物的全貌。所以，有些人试图做出更加复杂的图形或者用更加复杂的算法来对事物进行分类。其实我们需要从繁杂的世界走出来，将事物分类得越简单越好。因为只有简单才是实用的。

如果你发明了一个锤子，使用它能够战胜所有的对手，但是启动这个锤子需要10道工序，在击打之前需要抡上10圈[1]，这在电影中是行得通的，但在现实生活中肯定是行不通的，因为你还没有抡到第3圈，就已经被打倒了——你的竞争对手不会像电影中一样看着你抡10圈。

以下所有的分类方法都可以算是维度分类法，但此处的维度分类法更加强调平行的维度标准。属性分类法更强调从事物自身的属性出发；流程分类法更加强调时间的先后或者有着必然的先后工序的变量；层次分类法更加强调父子关系或者层级关系。

5.4 属性分类法

属性分类法就是从事物的属性出发进行分类的方法。事物的属性可以有很多种，包括颜色、硬度、温度、高度、强度、密度、导热性、导电性等，每个事物的属性都会有些许的差异，而我们利用事物的时候肯定会利用事物的关键属性，我们按照

1　此处暗指《上帝之子》电影中索尔之锤，威力无比，但在击打之前抡很多圈。

属性对事物进行分类时，要关注事物的关键属性。

什么是关键属性呢？例如一支画笔的关键属性在于画画功能，而不在于能否成为防身武器，虽然有的人可以用其作为防身武器。我们必须要明确一个事物的属性是什么，关键属性是什么，从关键属性的角度对事物进行分类我们就能够更好地了解事物。

例如我们只能从销售技巧、沟通技巧对公司产品或者业务的熟悉程度来考核一个销售人员，而不能考核其财务记账的能力，更不能考核其产品研发或者写软件代码的能力。

之所以要把基于属性的分类单独罗列出来介绍就是要强调一个问题：我们对每个事物的属性期望是不同的。我们对销售人员的期望是其销售能力，对财务人员的期望是其财务专业能力，对程序员的期望是其写代码的能力，对司机的期望是其安全有效驾驶的能力。每个事物的属性都不同，不能因为次要属性而影响对关键属性的判断。很多公司在评价员工绩效时会经常加入一些与实际业绩产出无关的属性，导致考核目标和业绩目标出现了偏差。有的国有企业会考核一个人才的政治觉悟与宗教信仰，这是因为国有企业有其特殊性，但是如果民营企业也跟着学习，就需要看这些考核能否实现企业的管理目标了。

属性分类法本质上是指从事物的属性角度对事物进行分类的方法。这些属性之间是并列的关系，并且这些属性之间并不存在强相关性。属性分类法一个典型的应用就是产品竞争力评价模型，这个模型来自于 IBM 对其产品和服务的竞争力评价模型 $APPEALS，也叫作八爪鱼模型。该模型从八个相互独立的侧面来评价一个产品的竞争性，并通过对比竞争对手或者其他公司的产品来评价本公司的产品，从而让公司内部人员清楚本公司产品的优缺点，从而有针对性地制定销售或者营销策略，如下图所示。

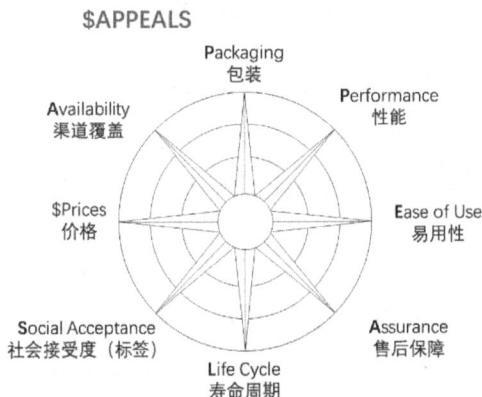

我们在将自己的产品和竞争对手的产品进行对比评价时，可以采用类似八爪鱼的模型，从而改进我们的产品，让喜欢我们产品的客户购买我们的产品，让喜欢竞争对手产品的客户购买竞争对手的产品，这个时候客户的满意度才是最高的。如果把产品推销给不适合的客户，则很有可能被客户退货或者遭受客户的投诉，从而会影响我们的声誉。

我们在被客户选择的过程中，也需要选择客户。为了卖出产品，销售人员会将产品或者服务卖给那些不是我们目标客户的客户，这时客户在使用我们的产品之后就会不满意，就会投诉我们，从而让公司的信誉遭受损失。在互联网媒体非常发达的时代，客户的一个投诉可能会引发连锁反应，很可能让整个公司投入人力应付各种来自外界的投诉、政府的检查，甚至第三方相关机构的检查，从而严重影响整个公司的发展和稳健经营。所以，必须要慎重地看待每一个维度，每一个角度，每一个变量，确保我们能够在绝大多数客户那里收获好评。

5.5　流程分类法

流程分类法是按照事物的流程来分类的方法。

客户做决策基本都遵循一个过程：不知道→知道→感兴趣→有意向→高意向→购买前→购买→购买后等。我们可以根据这个决策过程将产品的销售过程划分为几个大的类别，这就是按照流程分类的方法。

这个过程叫作客户决策漏斗模型，如下图所示。

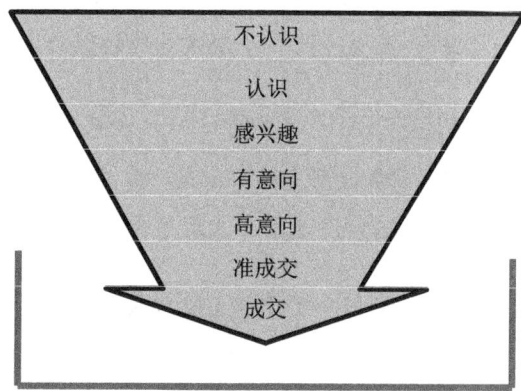

不同商业模式下的企业用户开发管理的过程都不同，但基本都会经历以上这几个阶段，即使是快速消费品，客户的整个成交过程虽然只有短短的几秒钟，也会经历这几个阶段。客户在每个阶段的需求都不同，针对客户的需求，企业需要传递的营销信息也会不同，或者为客户提供的服务也会不同。每个企业需要根据不同的客户制定不同的销售漏斗模型，并通过分类分析，找到不同类型客户的不同漏斗模型并进行分类管理。

西门子、通用电子、IBM、飞利浦等 B2B 部门基本都是采用这种方法或者类似漏斗模型来管理客户成交过程的。针对不同的阶段，采购商的参与人员、做出的决策不同，为其提供的营销信息和专业服务、需要参与的销售人员的级别也需要不同。采用流程分类法让我们可以非常清晰地知道客户到达了哪个阶段，我们应该采取什么方法支持销售过程，确保客户能够有效地从上一个阶段进入下一个阶段，从而提高每个阶段的转化率。

5.6　层级分类法

层级分类法是按照事物构成的层级关系来分类的方法，不同于我们常说的 AHP（层次分析法）。事物的构成要素由子要素构成，子要素由孙要素构成，如果一层层地细分下去，则会分成多个层次，这种思路就是按照层次分类的方法，即不同的事物在不同的层级上。当我们将事物分类进行比较时，要考虑事物之间或者事物的度量之间是否处在同一个层次，不处在同一个层次的比较就会存在偏颇或者错误。

例如，我们无法比较北京市和济南市的 GDP，虽然两者都是"市"，但北京市是"省"级的直辖市，而济南市是省会城市，低一个等级。北京市与山东省是具有可比性的，因为从行政区划分的角度来看，二者是同一个等级的。

按照事物的层级来对事物进行分类也是非常常见的。一个三级分销体系由一级分销商、二级分销商和零售商组成；一个收货地址本身就包含了国家、省份、市、乡（区）、镇（街道）、村等不同等级的行政区划分；一个军队有军、团、旅、营、连、排、班等不同的等级划分。

我们对产品也是按照品类、品种、产品和系列来划分的，例如家庭洗涤用品→洗发水→海飞丝→海飞丝营养去屑系列→ 200ml 旅行装，就是产品的层级。在企业对产品进行编码追溯的时候，还会有进一步的细分，同样是 200ml 的海飞丝营养去屑旅行装，还可以根据不同的生产批号和生产日期进行追溯，这样就有了更细的分类。这就是对产品的层级分类。产品的层级分类可以用来评价公司产品或者市场上某个系列产品的丰富程度。

现在绝大多数的企业都是科层制的组织形式，因而在对企业内部组织进行分类研究时，其本身就是分层级的。在对员工的业绩指标进行数量化分析时，要考虑到各个层级的差异，并且企业组织的层级本身是一个矩阵式的组织。例如一个 IT 部门的 5 级科员与财务部门的 5 级科员是不同的，其市场薪资水平肯定会有巨大的差异。一个生产系统的 5 级科员与采购系统的 5 级科员，其所拥有的审批权限额度也是不同的。所以，在对组织内部人员或者智能、能力等进行数量化分析的时候，我们采用的分类方法要复杂得多，相互之间的可比性存在巨大的差异，不能简单地进行平均，也不能简单地进行加和计算。

我们在研究企业的决策机制与体系时，也需要考虑企业组织的层级，因为不同额度的采购决策需要参与的客户人员的层级也会不同，在研究销售过程的时候也需要这方面的考量。在对客户的数据进行整理汇总的时候，需要考虑到客户内部的层级人员以及其决策权限、决策要素以及决策周期等。在营销和销售过程数量化研究过程中需要有针对性地设定各种数据结构，体现层级分类的问题。

5.7 分类中的权重设定问题

在对事物进行分类时，我们经常会对不同的维度设定一个权重，由此来算出对事物的综合评分。

例如我们对客户进行分类时采用了多个维度，包括了客户的规模、客户的成长性、客户与我们之间的关系、客户所在的区域（距离我们的远近）等，这些维度决定着这个客户对我们的价值。客户规模大、成长性好、与我们关系紧密、距离我们比较近，对我们的价值越高。那么如何计算这个客户对我们的价值呢？所以结合以下四个维度来计算客户对于我们的价值：

$$V_{客户的价值} = aX_{1,客户规模} + bX_{2,客户成长速度} + cX_{3,客户跟我们的关系} + dX_{4,客户跟我们的距离}$$

其中：

a,b,c,d 为权重系数，代表着该分类维度上的权重大小。

X_1, X_2, X_3, X_4 代表着每个维度上的取值，这个取值是标准化之后的数值，其中客户与我们之间的关系是一个综合指标，需要通过 RFM 模型的三个维度来加权得到。

权重代表着重要程度，需要慎重选择，可以从经验中获得，也可以从实际工作过程中多人的评定来获得。这样我们就能够得到比较符合公司需要的客户评价体系。

以上仅仅是一个示例，在实际应用中，基于公司业务目标需求的不同，会有更加复杂的计算方法，但本质都是把分类的维度进行加权得到的一个评分系统。

而有些分类的维度是不可以直接加权评分的，例如 RFM 模型，因为在 RFM 模型的三个维度中，除 F 与 M 之间有关联外，R 与其他两个维度没有相关性，加权之后难以理解其含义。

在进行数据分析预测时，经常要对某个产品未来的销量做出预测，这时也需要考虑到影响销量的各个维度，也需要用到权重系数。

另外，还有一种对分类的维度进行加权计算综合分的情况——对事物做出综合评价。前面的案例是对客户做出综合评价，除可以对客户做出综合评价外，我们还可以对产品、市场、业务、竞争对手、细分市场、区域市场等做出综合评价。

八爪鱼模型就是通过八个维度来评价自身产品与竞争对手产品的竞争力的模型。我们也可以使用这个模型对市场上主要的产品进行竞争力综合评分，从而形成一个综合检测指标，下面举例说明。

首先构建一个手机各种产品综合市场竞争力评分表（见下表）。

手机各产品综合市场竞争力评分表（示意）

评价维度	包装	性能	易用性	售后保障	使用寿命	社会标签	价格	渠道覆盖	加权得分
权重系数	10%	15%	20%	5%	5%	15%	20%	10%	
iPhone 6s									
三星S7									
华为Mate7									
微软Lumia 950									
三星Note5									
LG H968									
Oppo N5207									
中兴A2015									
酷派Max									
小米									
锤子									
联想									
Vivo									
格力									
天语									
诺基亚									
Moto									
飞利浦									
乐视									
……									

通过这个评分表，我们可以计算每个手机型号的综合市场竞争力，从而将市场

中手机型号进行对比分析。

可以采用专家评分法，也可以采用市场调研或网络调研法采集相关的评分数据，通过综合各类消费者的中肯评分，得出一个反映市场评价的分数。

另外还要不断地调整加权系数，让这个综合评分匹配每个产品的出货量，这样就得到一个手机型号竞争力排名指数，这个指数可以反映手机型号的市场销量情况。如果我们能够把这个模型应用到新产品开发上，那么在新产品还在设计的时候就能通过打分的形式对其做出评价，就可以大概估测这个产品上市后的出货量。如果在研发阶段发现新产品的出货量无法满足企业的赢利需要，那么这个产品就不需要开发出来，从而避免给公司带来亏损。

很多手机在开发阶段就是因为没有做好销量估测，导致大量的手机在制造出来后就成了库存，这是缺乏数据化管理造成的。

本案例是从数据化的角度对产品进行综合评分，以评价产品在市场上的竞争力，同时结合产品的实际表现来调整竞争力的计算方法。这种思路代表着一大类传统数据分析应用的方法，在企业的经营和管理过程中可以发现大量这样的实例。使用这种方法可以让企业通过更加简单和直观的指标来评价企业的经营和管理状况，并为高层决策提供强大但不复杂的决策工具。而这需要数据分析人员结合公司的业务实际需求，不断尝试创新，打开思路，主动创造新的分析指标。单纯地获取外部成型的综合指标并不是一个好的办法，每一个综合指标的形成过程都需要经过大量的数据核算和经验检验，并且仅仅适用于自身的环境，如果换一家公司、换一个市场环境、换一个产品品类，那么这个综合指标的实用性就变差了，甚至完全不可用了，数据分析人员需要理解这个思路并自行去创造。

聚类——寻找规律的第一步

什么是聚类？聚类与分类是一个道理。分类就是把一个事物拆分成不同的部分，而聚类就是把分散的多个事物归集成不同的类别。

在大数据时代，每个事物都是一个独立的个体，并且我们有着描述这个个体各种各样的数据，因为个体太多了，所以开始看不清楚这些事物是什么了。因此需要把这些事物进行归集、整理，这样可以便于管理。面对上千个有个性化要求的客户，该如何满足他们呢？这就需要我们把几千个需求进行归类，然后分类满足，这样就比较容易实现。

分类与聚类的逻辑相反，但结果一样。分类是我们看到了上千个事物，但不知道怎么认识它们，也不能把它们都当作一个事物看待，所以需要把这些事物拆分成几大类，分类管理。所以，分类和聚类的本质是一样的，都是得到一个最终的能够进行分类管理事物的方法，只是出发点不同：分类从整体出发，聚类从每个事物的具体细节出发。

聚类和分类都是人类认知事物的基本思路之一，在找寻事物发展规律的旅途上，分类是必不可少的基础，没有对事物的分类，所有的规律都不可能得到应用。找到一类事物的规律，通过对类别的识别，从而推演出该类中的其他事物也可以使用这个规律，这样的规律才是真正的规律。任何只适合个案的规律都不能称作规律，规律本身必须具有普适性，这个普适性是指在一"类"事物上是普遍适用的。所以，把分类和聚类都看作寻找事物发展规律和应用事物发展规律的第一步。

人类在认知自然界时也用到了聚类的方法，即通过观察事物，然后对事物的特征进行总结分析，最后形成对自然界的认知。例如，我们认知植物时，把自然界的植物按照类别进行划分，同一类植物具有类似的属性和特征，从而比较容易推断植物的习性。

公司的管理也一样，随着公司的发展，公司需要管理大量的人员（员工），可以利用分类—聚类的方法把上万名员工分成不同职系、职级、薪级来进行管理。分类和聚类在我们的日常生活和经营管理活动中随处可见。越是看似简单的事情，越值得数据分析师深度研究。

6.1　聚类的基本逻辑

俗语说，物以类聚，人以群分。事物怎么群分呢？按照什么标准来群分呢？可以通过直觉经验或者常识选择几个维度对事物进行分类。但是当事物相对较为复杂时，用什么方法来分类呢？这就用到了聚类的方法。

聚类的基本逻辑就是按照一定的方法把存在各种差异的事物按照其在某些方面的相似性聚集成几类，类与类之间的差异比较大，而同一类中的事物的差异比较小。所以，对于聚类方法，需要关注两个核心问题：事物之间的相似性，类与类之间的差异性。

对事物分类的角度不同，会导致分类的方法也不同。在对一群人进行分类时，按照年龄分有大人和小孩，按照性别分有男人和女人，按照地域分有南方人和北方人，按照财富分有富人和穷人。

相似性的反面就是事物的差异性，如何来评价事物的差异性或者相似性呢？在数学上将其称作"距离"。当对"人"进行分类时，可以把人与人之间的不同看作人与人之间的距离。

对于"人"这个事物，应该如何评价人与人之间的相似性和差异性呢？可以从人的各种描述属性进行研究。

同样是一群人，根据其人口统计学上的变量，可以划分成不同的类别，但是对于特定的人群，例如客户、在一个地点聚集的人群，还要考虑其他因素，如下图为聚集在某个地点的人群。

除考虑人们自身的各种人口统计学的属性外，还要考虑人们聚集的目的，有的人聚集到一个地点是为了参加一个活动，例如体育赛事；有的人聚集到一个地点是为了旅游，例如旅游景点；有的人聚集到一个地点是为了出行，例如机场、车站。聚集的目的不同，人群的行为方式会有根本性的不同。

除可以研究人们聚集的目的外，还可以研究聚集人群的行为和活动，例如聚集在景点中的人们都在照相或者浏览风光；聚集在车站中的人们都在准备出行。同样的聚集目的，人们的活动也有可能存在巨大的差异。

所以不同的聚类目的，需要考察的变量也是不同的。例如，两个女孩之间的相似性是她们都是女性，但两个女孩的身高不同、学历不同、血型不同、肤色不同、头发长短不同、说话的语言也不同，有各种各样的属性指标可以评价人与人之间的相似性和差异性。

针对复杂的问题，一般采用聚类算法来实现对事物或者对象的聚类。聚类可以是对对象（事物本身）的聚类，也可以是对对象的描述属性的聚类。这两种聚类一类叫作 R 型聚类,主要针对描述事物的变量来聚类,让具有相似性的变量聚集为一类,另一类叫作 Q 型聚类,它是根据对象的各种属性值对对象(事物本身)进行的聚类。这两类方法在含义上有着本质的区别,但是在算法上没有什么不同。

把聚成的各个类叫作"簇"。一个聚类的好坏是根据聚类后的结果——簇的质量来评价的。好的聚类从聚类的目的出发,必须要达到目的。聚类的目的就是:同一个类中的对象要非常相似,即相似程度要高;不同类之间要有较大的差异性。

上面这些内容可能太理论化了,下面举例说明。在日常识别事物时,都是使用常识或者大家的共识。通常所说的好人、坏人、优秀的人、平庸的人,也是分类的方法。分类和聚类可以很简单,也可以很复杂。

宝洁公司利用其六大系列的洗发水在中国洗发水市场中占据了一半以上的市场份额,最高的时候其曾经占领了四分之三的市场份额。之所以要开发六大系列的洗发水,是因为在宝洁公司眼中,消费者是不同的,他们有各种各样的需求。对于消费者,一般会采用简单的分类方法,可能只会将他们分成年轻人、老年人、孩子,或者男人、女人,抑或是长发的人和短发的人。而宝洁公司在认知消费者对洗发水的需求时,把消费者分成各种类型,包括敏感型、时尚型、清洁型、经济型、舒爽型、营养型、柔顺型、染发保护型、飘逸型等,最复杂的细分能够做到几十种,在这种认知下开发的产品就更加细分、更加符合消费者的需求,从而能够让更多的人喜欢,这才是一个公司成功的关键所在。所以,要深入聚类和分类,而不是仅仅停留在常识和共识的层面。

市场的竞争是激烈的,对市场的认知需要更加细微、更加敏锐,对消费者的需求要明察秋毫,要感知消费者需求变化的细微之处并且能随时做出前瞻性的调整。

6.2 聚类的因子和主成分

下面再介绍一下对变量的聚类。例如要了解客户的社会价值观，因为客户的价值观影响着他们的生活习惯、消费习惯、对品牌的看法，所以有大量的描述型变量，而这些变量有些是雷同的，例如对家庭的价值观、对职业的价值观、对旅游的价值观等。可以通过非常多的问题来诊断和判断客户对某些问题的看法，这样就可以把描述客户价值观的变量聚集为几个大类。这种聚类的方法就是 R 型聚类。R 型聚类常用来降维。

聚类的维度之间需要减少相关性的干扰。如果把客户的购买量与客户的购买频率放到一起作为聚类变量，而客户每次的购买量与购买频率成反比关系，那么这种相关性会让这两个变量变得重复。为了让聚类更加有意义，或者反映出不同类别客户的差异性，需要审查聚类变量的相关性，当变量相关性较高时，可以采用主成分分析方法，即将不同的聚类变量合并成为相互不相关的因子。

聚类的算法决定着聚类的效率，如果数据量庞大，那么就要考虑算法的效率了。在大多数情况下，计算机的计算能力是冗余的，所以不需要考虑算法所需要的计算时间和计算量。现在计算机的处理能力已经同 10 年前完全不同了。

但是，如果有一百万个对象需要聚类，每一步都要对这一百万个数据进行计算，那么计算量将会非常大。如果每次都归类一个对象，在过程中不考虑有修订的过程，那么也需要上亿次的计算才能得到初步的结果，所以算法的计算量和算法的效率是在对象的数据量达到一定程度时才需要考虑的。

什么是主成分分析？主成分分析是一个统计学中的概念。我们在描述一个变量或者一个维度概念时，可以从多个侧面来描述，而这些侧面都反映同一个问题，为了将这些侧面集合为一个维度，我们把所有与这个侧面相关的要素都提取出来并汇集成为一个维度。

例如我们要了解整个国家居民的社会价值观，可以通过设置多个问题来了解，例如可以设计 50 个问题来了解居民的看法，而这些看法之间是有联系、有关联的，有些问题反映了某一个价值观的侧面，但又不能全面反映这个侧面，所以才有了主成分分析方法。

如下图所示，该示例中是一个问题的不完全列表。如果真的要研究人的价值观，则需要充分研究和设计，下图仅仅是一个示意性的例子，不能作为研究的方案直接使用。

对待孩子的问题	对待同事关系的问题	对待亲戚朋友圈的问题	对待音乐、绘画等的问题
对待孩子教育的问题	对待工作成绩的问题	对待夫妻对方朋友的问题	对待旅游的问题
对待父母同住的问题	对待晋级和职位高低的问题	对待异性朋友交往的问题	对待物品质量的问题
对待赡养父母的问题	对待收入的问题	对待同学的问题	对待社交活动的问题
对待婚姻的问题	对待专业技术的问题	对待闺密的问题	对待个人尊重的问题
对待家庭财产的问题	对待职业稳定性的问题	对待同事亲密关系的问题	对待宗教的问题
对待夫妻隐私的问题	对待公司品牌的问题	对待邻居关系的问题	对待个人休闲活动的问题

家庭观念	事业观念	社会关系观念	个人偏好的问题

人的价值观

一个事物由多个要素构成，而每个要素和事物本身又有多个属性。对于社会价值观，可以看作是由家庭观念、事业观念、社会关系观念、私人生活观念等共同组成的，这样我们就可以从这 4 个侧面来了解一个人的社会价值观；而家庭观念可以由对待孩子的观念、对待父母的观念、对待生活的观念、对待夫妻关系的观念、对待家族的观念、对待财富的观念等要素构成，我们可以根据这些要素来设定相关的问题，从而了解一个人的家庭观念。

通过主成分分析，可以把几十个衡量维度（问题变量）最后减少成几个变量，从而实现了降低事物维度的作用。

主成分分析法在过去传统的市场研究中有大量的应用，通过主成分分析，我们能够了解消费者的喜好以及喜好背后的原因；我们能够研究相对复杂的社会问题，并把复杂的社会问题进行降维分析。现在是大数据时代，我们处理的数据集不再是通过抽样调查得到的数据，而是一个针对客户或者用户的"全数据集"；我们不再使用统计的方法，而是使用大数据的方法，当然，很多统计学上的算法仍然有效，仍然可以使用。

在 R 型聚类的基础上，我们有了少数几个衡量客户价值观的变量，每个客户在这些变量上的取值都是不同的，所以，根据对象的观测值对这些对象进行聚类的方法就是 Q 型聚类。有一个社交应用叫作 Okcupid，其设定几百个问题来了解用户的各种价值观，然后对用户之间价值观的相似程度进行打分，再对用户进行匹配，从而让用户的交友配对的成功概率更高。其设定的几百个问题涉及对教育、家庭、子女、收入和财富、肤色、种族、吸烟、饮酒、素食等方面的看法。然后在这些基础上进行用户配对并优先匹配相似程度比较高的用户，提升用户的满意度。这就是一个 Q 型聚类的应用场景。

6.3 聚类的步骤

本书的主旨是讲解数据分析的方法和思路，而不是讲解具体的操作。鉴于聚类分析方法的复杂性，下面介绍一下常规的聚类分析过程。

聚类分析包括以下 10 个步骤。

1．确定聚类的标准变量

在对事物进行聚类时，我们必须要正确地选择分类的变量，变量的选择决定了分类的结果，所以这一步非常关键，如果我们选择错了，则分类的结果就错了。

事物的分类维度与变量必须要与企业的管理目标相结合。所谓的管理目标就是分类的目的。分类的根本目的是认知事物，那么我们认知事物的目的是什么？如果是认知客户，那么我们是为了开发产品、寻找产品存在的缺陷，还是为了提高客户服务的满意度、改善客户管理和服务系统？不同的出发点需要选择不同的路径，即选择看待事物的角度。

如果认知客户的目的是了解客户对产品和服务的看法，从而为产品的研发和服务创新提供新想法，那么在选择聚类变量时，就要从客户的需要以及这些需要背后的驱动要素出发。如果我们的目的是改善客户关系管理体系，那么选择聚类的维度要多从我们与客户接触过程的数据变量出发，例如客户订单、客户投诉、客户行为等。如果是为了评价产品的竞争性、品牌资产在消费者心中的形象，那么我们就应该使用另外一套数据集。不同的变量不是由我们有什么数据来决定，而是由我们需要什么数据来决定。当我们使用现有数据进行分析时，必须要清楚这个数据集能够为我们提供什么。

再次回到 RFM 模型。如果我们想对客户进行评价找到优质客户，则 RFM 模型显然是不适用的，因为其所选择的三个维度的变量都是客户与我们的接触点数据，不是客户的自身特征数据。

在确定了维度之后，还需要细分维度的数据来源。有的时候数据本身存在一定的采集难度，有些人就会用一种数据来代替另外一种数据，这其中会隐藏着巨大的问题。例如，如果我们用客户订单的交易额 M 来替代客户规模或者对客户购买能力的评价指标，就完全错了。

2．标准化事物描述变量

当我们选择变量之后，会发现不同的变量之间使用了不同的数据类型，有的是定性数据，有的是定距数据，还有的是定序数据。那么不同类型的数据如何进行归类和对比呢？即使是同类型的数据，也会不统一。例如一个人的身高用 cm（厘米）标识时，基本都在 0~200cm 范围内，少数会超过 200cm，但没有超过 300cm 的。如果用 mm（毫米）标识，那就在 0~2000mm 范围内；如果用 m（米）标识，那就在 0~2m 范围内。身高是定量数据，可以统一用 cm 标识，而一个人的血型、性别、学历等数据该如何标准化呢？

一般的数据标准化方法有极值标准化（最大值标准化、最小值标准化）、平均值标准化、方差标准化等，主要的目的就是消除数据之间因度量的差异性所带来的数据计算偏差。

3．评价事物之间的相似性（差异性）如何计算

接着我们需要考虑如何评价两个对象之间的差异性、相似性，或者叫作距离。在二维空间中我们用两个变量之间的直线距离标识两个对象之间的距离，如下图所示。

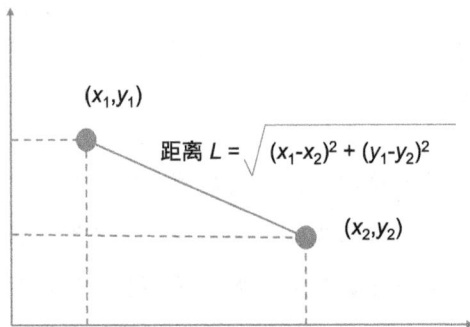

在三维空间中，两点之间的距离计算方法也类似。点 $A(x_1, y_1, z_1)$ 与点 $B(x_2, y_2, z_2)$ 之间的距离是：

$$|AB| = \sqrt{(x_1 - x_2)^2 + (y_1 - y_2)^2 + (z_1 - z_2)^2}$$

以此类推，多维空间中两点之间的距离可以用相似的方式来计算，这是计算两个变量之间差异的标准方法。当然在不同的事物以及情境下，还有更多的差异性的计算方法，例如欧式距离、明氏距离、马氏距离、兰氏距离等，感兴趣的读者可以自行查阅相关文献研究。

4．设计聚类的算法或者程序

算法程序非常重要，它决定着这个算法的效率。当对象数量比较多时，算法就会比较复杂，有可能超过了目前计算机甚至计算机集群的处理能力。

常规的聚类算法叫作"系统聚类"算法。该算法的逻辑如下。

假定我们有 n 个对象，我们将其看作 n 个类，每个对象都是一个类。

第一步，先计算所有类之间的距离，然后选择距离最小的两个类聚集为 1 个类，这个类中包含两个对象，合并后我们就有了 $n-1$ 个类。

第二步，用第一步的方法计算这 $n-1$ 个类两两之间的距离（其实只需要计算新合并的类与其他 $n-2$ 个类之间的距离即可，因为其他类相互之间的距离已经在第一步中计算过了），然后再在这 $n-1$ 个类中找出最短距离的两个类聚集在一起，由此就会有 $n-2$ 个类。

第三步，以此类推，直至最后所有的对象都聚集成为 1 个类为止。这样我们就有了把这 n 个对象聚集成 1 个类（所有对象聚集为 1 类）、2 个类、3 个类、……n 个类（所有对象都是独立的类），共 n 种分法。

第四步，我们比较这 n 种分类中，哪一种的聚类特征更好（各个类相互间距离较大，类内对象间距离较小），从而可以推荐出比较好的聚类数量。

这样的算法模型就是系统聚类的算法。

当 n 很大的时候，计算量将非常巨大。所以，后来就衍生出很多变种的方法以节省或者快速获得聚类，包括分裂法（划分法）、基于密度的方法、基于网络的方法、基于模型的方法等。

5．计算类之间的差异性以及保证类与类之间的距离最大化

当两个对象聚集成一个类，这个类与其他的对象之间的距离怎么计算就变得非常重要了。我们聚类的目的就是让类与类之间的距离更远，而让在一个类中的对象之间的距离更近。所以计算类与类之间距离的方法会影响到整个聚类的结果。

类与类之间的距离的计算方法也有很多种。例如最短距离法就是将一个类与另外一个类中各个对象之间的距离最小值作为两个类之间的距离；最大距离法则相反。另外还包括中间距离法、重心法、平均距离法、可变距离法、离差平方和法等。算法不同，得到的聚类也不同，所以只要计算机的处理能力能够支持，就要尽可能多地尝试，然后再详细分析哪种算法更加符合现实需要或者更加有现实意义。

6．聚成多少个类更加合适？不同数量的聚类之间有什么不同

聚类算法本身可以推荐给我们一个比较优化的聚类数量，但具体分成几个类则需要结合商业的需要。

如下图左上角的对象集所示，具体将其分成几个类合适呢？哪一种分类更符合业务需要？这需要从企业的管理目标出发，根据实际业务的需求来设定具体的数量。

对于这种数据集，一般情况下聚类算法推荐的最优聚类数量是两类，如果聚类太简单，则业务可能会需要更细的分类，例如可以分为四类，也可以根据管理能力分为六类。如果算法给我们推荐了太多的聚类数量，例如如果把客户分成上百类，那么在日常工作中根本没法区分类与类之间的差异，也就没有什么意义了。

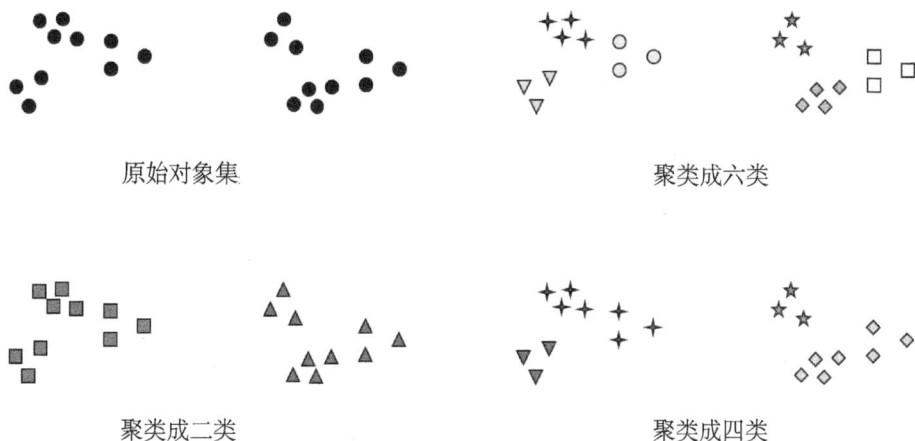

原始对象集　　　　　　　　　　　聚类成六类

聚类成二类　　　　　　　　　　　聚类成四类

7．解读聚类后的事物分类以及描述每一个类别

在将对象聚类得出结果后，我们需要对每一类对象进行描述分析，分析这一类对象最典型的共性是什么，从而理解为什么这些对象会被分到一类中，这就是对每一类对象的解读。在解读对象的时候，我们需要仔细识别这些对象的相似性。描述统计分析是一个较好的数据解读方法，它将重点的相似性量化，我们可以只关注重要的要素，从而做出理解和判断。

这一步需要人为解读，需要了解业务。如果不了解业务，则可能无法理解聚类算法给出的类是如何定义的。

8．验证聚类结果并应用到实际工作中

聚类的结果要在实践中检验，要对业务的执行有指导的意义。在商业应用中，经常会对产品、客户、员工进行聚类，这些是典型的应用，其中应用最多的还是对客户的聚类。

通过聚类识别出客户之后，我们需要根据每一类客户的特征制定不同的产品开

发策略、服务策略、市场营销策略以及促销活动策略，以更好地满足特殊客户的特殊需求，从而让我们的产品和服务更加个性化。当我们根据得出的聚类结果制定了相关的策略并实施之后，此时就需要跟踪产品或者促销策略的适用性，以确认我们的聚类是否精准，我们对客户的理解是否合理，我们的变量选择是否存在偏差等。这些都是通过跟踪数据来验证的。

9．持续在实践中检验，对业务以及效果进行评估

实践是检验真理的唯一标准，这句话在聚类分析方法中非常适用。聚类不是一个一劳永逸的工作，在实际业务执行过程中总会发生很多的变化。如今互联网技术、移动互联网技术和大数据技术对企业的经营模式、业务模式、商业模式都带来很大的冲击，影响着公司不断转型，因此聚类算法也会面临很多的挑战。原来成熟可用的聚类算法模型可能很快就不适用了，因此，对聚类的效果评估必须要紧密跟踪，以确保符合业务的需求。

10．算法的改进和调整

在实际业务执行过程中找到了新的思路后，需要对聚类算法做出调整并不断改进和完善，甚至重新颠覆原有的算法。这样就形成了一个流程的闭环，通过不断地应用和改进，算法会逐步成熟，成为企业商业应用的一个实用型算法，如下图所示。

1 确定聚类的变量及数据	⇨	2 各变量数据的标准化处理	⇨	3 对象相似性（距离）的确定方法	⇨	4 各个类间差异性（距离）的确定方法	⇨	5 聚类的算法过程的确定
⇧								⇩
10 算法的改进	⇦	9 持续实践中的检验和价值	⇦	8 聚类结果的验证和应用性	⇦	7 聚类的描述和含义的解读	⇦	6 聚类数量的确定

6.4 有序聚类与时间序列聚类

一般对象的聚类是假设对象之间没有顺序，可以随意打乱。但有些事物不是完全离散的，而是按照一定顺序排列的，因此我们在聚类时就不能打乱它们的顺序。

例如在对地质勘探的数据进行聚类分析时，要把从地下钻井机采集到的每隔 1m 的数据进行罗列，这时需要对这个按照不同距离采集上来的数据进行分层分析，用聚类的方法将相似的归为一类，代表在地下不同层的情况，这时我们就不能打乱数据的顺序，而是要考虑在同一个数据序列上的区分。下图是不同地质分层变化的情况示意图。

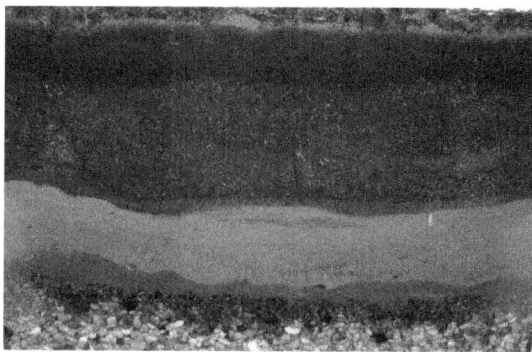

（不同地质分层变化的情况示意图）

时间序列上的数据聚类也是典型的有序数据聚类问题。例如我们在分析员工的成长阶段、机器和设备的生命周期中的表现分段等，都会用到具有时间节点的数据，这个数据是按照时间先后顺序排列的，在对数据进行聚类时，不能打乱其中的顺序。

公司的发展历史阶段性划分、行业的发展阶段划分、技术的发展历程阶段划分等都可以采用聚类的方法，但时间顺序是不能打乱的，只能通过上一个时间点与下一个时间点的差异性来决定是否分成不同的阶段。下图是纳斯达克综合指数历年变化。

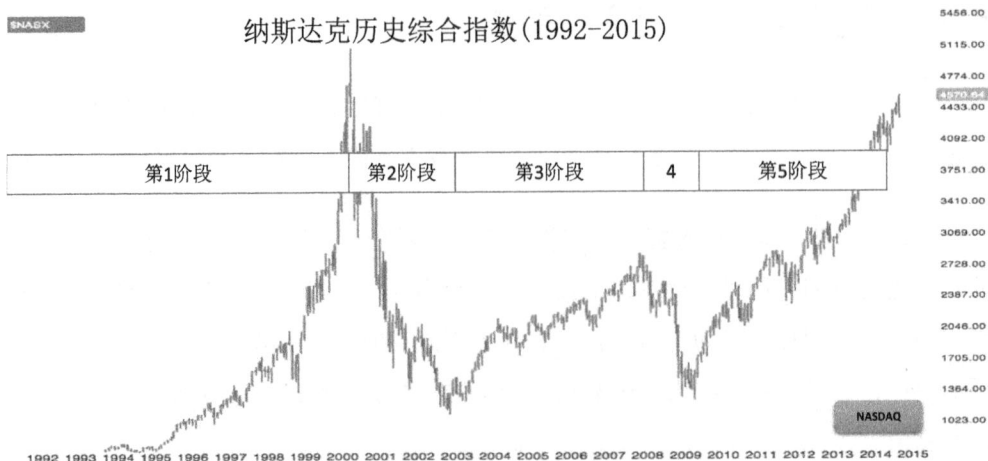

（纳斯达克综合指数历年变化）

如果只有单一维度的变量，则可以把该变量放到图形化的时间轴上，从而可以看到事物的阶段性特征。当描述的变量非常多时，或者事物本身就比较复杂时，就需要利用聚类的方法来划分事物发展的历史阶段。例如，可以对中国股市 20 年的发展进行分段。而在描述一个股票市场的阶段划分时，可以将综合指数、交易量、活跃股票数、涨跌幅、机构与个人投资比例等变量都纳入到聚类分析的变量中，这个时候的聚类分析方法就是有序聚类方法了。

对企业成长历程的分析也可以通过有序聚类来实现。一般企业往往是以其领导人、企业业务规模增长、企业业务创新、市场区域拓展、经营模式变革等方面来自我划分的。苹果公司的成长历程可以根据乔布斯的任期来划分，也可以根据其颠覆性的产品推出时间来划分，还可以以业务量的增长来划分。不同的划分方法目的也不同。我们在研究企业发展规律的时候，可以根据企业所公布的信息，将采集到的不同的数据资料通过聚类来划分。

逻辑关系——寻找事物之间的因果规律

数据分析的核心目的是掌握事物的发展规律。只有掌握了事物的发展规律，我们才能更好地掌控事物，让事物按照我们预期的方向去发展。我们从数据中掌握了事物发展的规律，就可以按照这个规律来创造未来，从而让事物按照我们预期的方向发生和发展。

我们最希望知道事物发生和发展的逻辑关系。例如 $Y=f(X)$，如果我们知道了 X 值，则必然知道 Y 值，从而可以构筑 X 条件得到希望的 Y 值。例如，如果知道投入的广告费用和销售额之间的关系，就可以根据需要达成的销售额，制定相应的广告费用预算，即：

$$Y_{销售额} = f(X_{广告费用})。$$

奥美广告创始人沃纳梅克说过："我知道我的广告费浪费了一半，却不知道是哪一半浪费了。"如果我们有了这个公式，就能够知道需要投入多少广告费，而不用担心浪费的问题。因为浪费有可能是数学模型中必不可少的一部分。

其中，Y 与 X 就构筑了一个逻辑关系，这个逻辑关系有可能是线性关系、指数关系，也有可能是更加复杂的其他关系。事物之间的关系具有复杂性以及随机性，我们得到的逻辑关系往往都是有存在条件的。物理学定理中的基础逻辑关系也仅仅在理论状态下存在。

7.1 相关性与相关系数分析

事物之间的相关性能够帮助我们找到因果关系，以及判断因果关系的强弱，但是事物之间的相关性并非说明其有因果关系。我们通常需要用科学论证或者常识去判断两个事物之间是否存在因果关系。

寻求事物之间的因果关系是我们掌控事物发展的手段。如果我们知道了 A 能够产生 B，为了得到 B，就要创造 A，因为 A 更加容易被创造，而 B 的产生则是我们预期的结果。

我们可以通过计算相关系数的方式来衡量两个事物之间逻辑关系的强弱。逻辑关系强，事物之间的相关性就大；逻辑关系弱，事物之间的相关性就小。

下面举一个例子。某公司是计时工资制，公司按照订单进行生产，因为每个月的订单量不同，所以要根据订单量来调整人数，以确保可以有效地控制人员成本，但鉴于劳动合同法的要求，公司不能随便开除员工，所以必须通过招聘临时工的方式来灵活地控制人员数量，即某些技能熟练性要求不高的岗位采用临时工，技能熟练性要求高的岗位采用合同工，这样当订单量小的时候可以减少临时工人数，从而有效降低人员成本。那么这个策略能否取得较好的效果呢？我们可以通过相关系数来评价人数控制的力度，如下表所示。

月 份	2011 年		2010 年	
	产值（10 万美元）	工人数	产值（10 万美元）	工人数
1月	1173	4747	1629	5237
2月	1289	5527	1192	6055
3月	2079	5796	1940	5395
4月	2029	5476	1631	5046
5月	1581	5076	1237	4888
6月	1123	4830	1094	4714
7月	1198	4431	1068	4541
8月	981	4537	887	4362
9月	1266	4704	1065	4320
10月	1264	4946	1031	4586

续表

月　　份	2011 年		2010 年	
	产值（10 万美元）	工人数	产值（10 万美元）	工人数
11月	1355	4921	1155	4436
12月	1568	4968	1361	4303
合计	16905	59959	15289	57883

下面首先对数据进行描述分析，并分别计算 2010 年和 2011 年的产值与工人数之间的相关系数，于是得到如下图所示的数值。

2011		
	Product (100K$)	B. C. +Temp
Product (100K$)	1	
B. C. +Temp	0.800128463	1

2010		
	Product (100K$)	B. C. +Temp
Product (100K$)	1	
B. C. +Temp	0.510695538	1

2011	
平均	1,408.83
标准误差	99.70
中位数	1,277.50
众数	#N/A
标准差	345.38
方差	119,286.52
峰度	0.37
偏度	1.10
区域	1,098.00
最小值	981.00
最大值	2,079.00
求和	16,906.00
观测数	12.00
置信度 (95.0%)	219.44

2010	
平均	1,274.17
标准误差	89.37
中位数	1,173.50
众数	#N/A
标准差	309.57
方差	95,835.24
峰度	0.42
偏度	1.06
区域	1,053.00
最小值	887.00
最大值	1,940.00
求和	15,290.00
观测数	12.00
置信度 (95.0%)	196.69

从数据统计结果来看，2011 年的产值与工人数的相关性是 0.80，远大于 0.60 的高相关性；而在 2010 年时，该相关性是 0.51，属于中等相关性（0.3~0.6），那么可以认为 2011 年整体的人数控制方案效果比 2010 年得到显著的提高。

这种提高是因为生产的稳定性吗？可以对产值进行描述统计分析。从得到的结果看，2011 年的标准差和方差都大于 2010 年，这在一定意义上说明，2011 年产值的波动变化程度高于 2010 年。所以我们可以得出结论，尽管 2011 年生产订单的波动性增大了，但采用雇用更多临时工的方案让公司在人数控制上更加符合生产的波动，取得了较好的效果。

在前面介绍过，两个变量之间的关系可以用散点图的方式来表示，我们把上例中的数据用散点图来表示，可以做出如下图所示的图形。

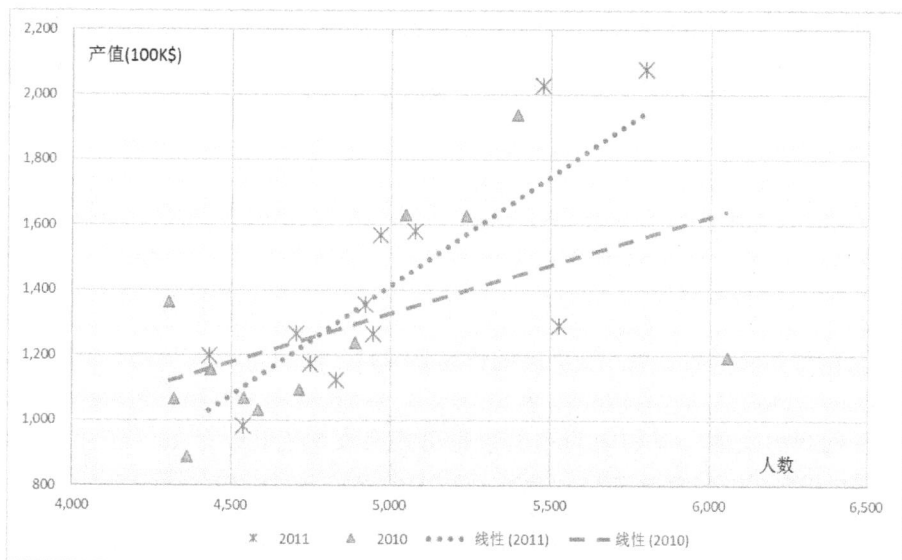

我们为每个图形都添加一个相关性曲线，曲线的斜率越接近 45°角的中分线（注意：45°角的评判要求两个坐标轴都是以 0 为起点，而上图中的两个坐标都不是以 0 为起点的），人数控制力度越好，否则人数控制力度越差。

从上图中我们可以看到，2011 年的相关性更高一些，趋势线的斜率也更高，定性判断结论与相关系数的分析是一致的。

7.2　事物之间的逻辑关系与科学规律

事物之间存在着逻辑关系。例如因为有重力，水往低处流；因为有电力，灯泡会发光；因为有驱动力，汽车会行驶。这些都是因果关系，而这些因果关系是"显而易见"的，或者是常识，或者是科学。在自然科学中，我们对自然界的认知能力已经发展了几万年，我们掌握了一些自然科学的规律，包括数学、物理学、化学、天文学等，但事物到社会学中就变得相对复杂了。

自然科学中的因果关系都是可以重复试验的，都能够在控制条件下让事情的预期结果重复发生。但由于社会学、经济学中事物要素的复杂性，以及我们认知的局限性，我们很难让相同的事情像做科学试验那样重复发生。

社会是在不断发展的，没有一个社会条件能够重构，因为人们的认知会发生变化，心理也会发生变化。还是以广告为例子，投入 10 万元的广告费得到 50 万元的销售额提升，这个事件是无法重复试验验证的，即使你到达一个新的市场，做同样的事情，也不一定能得到同样的结果，因为新的市场条件是不同的。

随着时代的发展，事物之间的关系也可能会发生变化。例如，在互联网还没有普及时，广告的主要模式是电视、广播、报纸、杂志。当移动互联网普及后，广告的主要模式逐渐从电视、广播、纸媒转向移动互联网媒体，包括各大社交媒体，广告费用和营销效果的相关程度越来越弱，电视和广播媒体的广告价格也越来越低。

消费者的购买路径为：广告→消费者接触信息→消费者喜欢内容→消费者发生购买行为→销售额提升。由此可见，从广告到让消费者购买之间还有很长的距离，要想提升广告的效果，就要从广告接触消费者的有效性、广告对消费者购买产生的影响程度进行分析。

研究这个信息传导模式可以启发我们不断地调整资源配置方案，让广告费用更好地配置在不同的资源、不同的媒体、不同的市场区域以及不同的时间节点上。

7.3　果因关系与因果关系，看不见的事物发展逻辑

任何数据分析方法本身都无法直接告诉我们事物的因果关系，而绝大多数的因果关系都是经过人类大脑的逻辑判断得出的。科学试验也是在揭示事物之间的关系，

然后人类通过大脑的逻辑判断得出因果关系。科学试验的严谨性让因果关系的判断变得更加严谨，而经济学、管理学领域的很多数据分析揭示的关系，因为社会学、经济学和管理学不具有的复杂性，在大多数情况下很难反复试验。

我们在数据分析领域采用的思维模式在大多数情况下都是果因思维，也就是根据事物发展变化的结果，找寻可能影响该结果的原因，然后用数据去验证或者量化这种影响关系。果因思维是数据分析师构建数学模型的基本方法和思维模式。

在构建数学模型时，我们需要寻找影响事物变化的原因。例如，销售额是结果，而影响销售额的因素可能有广告投入力度、品牌影响力、产品质量和消费体验、铺货率、竞争对手强弱、促销活动、定价等。将这些因素进行量化就会形成销量模型，然后采集相关数据，构建数学模型，再在实践中不断检验数学模型是否合理，或者优化相关的数据指标、系数等，从而让我们对未来销量有更加理性的把握。

$$Y_{销售额}=f(X_{1,\,广告投入力度},\ X_{2,\,品牌影响力},\ X_{3,\,产品质量和消费体验},\ X_{4,\,铺货率},\ X_{5,\,竞争对手强弱},$$
$$X_{6,\,促销活动强度},\ X_{7,\,产品相对定价})$$

其中，

$X_{1,\,广告投入力度}$：这是一个相对的概念，一方面体现着本公司的投入力度，另一方面也要考虑行业内其他对手的广告投入力度。例如，虽然今年我们加大了广告投放力度，但是如果竞争对手比我们投放得更多、更加有效，那么我们在广告投放力度上仍然是相对削弱的。

$X_{2,\,品牌影响力}$：也叫作品牌资产，不同公司都有自己的数学模型用来评价品牌力，有些市场调研公司也有自己的模型供客户使用。不同的品类会有不同的影响因素，这需要企业自行摸索，一般情况下要考虑到知名度（用户的提及率与首次提及率）、美誉度（用户的喜好程度）、忠诚度（用户会不会尝试其他品牌）、推荐度（用户会不会推荐给朋友）。

X_3，产品质量和消费体验：可以参考消费者调查数据，也可以采用产品竞争力模型进行打分，不同的公司会有不同的研究方案，每个公司可以根据自己的能力和实际情况来设计相关模型。

X_4，铺货率：即在目标市场区域内，你的产品进入多少家商铺的货架中，可以用百分比来表示。当然，这里还有铺货的质量和货架的质量问题，需要通过一定的修正系数来核算，这个修正系数是根据货架质量评判标准、店铺质量评价标准，结合目标受众人群的购物特点来评价和修订的。

X_5，竞争对手强弱：这是一个相对的概念，可以通过市场集中度、竞争对手品牌影响力等要素来评价。

X_6，促销活动强度：包括折扣率、返点率、参与程度等。如果一个活动用户参与程度低，覆盖面小，则促销活动力度就弱。

X_7，产品相对定价：基于同类产品中本公司产品的定价情况，如果一听可口可乐定价2元，那么一听非常可乐定价1.8元就太高了，因为其品牌影响力不能支撑这个定价水平。相对定价是给消费者的感觉，让他们觉得这个价格是偏高、偏低还是适中的，也可以通过市场调研的方式来获得这个数据。

综上所述你会发现，通过果因思维，我们构建数学模型，用数据量化影响结果的因素，就能够探索出事物的"因果关系"，从而得到量化的"因果关系"，以指导企业实践，让企业的管理更加理性化、科学化、数据化。一家企业给人的厚重感和强大感也是来自于其历史的沉淀。有些企业有历程没有历史，是因为在发展的历程中没有积累数据，更不会有数据化的分析和经营经验的数据化沉淀，即使有沉淀也是沉淀在员工的大脑中，没有用数学模型、数据化管理沉淀为公司的经营诀窍，过去的历史不能为未来经营管理决策提供依据，就不是有历史的企业。

　　一家企业做得越久，越应该有更加精细化的量化销量的手段，这才是企业能够长盛不衰的逻辑。如果不通过数据化来管理这些经营诀窍，那么我们永远搞不懂销售额背后的驱动要素以及这些要素之间的关系。宝洁公司目前已经有近 180 年的历史了，如今它仍然持续、稳稳地坐在日用快消品行业全球老大的位置上，这与其背后强大的数据分析团队是分不开的。笔者在这家公司工作的 5 年里，都是在研究消费者的需求，构筑消费者的需求与销售量及利润之间的逻辑关系，不断完善这种关系，监测消费趋势的变化和竞争对手发展对我们的影响，这是一个企业能够掌握市场变化过程，并在这个过程中始终领先的诀窍。

7.4　事物发展规律的复杂性与科学抽象

　　任何事物的发展都有其规律性，偶然的现象背后都是必然的结果。我们之所以认为是偶然事件或者随机事件，是因为我们掌握的细节太少，或者对事物的规律认知太少了，我们把不能解释的事件都看作偶然事件，我们掌握的规律越多，掌握的数据和事实越多，就越能清楚地知道事物该如何发生。

　　当我们了解了更多的规律、掌握了更多的数据，随机事件就会减少，误差就会减少，偶然事件就会更加可控。当我们掌握了广告和销售额之间的规律关系，掌握了更多的相关数据，我们就能够精准预测销售额，精准地核算我们的利润，从而可以判断经营和管理活动能否赚钱，如果不赚钱，就要及时叫停项目，把时间和资金用到最有产出的地方。

　　越是优秀的企业对规律和数据的把控越严格，无论是在管理上还是在制度和流程上，它们都把数据当成"信仰"。"不记录数据，你的工作就等于没做！"这是笔者在宝洁公司工作时被灌输的理念。员工做完了工作，需要把相关的表格、数据、记录整理清楚，工作才算是做完了。笔者在为国内企业提供咨询服务的过程中发现，这些企业存在一个普遍的意识："事情做完就做完了，赶紧做下一件事情，什么记录、数据，都是在浪费时间"。这种理念不仅在各个层级的管理者中存在，也更深刻地存在于老板的心中。老板都不希望员工浪费时间，希望他们能够集中精力做有效的事情，如果老板不知道数据的价值、数据分析的价值，那么企业就不会积累数据、沉淀分析模型，更不会形成"沉淀"，从而也就不会有"历史"。

在现实世界的事物中发展都是非常复杂的，受各种各样的因素影响，当我们开始认知事物的时候，经常会感到手足无措，这是因为我们认知得太少。对于创业，为什么有的人成功了，而有的人失败了？对于一个市场营销活动，为什么有的非常有效，有的根本无效？对于这些问题都是因为我们的认知和总结不够，很多人靠聪明和机灵控制了更多的因素，从而让一个营销活动火爆了；而有些人不去总结和积累相关的经验和数据，即使这次成功了，不见得下一次也会成功。

事物具有复杂性，即使我们掌握了很多的规律，也只能提高成功的概率，而不能保证一定会成功。宝洁公司积累了 180 年的经验，其上市一个新产品的成功率也不足 70%。但是对快速消费品行业而言，70% 的成功率是一个天文数字，常规企业的成功率一般低于 20%，服装产品的成功率更低。

现在我们进入了大数据时代，有了更强大的数据采集和数据处理能力，也有了更多的智能终端设备可以自动采集数据，有了移动互联网，有了可穿戴设备，有了足够的条件利用数据认知事物的规律、掌控事物的发展。这个世界变得越来越复杂，而对有数据且会用数据的人来讲，世界会变得越来越简单。

互联网改变了信息的传播方式，也带来了新的交易方式和资源利用方式。而大数据是信息加工的方式，会改变我们的思考方式，从而创造更多的认知事物的智慧，所以我们必须要掌握数据、利用数据、应用数据，以把握事物发展的规律。

　　科学抽象是数据分析的核心思想之二（核心思想之一是前面介绍的果因思维）。我们在研究事物时，需要将事物的发展抽象出来，利用科学的思维方法来研究事物，从而构建数学模型。而不是因为考虑到事物过于复杂，让自己形成行动障碍。数据分析师必须具备的最基本的素质之一就是考虑"可能性"并对事物进行科学抽象。例如把事物的因果关系抽象成函数关系，通过数据采集和计算得到这个函数关系，然后再验证这个函数关系成立的有效性。

　　社会学、经济学和管理学与自然科学本质的区别在于研究事物的时候会容许更大的误差、更大的偏差，容忍更多的"未知"。广告和销售额的关系永远不会精确到分毫不差，而且永远不会有一个稳定的数学关系，一定存在其他未知因素的影响，但这不是我们不去研究广告和销售额关系的借口，而是我们不断研究其关系的动力。

7.5　因果关系与回归分析

　　在了解了事物之间可能存在的逻辑关系之后，就可以采用量化的方法来评价这种逻辑关系的强弱。例如我们通过打广告来提升销售额，然后统计每个月的广告费和销售额之间的关系，如果相关性较高，则说明广告效果好；如果相关性较低，则说明广告效果不好。我们可以通过不同的方式来打广告，并监测每种广告方式的有效性，如果每次我们都是通过多种途径打广告，那么也可以采用一种方式来统计销售额和每种广告费用之间的关系。

　　例如我们通过电视和广播电台来打广告，然后统计了 20 个月的广告费用投入和销售额产出，得到如下表所示的数据。

	X_1 电视（万元）	X_2 广播（万元）	Y 销售额（万元）
2011年1月	17	18	818
2011年2月	37	25	1101

	X_1 电视（万元）	X_2 广播（万元）	Y 销售额（万元）
2011年3月	30	14	781
2011年4月	22	31	1076
2011年5月	30	40	1253
2011年6月	21	17	836
2011年7月	25	12	710
2011年8月	25	10	684
2011年9月	23	26	1007
2011年10月	28	11	952
2011年11月	27	12	876
2011年12月	22	21	821
2012年1月	30	10	633
2012年2月	25	32	1428
2012年3月	23	27	1159
2012年4月	18	17	711
2012年5月	29	12	800
2012年6月	30	15	718
2012年7月	31	34	1516
2012年8月	16	23	752

如果我们构建一个数学模型，销售额产出 Y 是电视广告 X_1 和广播广告 X_2 的函数，则可以表示为：

$$Y=f(X_1, X_2)$$

如果用线性回归的模式来构建这个函数，则会变成：

$$Y=aX_1+bX_2+c$$

其中，

Y：销售额产出；

X_1：电视广告投入费用；

X_2：广播广告投入费用；

a：电视广告投入效果系数；

b：广播广告投入效果系数；

c：一个常数。

这样就构建了一个线性规划的数学模型，可以用 Excel 的回归分析来求解，为了尽可能了解求解过程中的内容，我们设定了更多的选项，如下图所示。

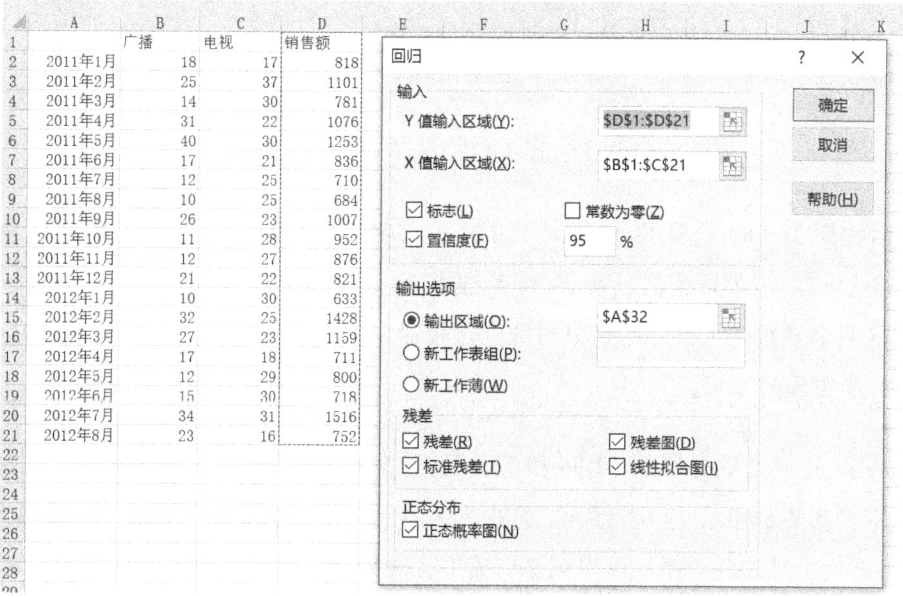

	A	B	C	D
1		广播	电视	销售额
2	2011年1月	18	17	818
3	2011年2月	25	37	1101
4	2011年3月	14	30	781
5	2011年4月	31	22	1076
6	2011年5月	40	30	1253
7	2011年6月	17	21	836
8	2011年7月	12	25	710
9	2011年8月	10	25	684
10	2011年9月	26	23	1007
11	2011年10月	11	28	952
12	2011年11月	12	27	876
13	2011年12月	21	22	821
14	2012年1月	10	30	633
15	2012年2月	32	25	1428
16	2012年3月	27	23	1159
17	2012年4月	17	18	711
18	2012年5月	12	29	800
19	2012年6月	15	30	718
20	2012年7月	34	31	1516
21	2012年8月	23	16	752

输出的结果如下图所示。

SUMMARY OUTPUT

回归统计	
Multiple R	0.8782990
R Square	0.7714097
Adjusted R	0.7445168
标准误差	127.13679
观测值	20

方差分析

	df	SS	MS	F	gnificance F
回归分析	2	927296.82	463648.41	28.684434	3.564E-06
残差	17	274783.98	16163.763		
总计	19	1202080.8			

	Coefficient	标准误差	t Stat	P-value	Lower 95%	Upper 95%	下限 95.0%	上限 95.0%
Intercept	149.84966	158.29159	0.9649566	0.3480909	-177.787	477.48626	-177.787	477.48626
广播	23.356817	3.2463435	7.1947164	1.5E-06	16.507331	30.206703	16.507331	30.206703
电视	12.04107	5.467722	2.2022096	0.0417428	0.5061846	23.576955	0.5061846	23.576955

RESIDUAL OUTPUT / PROBABILITY OUTPUT

观测值	预测 销售额	残差	标准残差		百分比排位	销售额
1	774.96511	43.034854	0.3578503		2.5	633
2	1179.2822	-78.28216	-0.650944		7.5	684
3	838.07298	-57.07296	-0.474682		12.5	710
4	1138.8052	-62.80522	-0.522248		17.5	711
5	1445.3424	-192.3424	-1.599307		22.5	718
6	799.77291	36.227093	0.3012413		32.5	752
7	731.1546	-21.1546	-0.175908		32.5	781
8	684.44156	-0.441684	-0.003671		37.5	800
9	1034.0687	-27.0637	-0.225044		42.5	818
10	743.92129	208.07871	1.7302495		47.5	821
11	755.23674	120.76326	1.0041901		52.5	836
12	905.24006	-84.24006	-0.700486		57.5	876
13	744.64891	-111.6489	-0.928384		62.5	952
14	1198.2649	229.71505	1.9101636		67.5	1007
15	1057.4203	101.57978	0.8446725		72.5	1076
16	763.6497	-62.6497	-0.437801		77.5	1101
17	779.31888	20.681123	0.171971		82.5	1199
18	861.4296	-143.4295	-1.192668		87.5	1253
19	1317.2444	198.7556	1.6527245		92.5	1428
20	879.70866	-127.7087	-1.061927		97.5	1516

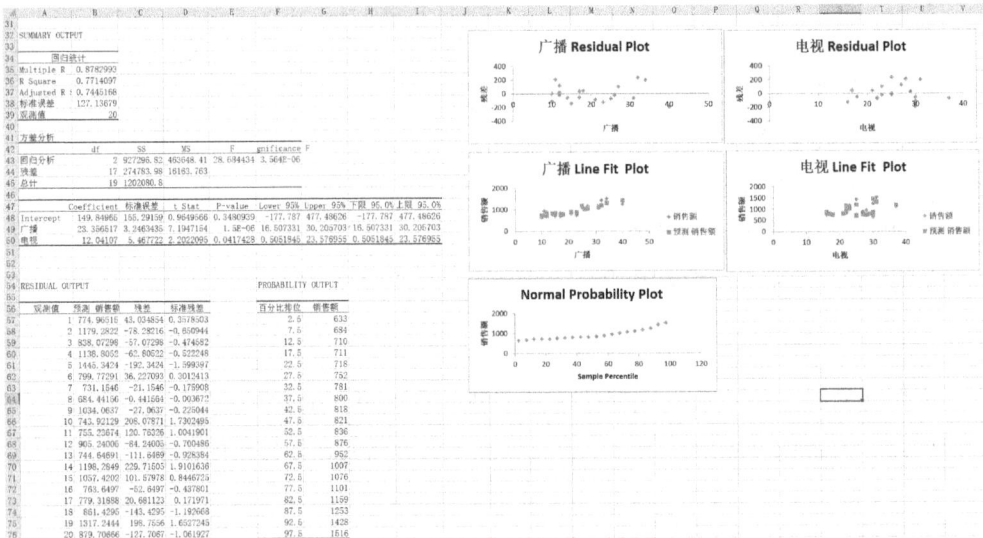

通过这个结果，我们可以得到广告费用和销售额之间的公式：

$$Y_{销售额} = 149.85 + 12.04 X_{1,电视广告费} + 23.36 X_{2,广播广告费}$$

而截距 149.85 校验的 p-value = 0.35，说明这个截距变化很大，稳定性很差，校验不通过，是不可信的，但 X_1 和 X_2 的校验 p-value 都非常小，都小于 0.05，则说明这两个系数是可信的。这是对数据比较简单的解读。当然具体的解读和说明需要统计学方面的知识。

X_1 和 X_2 的系数分别是 12.04 和 23.36，这意味着每投入 1 万元的电视广告费用可以带动销售额增长 12.04 万元；每投入 1 万元广播广告费用可以带动销售额增长 23.36 万元。从这两个系数可以判定广播广告效果比电视广告效果要好很多。

对广告效果的评价只能在某个范围内适用，并且广告效果会随着广告费用投入的增多而递减。

也可以用线性回归的方式来研究生产产值与需要的工人数量的关系，从而来评价或者预测不同生产产值下大概需要的工人数量，以便于人力资源部门在工人招募和调动时进行预测。

下面是 7.4 节中的案例，其中 2010 年采用的是旧的管理模式，而 2011 年采用了临时工的管理模式。

月　份	2011 年		2010 年	
	产值（10 万美元）	工人数	产值（10 万美元）	工人数
1月	1173	4747	1629	5237
2月	1289	5527	1192	6055
3月	2079	5796	1940	5395
4月	2029	5476	1631	5046
5月	1581	5076	1237	4888
6月	1123	4830	1094	4714
7月	1198	4431	1068	4541
8月	981	4537	887	4362
9月	1266	4704	1065	4320
10月	1264	4946	1031	4586
11月	1355	4921	1155	4436
12月	1568	4968	1361	4303
合计	16905	59959	15289	57883

下面采用线性回归方法分别计算 2010 年和 2011 年的生产产值与工人数量之间的关系。我们构建的数学模型是：

$$Y_{产值} = a + bX_{工人数量}$$

得到的结果如下图所示。

SUMMARY OUTPUT	2011						
回归统计							
Multiple R	0.800128463						
R Square	0.640205557						
Adjusted R Squar	0.604226113						
标准误差	217.2797454						
观测值	12						
方差分析							
	df	SS	MS	F	Significance F		
回归分析	1	840046.7889	840046.79	17.79364773	0.001776536		
残差	10	472104.8778	47210.488				
总计	11	1312151.667					
	Coefficients	标准误差	t Stat	P-value	Lower 95%	Upper 95%	下限 95.0%	上限 95.0%
Intercept	-1937.940604	795.8785462	-2.43497	0.035150107	-3711.268514	-164.6127	-3711.268514	-164.6126934
工人数	0.669812493	0.158789123	4.2182517	0.001776536	0.316008279	1.0236167	0.316008279	1.023616706

SUMMARY OUTPUT	2010						
回归统计							
Multiple R	0.510695538						
R Square	0.260809932						
Adjusted R Squa	0.186890925						
标准误差	279.1496109						
观测值	12						
方差分析							
	df	SS	MS	F	Significance F		
回归分析	1	274942.6139	274942.6139	3.528320301	0.089762277		
残差	10	779245.0527	77924.50527				
总计	11	1054187.667					
	Coefficients	标准误差	t Stat	P-value	Lower 95%	Upper 95%	下限 95.0%	上限 95.0%
Intercept	-161.5080747	768.550749	-0.210146272	0.837773393	-1873.945858	1550.929709	-1873.945858	1550.929709
工人数	0.297636558	0.158453659	1.878382363	0.089762277	-0.055420195	0.650693312	-0.055420195	0.650693312

从这两年的回归对比上可以看出，2011 年的回归校验是通过的，无论是截距和工人数量的系数，其 p-value 都小于 0.05，可以认定具有回归规律。但对于 2010 年的回归校验因为两者的相关性太差，导致校验不能通过。在 2011 年的管理模式下，我们得到的数学模型是：

$$Y_{产值}=-1938+0.67X_{工人数量}$$

在 2011 年的管理模式下，要预测不同订单量下的工人数量可以这样计算：

$$X_{工人数量}=（Y_{产值}+1938）÷0.67$$

从这个公式中我们可以看到，当产值为 0 时，工人数量为 2891 人。所以，产值规模越大，人员越集约，而当产值下降时，工厂的效率将大打折扣。

　　当然，此模型的适用条件是工人数量在 4000~6000 人，而在人数接近 0 的时候是否还成立，仍然需要验证和研究，这个结论只是理论上的推断，仅供参考。

7.6　逻辑回归

　　为了让读者更容易理解，前面介绍的都是线性回归的例子，其中有一元线性回归，例如生产产值与工人数量的回归关系，就是只有一个因变量（产值）和一个自变量（工人数量）；另外也有多元线性回归（二元线性回归），例如销售额产出与电视广告和广播广告投入之间的关系。

　　在这些例子中，因变量和自变量都是连续的数据，虽然人数不能取小数，但也是连续的，都可以看作定比数据。但是在很多情况下，变量中会存在定类数据。例如在判断美国大选谁会当选总统，并且当选总统的概率是多少时，我们需要采用另外一种回归分析模型——逻辑回归。其本质与线性回归差异不大，但是判定的结果可能只有两个：输或者赢，是或者非。这些都是定类数据结果。最初统计学的逻辑回归是应用在医学研究领域的，判断在什么条件下发病（是或者否），而不是一个连续的变量。这就是逻辑回归与其他多元线性回归不同的地方。

　　在现实世界中有很多的数据都是定类数据，所以逻辑回归的应用也非常广泛，例如判定一个人是否会自杀，答案就是是或者否；判断一个产品是否会成功，答案也是是或者否。

　　本书之所以要把这个相对比较复杂的数学模型拿出来与大家分享，主要是因为其应用相对广泛，而且易于理解。鉴于本书不是一本讲解数学模型的书，所以就不介绍数学模型的相关算法了，感兴趣的读者可以参考相关的专业书籍。

　　在企业的经营过程中，有大量答案为是或否的问题，例对一个投资的决策是否有效、一个购买决定是否正确、一次信用卡消费是否是真实的、一次交易是否是欺诈性交易等，这些都会用到逻辑回归的算法模型。逻辑回归算法模型在广告领域内应用特别广泛，我们可以把消费者购买一个商品的决策作为因变量，把影响消费者购买决策的因素作为自变量，从而构筑一个数学模型来预测广告的效果。

7.7　关联与共生——现象与规律的探寻

数据只能告诉我们现象，却无法告诉我们原因。单纯从数据上看，我们无法知道是因为工厂要生产更多的产品，所以需要更多的工人；还是因为有了更多的工人，才生产出了更多的产品。所以产量与工人数量之间的关系，即谁为因，谁为果，只有管理者才会清楚，数据就是孤零零的数字，虽然能够回答工厂产量与工人数量的相关性，但是无法揭示它们之间的因果关系。

事物之间有些是因果关系，有些是共生关系，这两种关系在进行数据分析时都体现为"相关关系"。

什么是共生关系？太阳的照射让树木生长了，也让青草生长了，青草的生长和树木的生长是共生关系，它们都来自同一个原因：太阳。而本书所说的"共生关系"与大自然中的共生关系不同。大自然中的共生关系是指生活在一起、相互依存的关系；而本书所说的共生关系是指共同发生、一起存在，彼此之间或许有关联，或许没有任何关联，是时间或者地理位置上的共同存在的关系。

生活中有大量的共生关系，其中有些明显不是因果关系。例如每年夏天有大量的儿童溺水事件，同时在夏天雪糕的销量大幅上涨，这两者具有非常强的相关关系。我们可以明显地判断，雪糕不是导致儿童溺水的原因，这两者都是天气炎热导致的。天气炎热，人们用雪糕来解暑，所以雪糕的销量上涨；天气炎热，很多儿童到水中去游泳，所以导致溺水事件增多。这两者之间是共生的关系，其背后都有着相同的驱动因素：气温升高。

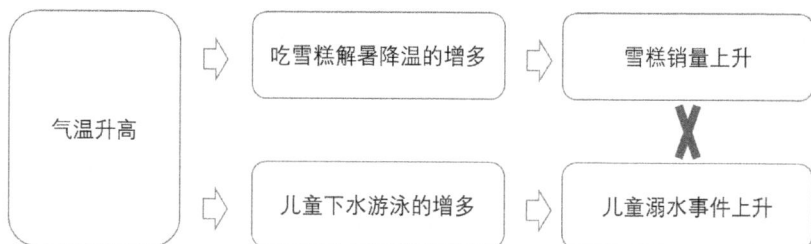

还有一个经典的经济学趣味故事叫作"裙摆指数"，意思是说"女人穿的裙子越短，股市越好；女人穿的裙子越长，股市越萧条"。虽然没有看到具体的数据化验证，但是解释这个现象的人非常多，包括提出这个理论的宾夕法尼亚大学沃顿商学院的经济学家乔治·泰勒。他认为："经济增长时，女人会穿短裙，因为她们要炫耀里面的长丝袜；当经济不景气时，女人买不起长丝袜，只好把裙边放长，以掩饰没有穿长丝袜的窘迫。"也有人从心理学的角度解释了这个现象："经济不景气的时候，女性也会情绪低迷，失去了装扮自己的心情，穿衣着装就偏向保守；相反，在经济繁荣的时候，她们的心情也好，会走更加性感和大胆的路线，男人们也会有更多的心情去欣赏她们。"纽约大都会博物馆服装馆馆长哈罗德·柯达认为："当人们的心理遇到困境，悲观情绪滋长时，着装就会朝着保守低调的方向发展，如穿长袖、高领、长裙。"

其实这两个现象"共生"背后都有经济原因。

利用共生关系，我们可以用一个简单常见的现象来评判、推测或者推演另外一个不太容易观察的现象。例如女人的裙摆长度是比较容易观察的，站在大街上就能够看到，而股市的涨跌是谁都难以判断的。"裙摆指数"就是用裙摆来查看不太容易观测的经济学现象。

　　在《趣味经济学》一书中选择了各种各样的现象来解读经济，包括用男士内裤销量、口红销量、扑克牌销量、女服务员的美貌程度、女士头发长短等。虽然扯的有点远，但它们在一定意义上的确存在一些共生关系。男士内裤销量高，女士口红的销量就会变差——其实背后都是整体经济形势以及民众对经济形势判断的乐观与悲观程度在影响，二者并不存在"因果关系"。

　　大数据一直强调数据之间的相关关系，而不太强调事物之间的逻辑关系，笔者并不支持这个观点。虽然数据不能直接揭示事物之间的逻辑关系和因果关系，但是能够解释因果关系和逻辑关系，对于我们利用大数据分析和挖掘的结果来指导未来的实践是非常重要的。大数据是数据加工的方式，是一种"思考"方式，是能够替代人类大脑工作的一种技术，对这种技术如果不求甚解，则是非常危险的，我们需要构筑一些逻辑关系让数据产生智慧。

8

预测——数据分析的
终极目标

8.1 预测是数据分析的终极目的

数据分析最重要的目的就是从数据中寻找规律，找到能够指导我们未来实践的原则和方法，它是产生智慧的主要途径。所以，预测分析是数据分析的终极目的。虽然数据分析可以承担各种功能，包括监测、监控、检查、证据、校验，但预测还是最为关键的，所以掌握数据分析和挖掘的预测方法才是数据分析师的看家本领。

预测包括现象的预测和规律的预测。自然科学在本质上也是对事物的属性、本质和规律的预测。有了对事物的认知和对规律的掌握，我们就能够创造出更多的东西。商业社会也是如此，如果我们能够知道影响股票波动的因素，并能够掌握这些影响因素的数据，就能够对股价做出精准的预测，从而指导我们的投资决策，做到稳赚不赔。但事物具有复杂性，我们无法掌握所有的信息，更无法掌握所有的规律，所以才会有了那么多的偶然影响因素和随机事件。

在美国电视剧（简称美剧）《疑犯追踪》中有一台超级服务器，它能够掌握所有事情，预测所有事情的发展，从而能够预测各种犯罪的发生和危险事件。主人公与几个特工组成一个阻止悲剧发生的战队，开始了各种所谓的营救行动。这样的机器或许在未来能够出现，但在目前能掌握所有事物的数据并通晓其规律的机器还没有。在智能领域，我们已经能够制造出会下围棋的 AlphaGo，但距离精准的预测还有很大的距离，但这并不能阻止我们对某些特殊事物的预测。

随着大数据、物联网等技术的快速发展和应用，我们会拥有越来越多的数据，在这些数据的基础上，通过各种分析技术的发展，我们就能够加工出越来越多的"智慧"，从而能够指导我们的实践，而我们对未来的预测会越来越精准，越来越有效。

人们总是把事情想象得过于美好，认为做大数据的人能够上知天文，下晓地理，能够准确地预测未来。现在还没有人有这样的能力，至少目前不会有，未来 10 年估计也不会有。所以企业的老板也不能对数据部门寄予过高的期望。

经济学、社会学、社会物理学、心理学、统计学和数学等众多学科都是预测的工具和方法，人类已经掌握了一些基本的事物发展规律，对人类大脑、情感、心理的认知也逐步深入。但我们对这些学科的掌握程度还远远达不到准确预测未来的程度，我们所知道的仅仅是大自然中非常小的一部分。所以永远不要过高地估计我们对世界的认知。

20 年前，互联网刚刚开始兴起，那个时候人们觉得互联网永远无法取代电视、报纸、杂志和广播，认为互联网只会成为信息传播的一种工具，而且最初人们只希望用互联网来传播知识，而拒绝使用互联网从事商业行为。20 年后的今天，互联网的普及彻底改变了我们的生活方式。

我们经常说"以史为鉴"，其实就是研究事物发展的历史，为我们研究新的事物做出指导，让我们对未来的事物有更远一点的估计。研究互联网的发展历史，能够让我们更好地估计或者预测同为信息技术的大数据技术在未来的发展。

互联网从 1995 年开始推广应用到 2015 年，整整 20 年的时间，其已经不再被看作是新的技术了，而是日常必不可少的一种技术应用，而且应用的范围和领域也越来越广，如下图所示。如今我们已经真正进入到"互联网 +"的时代。

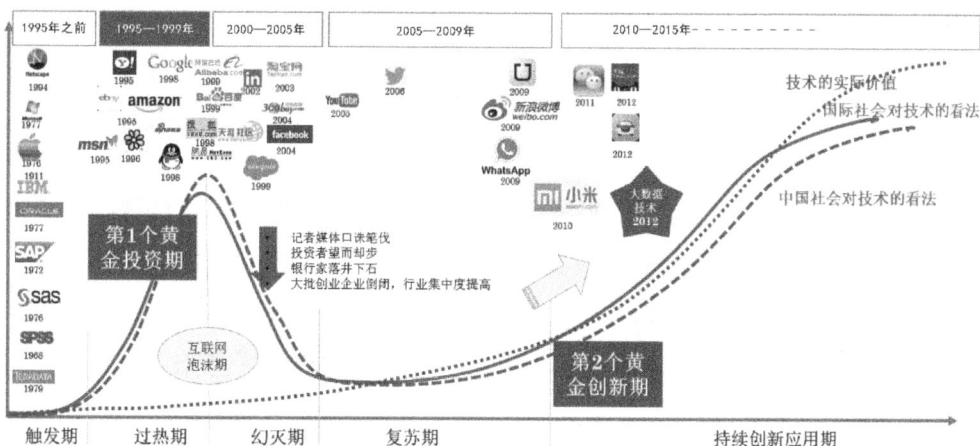

纳斯达克历史综合指数也揭示了一个技术成长的过程，如下图所示。因为纳斯达克主要以互联网新技术公司为主要的投资对象，该股票交易市场的主体是互联网公司，其综合指数直接体现出这些公司的市场价值。

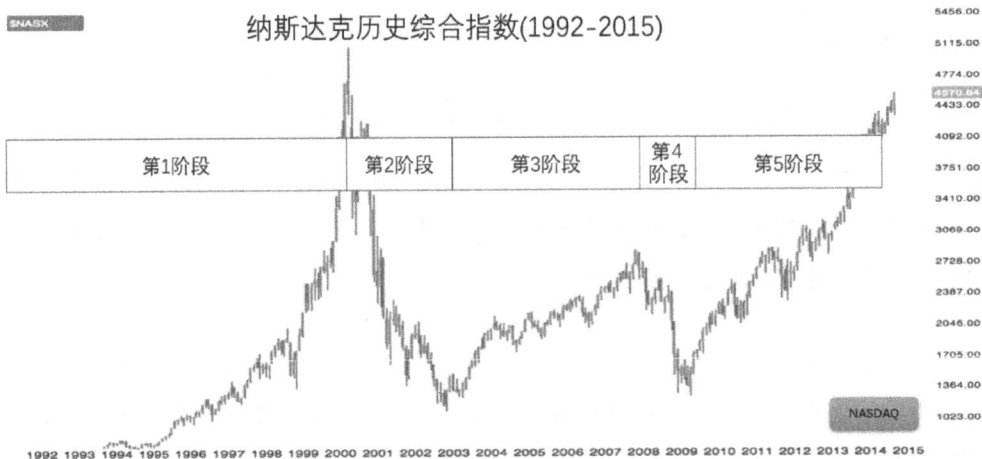

纳斯达克历史综合指数(1992-2015)

著名的研究公司 Gartner 以研究技术发展和为技术公司提供咨询服务为主。其跟踪和研究各种新技术的发展历程，并形成了一个关于技术发展周期的 Hype Cycle 理论体系。此理论体系将技术的发展分成触发期、过热期、幻灭期、复苏期和创新应用期。不同的技术发展会有不同的结局，有的会在发展的过程中就消逝了，有的成了影响人们生活的重要技术。在 Gartner 看来，不同的技术处在不同的阶段，大家对其的期望会有不同，这在股票市值或者公司估值上能够体现出来。

下图是 Gartner 对新兴技术的研究结论：不同的技术处在不同的时期。大数据技术在 2014 年曾经被 Gartner 认为进入幻灭期，目前其在中国仍然处在过热期，大家都看好这个技术，动辄就投资几十亿元来推动大数据应用，而得到的实际应用价值还是非常少的，但是这个技术却比互联网更加能够影响我们的生活。

2015年Hype Cycle技术成熟度曲线

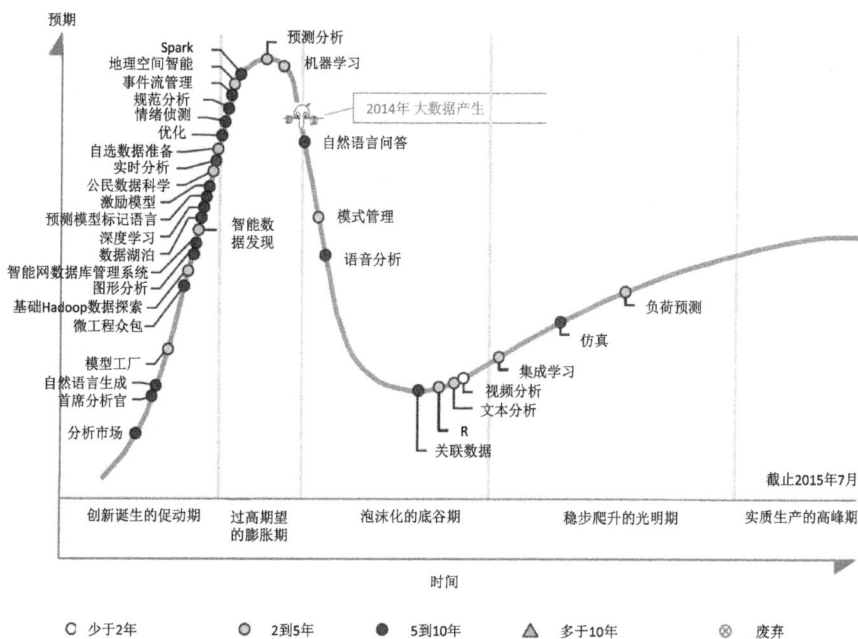

通过研究互联网技术的发展历史，我们能够预测未来大数据技术的发展。互联网从触发期到过热期用了 5 年左右的时间，1999—2000 年是互联网技术的幻灭期，一直到 2005 年用了 5 年去复苏，2005—2010 年是互联网技术的复苏期，2010 年开始进入创新应用期，2015 年进入产业广泛应用的"互联网＋"时期。每 5 年一次大的转变，让人们对该技术的看法彻底改变了。

大数据从 2007 年被提出来，到 2012 年爆发，历时 5 年；2012—2017 年是幻灭期。当然国内对大数据的看法会有所不同，鉴于互联网时期的泡沫，人类更加理性，大数据会存在泡沫，可能不会比当时互联网技术存在的泡沫大。现在大数据在国内仍然处在过热期，各地都在建设大数据中心，包括以贵阳为代表的大数据交易平台也在建设中。对于大数据能否像商品一样用来交易，或是建成像高速公路这样的基础设施供大家使用，目前还没有定论。而且在大数据领域中还有很多未能解决的问题，包括数据所有权问题、数据的安全性问题、隐私保护问题、数据犯罪问题等。

在 2017 年之后，大数据就会进入一个复苏期。在这期间，大量的数据得到积累和整合，各种数据会关联起来形成可用的数据集，新的应用算法和处理工具会得到普及，查询数据、计算数据、展示数据都不再是少数专业人员的专利。这个时候大数据才会真正应用起来，企业会利用大数据服务来优化自己的生产，会利用大数据来管理自己的企业，并且贡献自己的数据集，丰富整个大数据资源。

互联网是一个公共资源，大数据也将是一个公共资源。笔者认为，把大数据作为一种商品拿来交易并构建交易平台是一件不符合事物基本发展规律的事情，这个有待观察。

讲这些内容其实是在启发读者，"前车之鉴，后事之师"，互联网技术的发展史留给我们太多的财富，我们需要分析和研究，而且要能够马上应用到大数据技术上，预测未来大数据的发展规律。

8.2　预测的必要性和误差的必然性

事物是复杂的，我们对事物的认知是有限的，正因如此，事物在发展的过程中会发生超越我们预期的偶然事件和随机事件，我们把这些叫作误差，误差是必然存在的。随着我们对事物的认知越清楚，掌握的信息数据越完善，这个误差就会越小，偶然事件就会越少。预测不准确是正常的，我们不能因为预测不准确而放弃对事物的预测。掌控未来发展是人类的本能，也是人类进化的动力。

互联网、物联网、智能设备、移动互联网，以及数据分析与挖掘技术的联合作用，让大数据技术的发展如虎添翼。大数据技术必然会更加广泛地应用到企业的生产和管理过程中，应用到生活的方方面面。现在，我们在选择出行路线时会根据地图应用提供的交通流量信息，选择最不堵车的路线，这是一个典型的应用场景——把大数据当作平台和基础设施的应用场景。未来会有越来越多的这种应用场景。

有了这些应用场景，我们就能够预测未来可能会发生的事情。企业之间将不再是价格的竞争，而是根据消费者需求进行定制化的模式竞争，未来企业的规模可能会变小。大企业的存在是为了让更多的人集结在一起做出少数人做不到的事情，大数据带来了人工智能技术，当智能机器可以完成少数人无法完成的任务时，大企业存在的优势将不再显现，而且企业越大，其个性化产品和服务就会越加不灵活。而且人类的组织方式都有可能会发生变化。

通常情况下，有四种预测的方法。

1. 经验法

所谓的经验法就是按照过去的经验来预测通过做什么来达到什么结果。例如一个市场总监在 A 公司做了 5 年，对于每年花费多少广告费带来多少销售额，用什么方法打广告会更有效果，哪个时间段的广告最能够触达客户从而带来更高的转化率，他都积累了丰富的经验，并且能够形成准确的判断。当他进入 B 公司后，能够根据以前的经验判断该如何打广告更加有效，让公司的广告效果增加 1%，这就是靠经验来预测事物未来的发展状况。

2. 类比法

所谓的类比法就是根据 A 事物的发展历程来判断 B 这个新事物可能会怎样发展。通过类比相似的事物，把已知事物的发展规律应用到未知事物的发展规律上，这种方法就是类比法。前面我们介绍了通过研究互联网技术的发展史来认知未来大数据技术的发展史，通过类比，就能够对大数据技术有更加深刻的认知。

3. 惯性法

事物的发展都会有惯性，这种惯性规律在经济学上特别明显。社会发展的惯性主要是根据人们的行为习惯。人们的行为习惯一旦养成后，如果要更改，则需要一定的时期，这个时期我们就称为惯性期。我们利用事物发展的惯性，对事物未来的发展做出判断的方法就是惯性预测法。

4．逻辑关系法

逻辑关系法是预测的终极武器。如果我们知道两个事物之间的逻辑关系，则根据逻辑关系和一个事物直接得出另外一个事物的方法就是逻辑关系法。例如如果我们知道两个数据之间的函数关系，就能够根据一个变量的数据得到另外一个的数据，这就是逻辑关系预测法。

8.3 经验预测法

经验预测法是最为传统的预测法。如果我们有了丰富的生活阅历和工作阅历，并积累了丰富的经验，那么我们对事物的判断就会更加准确，从而能够做出更加合理的决策。一家公司在招聘高管时首先考察的是经验，其次才会考察学历。在考察学历时，他们不是要考察应聘者在大学中学习的知识，而是考察其所上的大学是否能够证明其优秀。考察应聘者大学的专业和学习成绩是招聘应届毕业生的做法，不是招聘高管的做法。企业在招聘优秀的高级人才时会更加关注应聘者的工作履历，更加关注他在其他公司中做出的成就。同时，根据"经验"，我们认为一个优秀的人才一般都在优秀的公司中，所以企业会更加看重应聘者是不是在优秀的公司中工作过，这些都是为了佐证应聘者拥有丰富的相关"经验"。这也是为什么越是优秀的公司支付的薪酬越低，因为在这样的公司工作能够给优秀的人才"镀金"，能够提高他们的职场价值，让他们在以后的招聘中增值。而一般的公司需要给优秀的人才支付更高的工资才会吸引他们加盟。为什么？一方面因为这些公司的品牌不能为个人品牌镀金，所以就需要支付溢价；另一方面，这些公司不够强大，稳定性差，影响个人职场的稳定性。所以，越是优秀的公司，在人才招聘方面的成本越低，而越是不太强大的公司，用人成本越高——因为我们过度依赖经验来管理。

经验预测法在生活、工作中有大量的应用实例。人们最容易用自己过去的经验做出判断，所以人们几乎每刻都在做着经验预测。

量化的经验预测是一种数据化的方法。单纯依靠少数人的预测往往风险比较高，因为每个人的生活经历都是有限的，并且看问题的视角也是有局限的，所以对于重大决策，在没有其他更好的方法可以预测时，需要让更多的人一起利用经验来预测，这个方法被称作德尔菲法。

德尔菲法的核心思想是：既然每个人都有经验，在一个行业中经历越丰富的人经验越多，但每个人都有局限，所以如果把相关领域内多位专家的意见聚集起来，或者在数据上聚集起来，那么这个经验预测就更加准确了。如果专家之间存在巨大的分歧，那么可以校验分歧产生的原因，并让专家之间相互对话，或者通过研究人员的传话来进行校正，确保得到一个相对中肯的结果。

例如我们要估测一个市场的规模和未来的发展速度，在无法找到其他数据来源的情况下，可以采用德尔菲法，即找到这个市场领域内的专家。他们可能来自行业协会，可能来自主要参与的企业，也可能来自行业投资顾问，每个人看这个市场的视角都不同。第一轮，可以问每位专家对市场规模和增速的看法，让每个人给出一个估计值；然后把这些估计值都放到一起，看哪些人的看法一致，哪些人的看法与其他人明显有偏差。找出这些偏差，然后对这些专家进行第二轮的访谈，询问他们为什么给出这样的估计值，其他专家怎样看这样的估计值，如何评判这个专家的意见。第二轮访谈的主要目的是分享每位专家所拥有的信息，让专家相互评判，从而找到分歧点，有效解决数据不一致的情况。这样一直循环下去，直到大家的看法基本相近后，得到一个估计值，这个估计值就是利用多位专家的经验来做出的预测，这是一个比较典型的经验预测的量化方法。

8.4　类比预测法

事物有很多的相似性，事物发展的规律也有相似性。例如人的成长历程，环境相同，人的成长历程也会有相近之处。当我们"阅人无数"后，基本上能够判断这个人是一个什么样的人。

另外，人的行为习惯和思维习惯都有一致性，虽然会发生剧烈的变化，但在大多数情况下都是可以预测的。我们可以根据一个人对一件事情的反应，找到这个人的行为模式，从而预测其未来的行为模式，这就是类比预测法。

任何人都是社会环境中的产物，在同样社会环境下成长起来的人会有雷同的行为表现方式。

人的行为模式的背后是人的心智模式。无论是九型人格学说还是 MBTI 的人格测试，其背后都是通过测评人的心智模式来预测人的行为模式，从而为人们找到一个比较好的职业发展路线。通过研究大量人员的行为模式，为个人以后的发展做出指导，这种方式的本质就是类比。

通过一个行业的发展来类比另外一个行业的发展，能够给我们更多的启发。例如智能手机取代了功能手机，苹果打败了诺基亚和摩托罗拉，成为智能手机的领导者；而三星通过快速且深刻的变革，华丽转身为智能手机公司，快速放弃了功能手机，成为行业的第二名。根据智能手机行业的发展规律，我们可以预测未来智能汽车的发展规律。特斯拉是创新型的智能汽车，不是单纯的电动汽车，如果不出意外，特斯拉很可能会彻底颠覆汽车行业，那些原有的行业大佬，像通用、丰田、福特、大众等都有可能被冲击，在短短几年内汽车行业就会重新洗牌。

就像智能手机快速替代功能手机一样，我们有理由相信（类比）智能汽车早晚会替代现在的功能型汽车。智能设备、智能穿戴、智能家居、智能工厂等都是不可逆转的潮流，代表着人类发展的趋势与规律。

　　如今特斯拉的第三代产品已经出来了，而 iPhone 直到第四代产品——iPhone 4 出来才彻底颠覆了手机行业，其前三代产品都在创新和探索阶段，第四代产品才更加成熟，才能所向披靡。研究其他行业的产品也有类似的规律，一般一个软件版本在第一代到第三代都不是特别强大，但是经过三代以上迭代之后，变化就不会太大了。对比 iPhone 的前三代，每一代都有巨大的创新，特别是 iPhone 4 奠定了智能手机的典范，而自此之后的变化就不再是跨越式的创新了。Photoshop（PS）是我们经常使用的软件，现在我们对照片进行调整都不说是修改照片，而说是 PS 照片，可见该软件的盛行。如果你熟悉 Photoshop 软件的历史版本，就会发现 Photoshop 从 1.0 到 3.0 都有非常大的跨越，但从 Photoshop 4.0 后，其功能并没有发生本质的变化。这也是产品迭代的规律。如果能够坚持把产品做到第四代以上，那么产品基本上就能够在江湖上占据一席之地。

　　所以如果等到特斯拉推出第四代产品时再出手，那么其他汽车制造厂商就会措手不及。iPhone 4 用了两三年就彻底颠覆了手机行业，而两三年正是消费者更换一部手机的周期，因而我们可以预测未来汽车行业的颠覆期也会是消费者平均更换一次汽车的周期。在城市中，用户更换汽车的周期是 5 ~ 7 年，那么未来特斯拉第四代能否在 5 ~ 7 年内颠覆汽车行业呢？让我们拭目以待。

　　作为非行业的参与者，可以以"拭目以待"的方式和心态旁观，但是如今的汽车行业的大佬们如果也拭目以待，则只会成为下一个诺基亚或者摩托罗拉，这些企业需要深度研究为什么三星在手机行业洗牌的时候能够活下来，并且保持着行业第二的成绩。这个研究就可以为预测未来智能汽车行业提供类比的范例。

　　标杆研究也是一种类比的方法。可以通过研究标杆企业的做法借鉴其经营和管理决策。如果一家公司采用某种管理模式成功解决了一类问题，那么我们也可以采用同样的方法来解决类似的问题。所以当我们对于某些管理问题找不到解决方案时，最简单和高效的方法就是寻找标杆企业的做法。

如果企业在发展过程中总是很难物色到合适的总经理，此时可以研究一下宗毅[1]在《裂变式创业》中的做法：通过让员工持股的方式激励员工内部创业、内部裂变，并通过入股投票的方式选出总经理。

无独有偶，笔者曾经跟山东一家做浸胶纸的企业有过一面之缘。这家企业是全球浸胶纸行业的老大，就如宗毅的芬尼克兹是热泵领域的隐形冠军一样，这家公司的名字叫"东宇鸿翔"，其发展壮大的历史也采用了宗毅的裂变式发展模式，如果公司有新的创新项目，就从现有的经理人中进行选拔，参与入股创业。内部裂变使得这家公司快速发展，有效解决了员工管理问题。

类比法也有其局限性，主要的局限来自于类的可比性。类比的本质含义是同类对比，如果不具有可比性，则类比的预测就会出现问题。当然，没有两个事物是完全相同的，我们还需要在不同的类中寻找共同点，并在这个共同点上找到差异。例如智能手机用了两年就颠覆了功能手机，那是因为人们更换手机的周期比较短，一般为两三年。同样的周期应用到汽车行业就不行了。中国人换车不频繁，而且汽车又是大件商品，价值很高，频繁更换会让消费者投入太大，如果智能汽车不具有颠覆性的技术应用让消费者不换不行，那么消费者更换汽车的周期就不会是两三年，而是更长的时间，例如5～10年。所以在类比的过程中，我们要思考可比的基础是什么，从而在做出预测时，对结论进行修订，确保预测的合理性和准确性，并在以后的过程中反思忽略了哪些重要因素，以后再进行预测时，还需要考虑哪些关键要素。

---

1 宗毅，芬尼克兹创始人兼总裁，曾发起特斯拉电动汽车充电桩打通南北线活动，带动了电动汽车充电桩的全国贯通行动，目前其正在积极推动"互联网大篷车"行动。他是中国著名的公益活动推动者。

8.5 惯性法与时间序列分析

惯性预测法是根据事物发展的惯性进行预测，其中最典型的就是趋势分析。炒股的人除要看基本的股指点数外，还要看趋势线，并根据趋势线来判断什么地方是拐点等。

例如为了跟踪股票价格的变化趋势，我们会使用 10 日均线、20 日均线、30 日均线和 60 日均线（见下图），根据均线之间的变换我们可以判别股票价格的短线行情和长线行情，这些都是根据惯性来预测股票价格未来发展规律的方法。

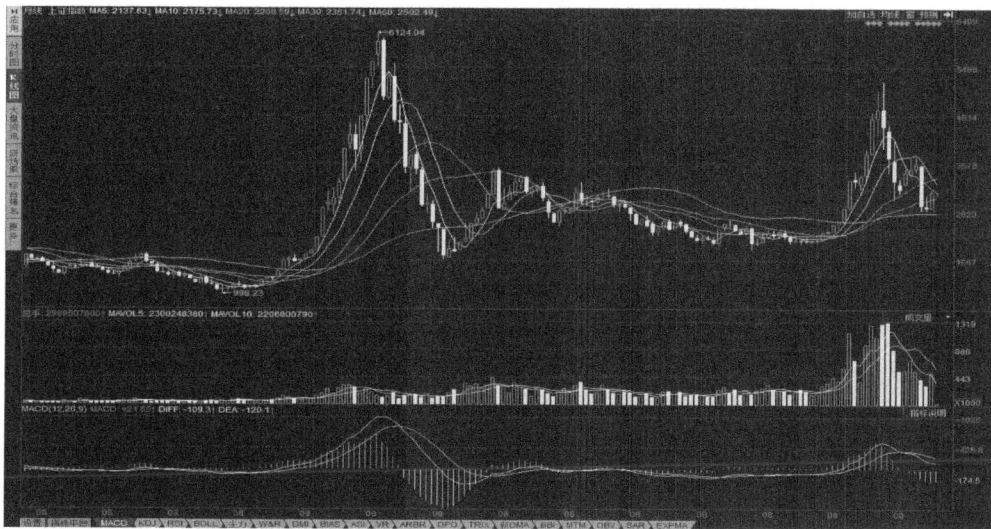

（股票行情图）

本质上，惯性只存在于信息不对称的领域，在信息足够对称的情况下，大家转向的风向一致，那么股票价格就不会有这样的波动图形。在信息不对称的环境下，以信息谋取利润的行业就会有更多的暴利。如果信息已经充分对称了，那么以信息谋取利润的行业就会消失。未来商品的价格会越来越透明，根据信息不对称来销售商品的公司会倒闭，例如天猫就会出现问题。而京东则依靠强大的配送能力，将电商公司做成物流公司。物流是可以增值的，例如一件商品在天猫上卖 8 元，但用户需要等待 3 ~ 4 天才能收到货，而京东卖 8.4 元，并且用户上午下订单，下午就能够收到货，在这种情况下，用户觉得多花 4 毛钱是值得的。这是京东在有天猫这么强大的竞争对手的情况下依然能够生存的根本原因。同时天猫的菜鸟速递应该是应对这个问题的，如果它能做起来就有打败京东的优势，就能够成功，否则天猫很难突破。

时间序列分析模型是最典型的惯性分析法，其本质就是探寻一个事物的数量化指标随着时间变化的规律。如果事物完全按照时间顺序发展，则一定会按照一定的规律继续发展下去，如果是向上的趋势，就会继续向上发展；如果是向下的趋势，就继续向下发展；如果存在周期性，就会按照周期性的规律发展；如果具有循环往复的特征，就会按照循环往复的特征发展下去。

从上面的描述中可以看出时间序列模型最本质的局限：忽略了现在的变化影响因素。即如果事物过去都是向上发展的，则时间序列认为事物还会继续向上发展，但因为某些特殊的原因，出现了下滑，则这个因素不予考虑，会认为是误差或者受随机因素的影响；如果是向下趋势则也是如此。

时间序列模型有多种类型，这些类型的分类是从事物变化是否具有规律性来评价的。如果事物的变化很有规律性，而随机影响（白噪声）较小，则可以通过惯性预测法对事物的变化进行预测；如果事物变化是有规律的，但噪声过大，容易掩盖事物自身的规律，这个时候惯性预测法就不太适用了。噪声大小是我们是否可以使用惯性预测法来预测的非常重要的因素，噪声大，规律就容易被掩盖，噪声小，我们可以通过消除噪声来发现事物的规律，如下图所示。

```
                          ┌─────────────────┐
                          │   时间序列分析    │
                          └─────────────────┘
              ┌───────────────────◇───────────────────┐
   ┌──────────────┐       ╱   平稳检验   ╲       ┌──────────────┐
   │  平稳时间序列  │      ◇               ◇      │ 非平稳时间序列 │
   └──────────────┘       ╲               ╱      └──────────────┘
        ◇ 随机性 ◇                          ┌──────────────┐  ┌──────────────┐
        ◇ 检验  ◇                          │ 确定性时序分析 │  │ 随机性时序分析 │
   ┌─────┐   ┌─────┐                       └──────────────┘  └──────────────┘
   │平稳白│   │平稳非│                       ┌────────────┐   ┌────────────┐
   │噪声序│   │白噪声│                       │ 长期趋势·T  │   │  ARIMA模型  │
   │ 列  │   │序列  │                       ├────────────┤   ├────────────┤
   └─────┘   └─────┘                       │ 循环波动·C  │   │ 残差自回归模型│
              │                             ├────────────┤   ├────────────┤
        ┌──────────┐                        │ 季节波动·S  │   │ 条件异方差模型│
        │ 模型拟合  │                        ├────────────┤   └────────────┘
        │(ARMA模型) │                        │ 随机波动·I  │
        └──────────┘                        └────────────┘
```

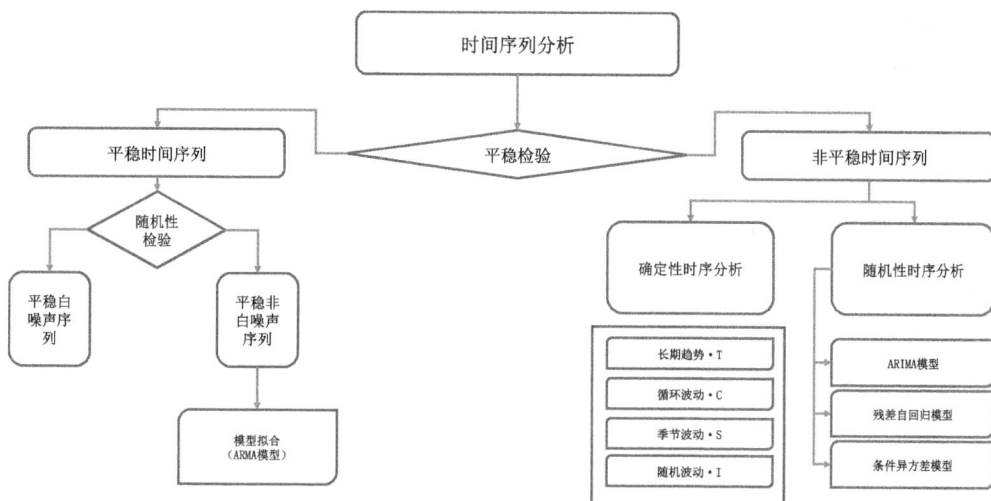

　　我们对事物变化规律的认知其实很有限。一般来说，在利用惯性法探测事物变化规律时，我们能够掌握三种变化规律的探测，分别是季节性（Seasonal）、周期性（Cyclical）、趋势性（Trend）。季节性是与时间有关系的变化规律，例如夏天喝冷饮、啤酒的人多，而冬天喝冷饮、啤酒的人少，这就是我们常说的季节性；周期性是与变量取值有关系的，盛极而衰，触底反弹，当取值达到某一临界值的时候，就会反弹，周而复始地变化；趋势性是随着时间呈现增长或者下降的趋势，这个趋势可能是线性的，也可能是幂级增长或者指数增长的，或者更加复杂的趋势。加上受随机因素影响的不规则变化（Irregular），我们可以构建一个 TSCI 的数学模型，根据具体情况这个模型还分成"乘法模型"和"加法模型"，乘法模型认为这四种因素是相互影响的，彼此有放大作用的；而加法模型则是假设这四种因素对事物变化的影响是孤立的，效果只是简单的叠加。具体哪种情况适用，可以在分析的时候通过尝试来完成。

　　除常规使用的 TSCI 模型外，时间序列是一个非常大的数据模型分支，几十种算法在数学家们的研究下得以推广使用，我们常用的 SPSS 软件本身就提供了数十种时间序列的算法模型，而且随着计算机计算能力提升和 SPSS 版本的升级，SPSS 还给出了一个功能，就是系统自动使用所有算法遍历计算一遍，然后根据预测的效果，向我们推荐几个时间序列预测算法模型。SPSS 的这种遍历择优的方式大大减轻了数据分析师的脑力负担。

8.6 逻辑关系预测法

逻辑关系预测法从预测的角度来看是最简单的方法，但从算法探索的角度来看则是最难的方法。两个事物为什么会相关，其背后的逻辑是什么，一直困扰着数据分析师们。

沃尔玛说，在美国买纸尿裤的一般都是老爸，他们喜欢喝啤酒，在给孩子买纸尿裤的时候会顺便买一些啤酒，所以纸尿裤会和啤酒的销售量有较大的相关性。但是这个相关性是否站得住脚，是否有足够的逻辑解释，还是需要数据的支持，没有数据的完美论证，数据分析师都应持有怀疑的态度。经过多方查证，这只是书中的一个案例，并非实际发生的。

在逻辑关系方面，我们可以用各种模型来解读数据，需要不断尝试才能找到一个最佳的逻辑关系。有些逻辑关系只在某些特殊的情境下才成立，而在其他的情景下就不会成立了。我们在分析啤酒和尿布的关系时发现，卖出 10 片尿布就会卖出 3 听啤酒，这种关系可能只存在美国的某个城市中。因为在这个城市中儿童的出生率是一定的，喝啤酒的爸爸的比率也是一定的，而爸爸喝酒的量也有一个相对稳定的值，所以才会得出 10:3 的比例，这个比例在其他城市中可能就会不同了。所以，任何一个逻辑关系被发现后都要根据"此情此景此数"去思考，即为什么会有这个现象，这个现象是不是能够复制到其他的情境下，数据分析必须有足够的敏感性。

我们最常用的逻辑关系是线性回归关系，即构筑像 $Y=aX+b$ 这样的关系。但在商业经济环境中，这个公式在某个阶段成立，当到达另外一个阶段时，同样是线性关系，但 a 和 b 的值都会发生变化，这与情景有关系。

就如广告和销售额之间的关系，当广告打得过多时反而会引起消费者的反感，从而影响产品的销售。如果不注意调整广告的频率，那么我们在花费更多的钱后，广告效果反而呈现下降的趋势。

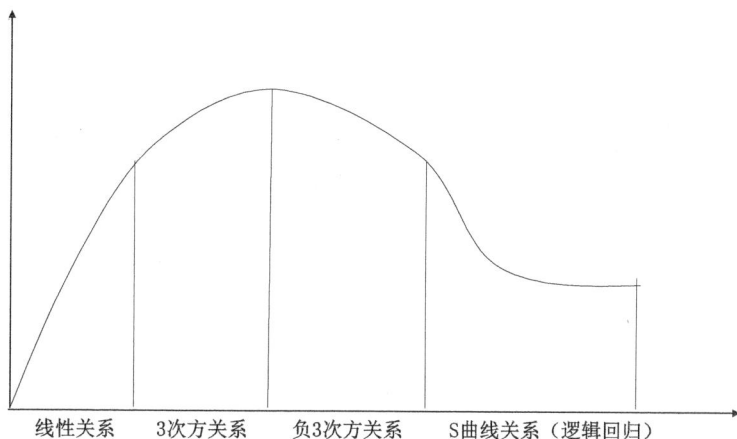

| 线性关系 | 3次方关系 | 负3次方关系 | S曲线关系（逻辑回归） |

例如，我们在研究投入和产出关系的时候，发现前期投入与产出呈现正相关关系，是一个线性回归的关系，当投入增加时，产出效益递减，边际效应显现，到了后期，前期投入与产出呈现逻辑回归的 S 曲线模型。不同时期适用不同的模型，我们需要通过深度研究找到事物发展的规律，然后再在不同的历史时期选择不同的数学模型来分析，并在过程中不断验证，确保数学模型能够满足管理需要。如果发现不匹配，则需要马上更新数学模型。

逻辑关系的数学模型不是一成不变的，它会随着时间、市场状况的变化而变化。在广告投放效益模型开发的过程中，我们发现了上述的规律。其中第一阶段，因为几乎所有的消费者都没有听说过这个品牌，多一个传播接触点，就会多一个购买可能性，在购买可能性一致的情况下，我们发现这个品牌产品的销售额随着广告的增多在不断增长，呈线性关系。

但是当更多的人知道这个产品之后，一部分的广告因为传播给了那些已经知道并尝试过产品的消费者而被浪费了，那些多次听过广告的人并没有试图购买更多的产品，所以呈现边际效应线性递减。

到了后期，广告仍然在投放，有的消费者觉得受到了骚扰，开始对广告产生了抵触情绪，投放的广告越多，消费者受到的影响越大，所以呈现出一种广告投放越多销量越低的现象。这个时候厂家应该及时停止投放广告，选择沉寂一段时间。

每个逻辑规律都有其成立的条件。在广告投放初期构建的模型，不见得适合中期和后期；在品牌知名度非常低的时候，广告与销售额的关系会被弱化，边际效应显现；与当公司品牌已经非常强大时，广告本应该承担一个提醒功能，这个时候如果还是采用说服式广告就非常不妥了，消费者会觉得这是"忽悠"，其自我保护机制显现，导致销量不再增加，反而出现负增长。

结构——事物组成的"配方"

9.1 解构与结构

结构就是事物的构成方式。结构和解构是一对，在前面已经讲解了解构的方法和思路。本章重点讲解结构性问题。

一个组织在不同的结构下会成为不同的组织。例如海尔在组织结构方面经历了三个阶段，第一个阶段，海尔是按照传统科层制组织公司结构的；第二个阶段，为了构建以客户为中心的组织，海尔构建了"人单合一"的体系，高层管理者变成服务者，整个组织倒过来了；现在，海尔内部创新，构建创业平台，变成了一个自负盈亏的创业平台组织。同样的一拨人，采用了不同的组织方式，成就了不同的组织，也会有不同的活力。

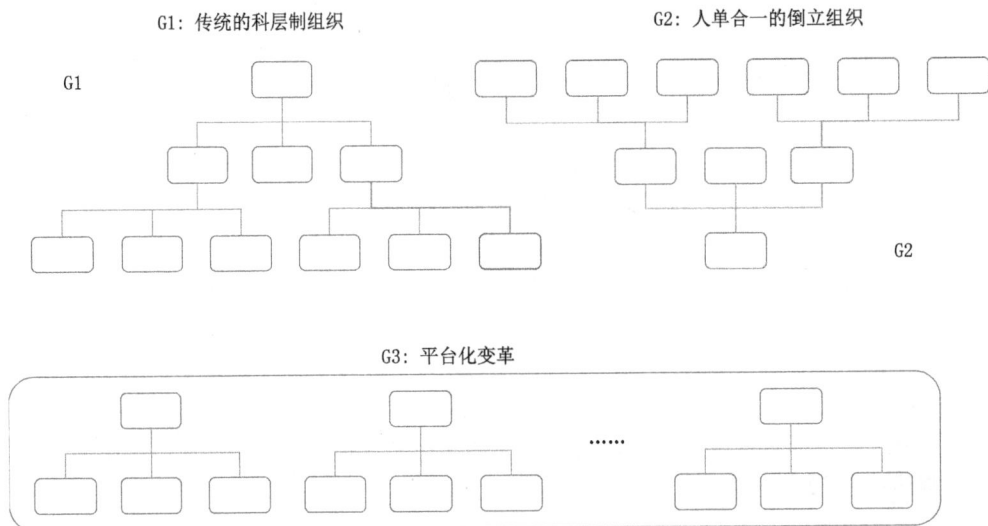

一家企业组织力量的配置，决定了其优势所在。笔者曾经服务一家以外贸代加工为主营业务的企业，该企业长期以来在营销方面投入人力不足，在人员配备上存在缺陷。现在这家企业随着外贸订单的减少，产能不饱和，利润下降，已经连续三年亏损了。为此，三年前企业高层就决定强化自主品牌研发和自主品牌在国内市场中的推广，但是三年换了四波团队，到目前为止，其自主品牌的销售额在整个企业的营业收入中占比还不到 10%。笔者研究了这家企业的组织结构配比关系发现，在人员工资投入上，其营销团队人员的工资占比连续三年未增长，而且还不足 5%，甚至在营销上要突破的关键一年因为人员流失工资占比还减少了，如下图所示。

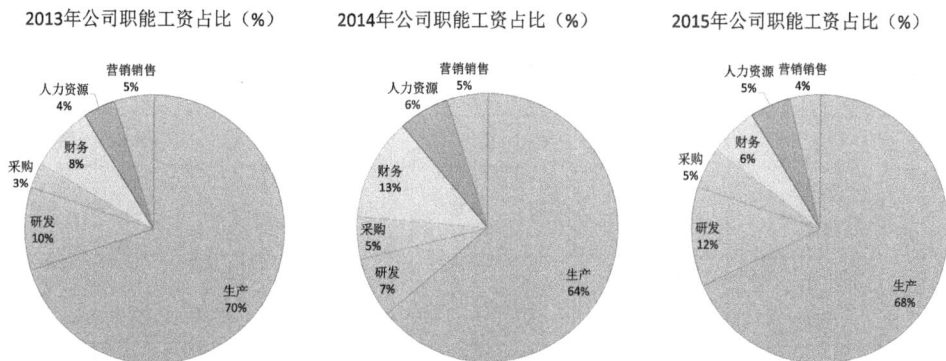

2013年公司职能工资占比（%）　　　2014年公司职能工资占比（%）　　　2015年公司职能工资占比（%）

企业在哪里投入的资源多就会在哪里有优势。在国内同行业的企业中，营销人员的工资占比在 16% 左右，有的企业的营销人员的工资占比甚至达到了 20%。具有强大的营销团队可以确保企业在国内的品牌建设、渠道建设、客户服务方面具有优势。而这家企业虽然在战略上要发展自主品牌，可在行动上并没有体现出来。没有投入就不会有产出。这家企业在营销上的不作为，与企业的老总本身不是营销出身有关，在以生产为中心的组织向以市场为中心的组织转型的过程中，营销人员的配备不足导致此企业无法发展自己的品牌。这是在人员投入的结构"配方"上有问题。结构就是事物的"配方"。就如同炒菜，同样的蔬菜，因为所放的调料配比不同，导致口味也不同，例如盐放多了会咸，糖放多了会甜。每一家企业的资源都是有限的，如果把资源更多地配置在销售上，那么企业就是一家销售导向型企业，就会有强大的销售团队和强大的渠道；如果把资源都配置在技术研发上，那么企业就会有强有力的技术竞争力和有过硬的产品；如果把资源更多地配置在生产上，那么企业就是一家 OEM 厂商，就是一家工厂，而不是一家公司。

世界级的高科技企业拼的都是技术，所以企业在研发上的投入直接决定着其成长性。联想是通过"贸工技"路线发展起来的，目前仍然靠并购获得技术，而在"技"这条路线上还没有走通，现在联想业绩增长乏力，充分说明其在研发投入上的不足。而华为靠研发来提高自主产品的附加值，保持了很好的成长性。这些都是在企业投入上的"结构"，如下表所示。

各公司研发投入与销售收入对比

公 司		苹 果	三 星	微 软	华 为	联 想	英特尔	谷 歌
2013年	营业收入（亿美元）	1692	2090	778	395	387	527	598
	研发投入（亿美元）	44	134	104	50	7.3	106	80
	研发投入占比	2.6%	6.4%	13%	12.8%	1.9%	20.1%	13.2%
2014年	营业收入（亿美元）	1818	1959	868	465	463	559	660
	研发投入（亿美元）	60	141	114	66	8.8	115	98
	研发投入占比	3.3%	7.2%	13.1%	14.2%	1.9%	20%	14.8%

事物的结构特征决定了事物的属性。一家好的企业必须在结构设计上确保公司是按照既定的战略方向在发展，这是企业董事长、总裁或者总经理需要考量的内容。他们是企业的"总设计师"，更是这些资源配置的决策者。"总设计师"设计了什么，企业就必须从资源配置结构上确保有正确的"结构"，才会造就正确的企业属性。

不同层级员工之间的工资的对比关系也是一种结构，并且是一种层级对比结构，这种结构会影响着科层制组织结构的有效性。

工资会由不同的部分组成，这是一个要素组成的配方式结构关系。在总监级别员工的工资中，如果变动工资占比非常高，那么他们的业绩压力就会非常大，而层级越往下，变动工资的占比越少，激励程度越低，员工的努力程度就越小，因为在多数情况下，这些员工干多干少都一样，从而上级指挥下级就比较难。所以，在这种组织层级薪酬结构条件下，公司的业绩压力主要集中在上层员工身上，从而导致管理难度加大，容易产生命令式领导等非现代化管理的方式，影响整个团队的和谐。

9.2　结构关系影响着事物的根本属性

事物的构成方式决定着事物的本质属性，同样是 C（碳元素），煤和钻石是不同的；同样是钢筋和水泥，可以建教堂、建大厦、建房屋、建监狱。结构不同决定了最终事物也不同。

结构不是单纯的组合关系，而是组合后的相互关系。把三个人放在一起不叫结构关系，如果把三个人组合在一起共同完成一个任务或者交互影响，无论是互助还是相互竞争，三者之间的互动关系才是结构关系。把大众点评和美团组合在一起，如果仍然独自运营，用户之间的账号不通用，也就成不了合并关系。只有真正的交互相容，才能够称为“结构”关系。

结构，就是要元素之间“结”在一起，而不是简单地“合”在一起。

事物构成要素是如何“结”起来的，决定着事物的本质和属性。同样是玻璃，可以做成酒杯、门窗玻璃、望远镜、照相机的镜头，不同的结构关系决定着事物的功用和价值，甚至事物之间微小的差异也决定了其功用的不同、价值的不同。

在数据分析中有一个重要的分析方法——结构分析法——这也是本章的主题。在深度探讨结构分析方法之前，我们必须要对结构有充分的认知，必须能意识到一些微小的结构性差异会带来巨大的影响。例如同样是薪酬结构，微小的差异可能会带来巨大的影响。

企业在调整人力资源薪酬结构时，虽然只有微小的变动，但会在员工中引起轩然大波。例如企业因为调整工资结构导致员工每个月的工资少了5元，这细微的波动在我们看来仅仅是数据的差异，但对员工来说却有着很大的不同。虽然只减少5元，但是员工看到调整后的工资不但没涨反而少了，并且其他人的工资都涨了，虽然不多，即使只有10元，也会引发其产生强烈的反应。企业看到的是数字差异，而员工看到的是利益差异。

在食物的配方中，一些微量元素可能会起到巨大的作用，例如食品饮料中如果有少量的农药残留，则会对食用者的身体产生巨大的毒害作用。一个细微的成分能够彻底改变一个产品的属性——氰化钾的致死剂量大概只有50毫克。如果美食中含有50毫克氰化钾就变成毒药了。

事物的结构关系除与要素组成有关外，还与组合的方式和过程有关系。做过钳工的人都知道，零件的装配顺序甚至会影响着机器和设备的性能。同样是面粉，蒸出来的是馒头，烤出来的是面包，加工过程不同就会带来不同的产品，虽然配方可能是一样的。

如果要开设连锁餐饮店，则每个餐饮店在运营时都是由空间（座位、厨房、走廊、灯光等）、人（前厅、送菜、大厨、配菜、打荷等各种岗位人员）、资金、食材等组成的，每个部分都需要花费资金，有的是一次性投资，例如空间上的投资；有的是变动投资，例如在人、财、物（食材、耗材等）上的投资，根据经营情况而变。这些就构成了开店的"配方"。这个配方在不同的店中可能是不同的。有的店需要600平方米的空间，有的店需要800平方米的空间。不同的空间，在其他方面的配置也不同，这需要根据具体的店铺规划来完成。另外，每个店中是否都经营相同的产品，是否都有相同的定价，这些直接影响着公司的投资决策和投资后的收益。

例如麦当劳在市中心开店、在郊区开汽车点餐店、在机场开店、在高铁站开店，会有完全不同的配方，也适应不同的人群。最佳配方的研究是数据分析师的重要职责，而不同的配方决定着这家店的特点，所以当你走进麦当劳的机场店、市中心店、大卖场店、汽车订餐店，会发现它们的风格完全不同，销售的产品也不同，甚至连定价也会有差异。配方组合决定着店面的属性。

笔者在给一家餐饮连锁公司定制开店模型时，要确保开店的成功率。因为是连锁餐饮店，公司老总希望每一家店都具有相同的定价、相同的产品、统一的管理，确保消费者的体验是一样的。于是笔者开始研究产品的定位、平均客单价、产品的毛利等要求，但发现很难找到一个合适的店铺，不是店铺面积太大，就是客单价太高，人流量无法满足。寻找新店铺的工作变得异常艰难，甚至可以用大海捞针来形容。

为了保证开店的速度，我们对模型做了调整。在老总的预期下，所有的连锁店都达到了足够的标准化和统一管理，我们还对销售的产品做了不同的调整：在不同的市场区域，根据人流量的特征，灵活调整了客单价，并在菜单上也做了调整。

通过新的模型，我们可以在可租的店铺中核算使用什么样的经营方式才能达成赢利目标，并通过调整经营的配方、投入资源的配方方式，来确保开店后能够达成预期营收目标。这样在店面的选取上就有了灵活性，而不是根据数学模型，在地点、人流量和人群结构确定后，一定需要一个 850 平方米的店铺。很多店铺在出租时是完整的一个店铺，我们希望租 850 平方米，但实际情况是只有 980 平方米的店铺可租，而房东又不肯只租 850 平方米给我们，这样原来的模型下就不适用，否则就会亏损或者完不成赢利目标。而使用新模型可以根据 980 平方米店铺的赢利要求来设计产品结构、菜单方式、座位布局等，确保符合当地的人流数量，从而在最大程度上保证公司经营的标准化和统一管理。

当一个配方不适用时，就需要调整这个配方的结构关系以适应新的环境要求，避免因为环境变化让原有的产品结构（店铺结构）产生不合理的情况从而导致亏损。

9.3 结构的基准——激励中的预期管理比实际激励更加有效

事物的结构是有基准的。我们的常识是事物的结构最初步的基准。例如对于签字笔，包括长度、大小和粗细等，我们会有一个基本的概念。如果与这个基本的概念不一致，那么我们就会认为这支笔长了、粗了、大了等。很多时候我们在用常识评价着事物的结构。

我们去餐馆吃饭时，会对餐馆中菜品的味道有一个基本的预期和评价，如果与预期的不一样，我们就会认为这个餐馆不好。这是我们用自己的经历或者经验在评价事物的结构。

我们每个月的工资中包括基本工资、岗位工资、绩效工资、补贴津贴和五险一金等，那么它们合理的比例关系应该是多少呢？这就要看不同层级和不同行业的薪酬结构关系（见下图），因此"行规"会成为我们对结构认识的基准。

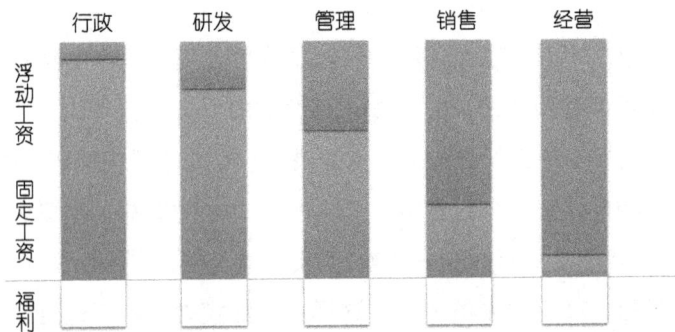

如果一个普通的文职人员的月度工资波动幅度超过 10%，就容易造成人员的流动性增大；一个实验室研发人员的月度工资的波动幅度超过 5%，他们就会不专心自己的研究而经常关心自己的工资，从而影响其专注程度；一个销售人员的业绩浮动工资占比小于 30%，他们就会认为没有赚大钱的机会，就会懒散。不同的岗位和不同的层级都有一个预期的薪酬结构基准。

"存在"本身就会成为结构的基准。如果在一个公司中推进工资结构改革，那么员工对新方案的评价标准就是原有方案，即对比原有方案他们得到了什么，他们失去了什么，这些就会成为认识新结构的基准。

在管理上的激励除与工资总额有关系外，还与薪资的结构有关。如果工资的变动或者浮动太大，那么员工会因为担心拿不到浮动部分的工资而反对新的工资方案。所以为了推进工资方案的变革，必须要改变员工对薪资的预期，改变他们比较的基础。可以告诉员工，根据公司的业绩，原有的工资总额拿不到了，公司必须要改革，如果不改革，员工拿到的工资比原来的工资要低 $x\%$。现在有一个新的方案，即在员工完成原来业绩的情况下，能够拿到比原来后工资下降 $x\%$ 或高 $y\%$ 的工资，但是如果员工能够发挥自己的能力，创出更多业绩，例如业绩提升 20%，则员工的工资将远远高于原来的工资的 20% 或 25%。

虽然只是说辞上的变化，但它构筑了一个新的比较基准——一个新的预期。达不到预期的方案都是不好的，都会得到反对，而只有超越预期的方案才会是更好的方案。组织变革不仅仅是一个数字游戏，更是一个心理游戏。

9.4 关键要素与非关键要素

事物的构成要素包括关键要素和非关键要素。例如一个灯泡，其关键要素是发光的钨丝，但没有绝缘体和玻璃灯罩，光有钨丝和导电线是不能做成一个耐用的灯泡的。灯泡中的氮气是惰性气体，也是不可或缺的构成要素。没有惰性气体，钨丝就容易氧化，也不会有太长的寿命。虽然每个部分都是不可或缺的，但从灯泡本身的功能上来讲，关键要素决定了这个事物的特质，其他的要素都是辅助功能。

非关键要素不是不需要的要素，它们也是不可或缺的要素。但我们需要分清楚主次。例如一家公司最重要的两个功能就是把产品做出来（生产部）然后卖出去（销售部），其他的部分都可以称作非关键要素。所以，我们可以这样理解关键要素和非关键要素：关键要素是构成事物核心功能的要素，而非关键要素是构成事物不可或缺的其他要素。

关键要素和非关键要素在不同的场景下可能会发生变化。例如，钨丝在灯泡发光的核心功能方面是关键要素，玻璃、绝缘体和惰性气体是非关键要素；但在灯泡的美观度方面，玻璃是关键要素，其他的是非关键要素；在灯泡的耐用性方面，惰性气体是关键要素，其他的是非关键要素；在灯泡的漏电保护方面，绝缘体是关键要素，其他的是非关键要素。

在一个组织中，不同的场景下，关键要素和非关键要素的定义也会发生变化。例如在招聘、组织发展、培训等方面，人力资源是关键要素；在资金管理、账户管理、资产管理、税务管理、投资等方面，财务部门是关键要素；在公司安全管理方面，门卫是关键要素。关键要素的定义是基于场景的，也是基于事物的核心职能的。

为什么在介绍事物的结构问题时要探讨关键要素和非关键要素呢？因为我们在构筑数学模型的时候经常被过于复杂的构成要素和构成过程所干扰。识别关键要素和非关键要素非常关键，因为这会直接决定我们的数学模型构建是否成功。换句话说，识别关键要素与非关键要素是有效分析问题和解决问题的关键要素。

笔者在为企业提供咨询服务的过程中经常看到销售部门和生产部门在吵架。为什么？生产部门抱怨销售部门的订单太苛刻不好做；销售部门抱怨生产部门生产的产品品质不高不好卖。采购部门和财务部门也会吵架，采购部门总是抱怨财务部门付款不及时，供应商不满意，谈判没有议价能力；财务部门总是抱怨采购部门采购成本高，超出了预算。这些都是来自对关键要素和非关键要素识别的障碍，或者不会识别关键要素与非关键要素。

- 生产部门和销售部门的吵架：

"订单太苛刻不好做"：满足客户的需要是生产部门生产出的产品的关键要素，职责在生产部门。客户不满意就是生产的问题，只要是订单中承诺的条款，生产部门必须无条件地服从，抱怨客户要求苛刻都是在给自己找借口。

"产品品质不高不好卖"：好产品不需要销售部门来卖，如果我们的产品比 iPhone 还好，价格比白菜还低，还需要销售部门吗？即使是 iPhone 也有瑕疵。在现有的条件下，卖好产品是销售部的关键要素。抱怨产品品质不好都是在为自己找借口。

- 采购部门和财务部门的吵架：

"付款不及时，影响谈判时的议价能力"：在及时付款的条件下大家都能谈下好价格，体现不出采购部门的能力，提高在现有付款条件下的议价能力是采购部门的关键要素。价格、品质、交期是采购部门要负责的。抱怨付款不及时是在为自己找借口。

"采购成本高，超出了预算"：预算控制是财务部门统筹能力的体现，资金统筹是财务部分的关键要素，抱怨预算超支是在为自己寻找借口。

因此每个人都应该认清自己岗位的职责，要寻找优化的最佳路径，而不是以其他部门的问题为借口。

大多数人都把事情的成功归结为自我的优秀，把事情的不成功归结为环境的不配合，从他人的角度寻找借口是不对的。所以，这里才引出关键要素和非关键要素。在销售环节，产品的品质不是关键要素，对客户需求的深度理解，不靠过度承诺来获得客户芳心才是销售部门的核心能力。

9.5 最佳组合——人、财、物等企业资源的最佳搭配

企业资源最佳组合中有两类问题：

（1）在资源有限的情况下，通过合理配置资源让产出最大化。

（2）在产出确定的情况下，通过合理配置资源让资源总投入最小化。

这是资源规划的技术问题，也是规划求解问题，是《运筹学》研究的内容之一。例如有 M 件快递包裹要送到 N 个小区，路程最短、用时最少的递送顺序就是最佳方法；如果需要送的物品非常多，但快递员的送货能力和时间是有限的，则在固定的时间和精力条件下，每个快递员配送最多货物的方法就是最佳方法。再例如，企业是按订单生产，只要订单确定后，工厂的任务就确定了，那么投入最少资源，即用工最少、用料最集约、资源消耗最少的方法就是最佳方法；如果公司的产品供不应求，但厂房、设备、人员有限，在产能确定的情况下，能够产出最多产品的方法就是最佳方法。

最早提出线性规划解决方案的是美国数学家丹捷格（G.B.Dantzig），之后，线性规划解决方案在实际中的应用日益广泛与深入，从解决技术问题中的最优化设计到工业、农业、商业、交通输业、军事等领域均可发挥作用；从范围来看，小到一个小组的日常工作和计划安排，大至国民经济计划的最优方案的提出，都有用武之地。线性规划解决方案具有适应性强、应用广泛、计算技术比较简单的特点，是现代管理科学的重要基础和手段之一。

对小组的任务安排，如何组合才能更好地相互配合并减少资源闲置也是资源规划问题。小组长在每日开始工作之前，可以先把所有的任务拆解，并根据每个人的特点安排每个人的时间，根据每个任务所需要的时间和资源，对整个任务进行排序，确保每个人的时间、精力和专业能力都能得到最大化的利用，这样等小组成员上班

的时候，小组长就给每个人分派任务，并让他们以最佳的状态运行。这就是小组长应该承担的职责，一般情况下靠经验来完成，有时候需要借助计算机来规划，例如 ERP 系统，ERP 系统的自动排产计划功能可能已经帮助小组长们完成这道思考程序了。这是在计划上寻找最佳组合的方法。

我们在管理一个大的项目时，需要把项目拆解成阶段，以及拆解成不同的任务和不同的节点，并将每个任务进一步拆分成更细小的任务，估算每个任务完成的时间和需要的人力和资源，将任务之间的先后逻辑关系理顺，做出一个项目任务规划，并核算最短项目周期以及项目执行的关键路径（CPS，Critical Project Schedule）。在项目关键路径上的任务都必须要严格按照计划的时间完成，在 CPS 上延长的时间就会延长整个项目的交期，如果能够在 CPS 上节省时间，那么就有可能改变 CPS，或者直接缩短项目交期时间。这是在时间先后顺序上寻找最佳组合的方法。很多项目管理软件可以解决任务排期问题，最常用的是微软 Office 家族中的一个组件 Project，其操作界面类似于其他的 Office 组件，相对其他项目管理软件来说，Project 上手更加容易，不过其没有 Mac 系统的版本——至少现在还没有见到。

有些数量化的资源优化问题需要用到规划求解工具。Excel 提供的规划求解功能可以解决这些问题，其在企业资源规划方面有比较广泛的应用。

规划求解的方法和思路其实非常简单，就是在给定的约束条件下，将需要解决的最优问题构筑成方程来求最优解。如果没有最优解，则说明该问题没有最佳方法；有时候也会得到多个最优解，说明每种资源的配置方式都会得到最优的产出，这个时候可优先选择最简单的操作和最可行的方案。

规划求解的算法原理一般是用迭代的方式来尝试，直到尝试到最优解。

规划求解需要根据不同的问题采用不同的方法。下图所示的方法都相对比较成熟，感兴趣的读者可以搜索网络资源来获得更加详细的资料。

```
                        ┌──────────┐
                        │ 最优化问题 │
                        └────┬─────┘
              ┌──────────────┴──────────────┐
        ┌───────────┐                  ┌───────────┐
        │ 连续优化问题 │                  │ 离散优化问题 │
        └─────┬─────┘                  └─────┬─────┘
        ┌─────┴─────┐                        ├──────┤ 随机规划 │
   ┌────────┐  ┌────────┐                    │
   │ 无约束条件 │  │ 有约束条件 │              ├──────┤ 整数规划 │
   └───┬────┘  └───┬────┘                    │
       │          ├──────┤ 线性规划 │         └──────┤ 离散规划 │
       ├──┤ 非线性等式 │  │
       │          ├──────┤ 非线性规划 │
       ├──┤ 非线性最小二乘 │
       │          └──────┤ 网络规划 │
       ├──┤ 球面规划 │
       │
       └──┤ 不可微规划 │
```

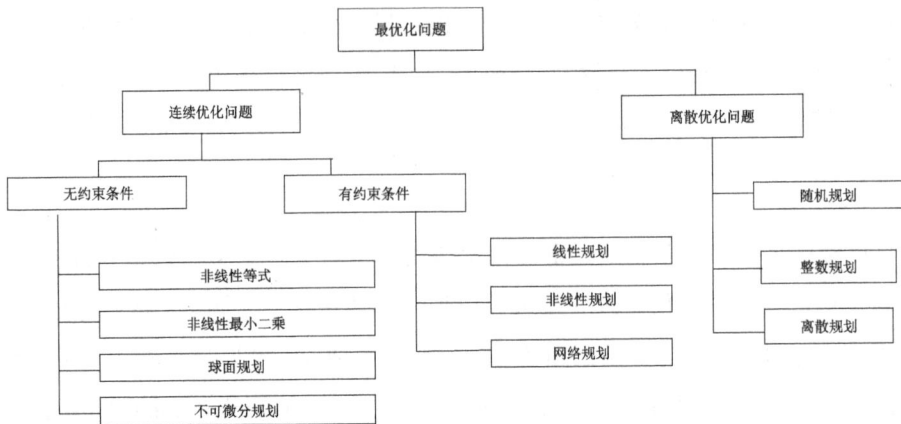

既然使用规划求解可以得到最佳组合，那么也可以用它来评价一个资源组合是否是最优的。假定我们有几个相似的业务部门，例如分布在各个区域市场的业务分公司、在不同地点开设的门店、对不同的产品投入不同资源得到的结果等，这些都可以看作是相似的业务单元，每个业务单元都有独立核算的投入和独立核算的产出。那么我们可以构筑一个数学模型来评价哪一个业务单元是最优配置，哪一个业务单元的配置不合理，哪一个业务单元该在哪些方面应该加强投入或者在哪些方面应该减少投入。

不同的业务单元可能有不同的经营模式，有的是采用精兵战术，雇佣少量几个水平高的销售人员来实现销售，有的是采用人海战术，雇佣水平比较低但数量庞大的业务员来做推广。哪一种模式更加有效？每一种模式该如何进行优化？这些问题是我们经常碰到的。因为中国市场庞大，大多数上规模的企业都会有多个分公司、多个业务单元、多种产品和服务，这类企业都会碰到业绩考核问题。可以按照利润产出、销售增长产出等来评价一个业务单元的经理是否表现优秀，但我们不得不考虑到，在不同的业务单元我们投入的资源是不一样的。例如这个业务单元的业绩表现好，但其消耗的公司资源多。如果单纯地从产出的角度评价业绩，就会导致不公平，那么如何才能更合理地评价业务单元的绩效，这是这类企业人力资源部必须要解决的问题。

以上两种问题该用什么方法来解决呢？可以使用 DEA 模型（包括各种变种和延伸应用模型）。下面以一个简单的实例来解释一下。

下面有 3 个业务单元，每个业务单元都有不同的资源投入，也都有多个绩效产出，如下图所示。

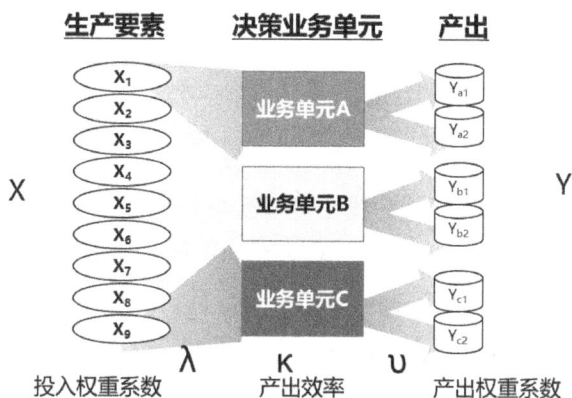

我们可以构建一个数学模型来模拟业务单元投入产出的情况。假定任何一种资源投入之后都发挥相同的力量，有一个相同的资源投入产出比系数 λ，每个业务单元在利用这些资源时都有一个产出效率 κ，在有多个产出的情况下，我们有一个计算标准化产出的方法，即用一个权重系数 υ 来核算，例如产出了销售额、客户数量，则标准化的总产出 = 销售额 $\times \upsilon_{1,\text{销售额产出权重系数}}$ + 客户数量 $\times \upsilon_{2,\text{客户数量产出权重系数}}$。这样我们就能够评价整体产出了。投入权重系数也是这个道理，投入的人数和投入的资金相互之间怎么叠加，这需要用投入权重系数来解决标准化问题。由此，我们可以构建一个数学模型来转化上图中的投入产出问题：

业务单元A：$(\lambda_1 X_{a1}+\lambda_2 X_{a2}+\lambda_3 X_{a3}+\lambda_4 X_{a4}+\lambda_5 X_{a5})$　$K_a=\upsilon_1 Y_{a1}+\upsilon_2 Y_{a2}$

业务单元B：$(\lambda_1 X_{b1}+\lambda_2 Xb_2+\lambda_3 X_{b3}+\lambda_4 X_{b4}+\lambda_5 X_{b5})$　$K_b=\upsilon_1 Y_{b1}+\upsilon_2 Y_{b2}$

业务单元C：$(\lambda_1 X_{c1}+\lambda_2 X_{c2}+\lambda_3 X_{c3}+\lambda_4 X_{c4}+\lambda_5 X_{c5})$　$K_c=\upsilon_1 Y_{c1}+\upsilon_2 Y_{c2}$

我们规划求解的模型就是要求解 Ka、Kb 和 Kc 的最大值，此规划求解就成了一个分数规划模型。

$$\text{分式规划模型} \begin{cases} \max k_a = \dfrac{v_1 Y_{a1} + v_2 Y_{a2}}{\lambda_1 X_{a1} + \lambda_2 X_{a2} + \lambda_3 X_{a3} + \lambda_4 X_{a4} + \lambda_5 X_{a5}} \\[3mm] \max k_b = \dfrac{v_1 Y_{b1} + v_2 Y_{b2}}{\lambda_1 X_{b1} + \lambda_2 X_{b2} + \lambda_3 X_{b3} + \lambda_4 X_{b4} + \lambda_5 X_{b5}} \\[3mm] \max k_c = \dfrac{v_1 Y_{c1} + v_2 Y_{c2}}{\lambda_1 X_{c1} + \lambda_2 X_{c2} + \lambda_3 X_{c3} + \lambda_4 X_{c4} + \lambda_5 X_{c5}} \end{cases}$$

其中约束条件为：$k_a, k_b, k_c \leq 1$，各权重系数 ≥ 0

我们需要将分数规划模型转为线性规划模型，从而求解得出在 K_a、K_b 和 K_c 最大化的情况下（即理想情况），各个投入应该是多少，从而对比现实的投入情况，在哪些资源上应该投入少一些，在哪些资源上的投入不足，以及在同样的资源投入下，各个业务单元的最佳产出应该是多少。

DEA 模型的实用性吸引了大量的人来研究这个模型，并且对这个初期的模型进行了大量的改良，出现了十几种变种的模型，以适应不同的条件，感兴趣的读者可以查阅相关的资料进行深度研究。

9.6 结构化效率分析

DEA 模型可以看作一个结构化效率分析的例子。不同的资源组合带来的效率也不同，所以你需要跟踪资源投入的比重以及产出效果，并在这个过程中不断构筑模型去检验资源投入结构的效率。

一个以销售产品为主的公司，都会对产品的成本结构进行分析，即分析这个成本结构是否合理，效率是否有足够高，与竞争对手相比成本结构差异是什么，这个差异是否体现了公司之间经营模式的差异等。

用数据追踪效率，不断评价效率变化并在效率变化的差异中寻找驱动效率变化的因素，从而找到优化产出效率的方法，这是数据分析和数据应用相关人员的关键职责。

我们在分析效率的结构化驱动因素时，必须要了解事物的构成要素，并确定关键要素和非关键要素，对关键要素要进行深度的分析，同时要兼顾非关键要素的影响，这个时候模型就会变得非常重要。

什么是模型？举一个例子，我们在分析影响产品生产效率的因素时，会用到一个模型——"人机料法环"。所谓的"人机料法环"模型，就是在研究生产效率的时候，我们会考虑五个影响因素，第一个是人的因素，包括人的能力、技巧、积极性、态度和知识；第二个是机器设备的因素，包括设备是否得到足够的保养和维护，是否需要维修，是否在最佳状态、是否先进、是否发挥最大效率等；第三个是物料的因素，包括物料是否齐全、是否需要等待、品质是否过关、是否有很好的顺序、是否需要额外加工等；第四个是方法的因素，包括工艺设计是否合理、方法是否得当、是否是最优的方法、是否可以用新的方法、是否有新技术可以取代、是否符合现在的工艺等；第五个是环境的因素，包括影响人的环境、影响设备的环境、影响人们判断的环境、影响工人心情的环境、影响产品品质的环境、影响工艺的环境等。将这五个因素都考虑清楚之后，就可以构筑一个结构化效率分析模型来检测效率的变化，并根据这五个方面信息数据的采集来判断这些因素是否会影响效率。

如果没有模型，我们必须要自主地研究影响效率的因素，这需要有专业的知识和经验的积累。而采用模型就会给我们一个比较好的思考的框架，即使这个框架中的内容不见得完全符合我们的需要，但框架本身的逻辑架构能够让我们从更加全面的视角查找导致问题的原因。

为了更好地梳理公司各个环节的运营效率，我们需要不断地积累各种模型，然后根据企业自身的情况进行定制化的设计，形成数据化管理的工具库或者信息库、知识库，这样我们就不用每次都从零开始探索，也不会有显著性遗漏了。

第 3 篇

具体应用篇

10

各职能部门的具体数据分析

10.1　专业分工下的职能价值体现

现在绝大多数的组织采用的都是科层制组织架构模式，只有少数的企业在尝试非科层制的模式。例如万科在科层制的基础上探索事业合伙人的模式；华为在科层制的基础上采用员工持股的方式改变科层制下员工的身份；海尔在把公司做成一个平台的基础上培养内部创业者模式。这些都是探索，除海尔的模式越来越远离"科层制"模式外，其他的组织形式仍然是科层制的模式。

科层制包括两个方面，一个方面是"科"，另一个方面是"层"。

"科"代表学科，代表专业分工，就如医院一样，不同的科室代表不同的专业领域，不同的科室有不同专业的医生。企业、公司、工厂中的"科"代表职能上的专业分工，例如人力资源管理部门擅长人力资源管理专业，财务管理部门擅长财务管理等，每一个职能都有其专业的知识。

同时，"科"也是分工。专业和分工在本质上是两码事儿，不是因为专业才分工的，而是分头做事可以有一个制约。例如会计和出纳都懂得财务管理，"记账的不管钱，管钱的不记账"，如果一个人既管钱又记账，那么没有他人的监督，就容易失去控制，更容易诱导人们犯罪。将采购和财务付款分开，可以形成监督机制；将销售和财务收款分开，也可以形成监督机制。分工有专业的基础做保证，但分工的目的不完全是专业的问题。

"层"代表的是层级，代表的是能力的不同。能力高的在上层，能力低的或需要培养的，需要一级级地向上成长。"层"的本质不是专业，而是专业能力的差异。但是在任何科层制的组织中都存在一个问题，即在很多情况下，能力高的人晋级到上一级时，往往因为能力的不全面而表现得并不好。本身层级代表能力差异、技术差异，在专业领域上的差异，可是在更多科层制的体系中，很多人晋级之后，开始承担非专业上的事情，例如管理团队、管理财务、管理项目，这些人的综合能力不见得能够胜任这项工作，他们只是在其专业领域上相对擅长了而已。大多数科层制都会存在这样的现象。例如某人擅长编写代码，让他当领导后，他就没有时间编写代码了，而是需要管理各种杂务和各种关系了。

从科层制体系的拆解中我们可以发现，出现这样的问题都是科层制组织的"自我设限"，为什么低一级的员工不能比高一级的员工的工资高？销售业务员的工资完全可以高过销售总监，IT程序员的工资完全可以高过部门经理，数据分析师的工资完全可以高过领导他的数据中心主任，只要他能够做出更大的业绩，给公司带来更好的绩效，这有何不可呢？但在现实生活中，这种现象只会存在少数的组织中。特别是在中国这个大环境下，我们在潜意识中认为基层员工的工资是低于高层员工的工资的，否则就会乱了"纲常"。

本质上，企业的分工可以让我们做我们更擅长的事情，把我们的专业发挥到极致，从而创造最大的价值收益，但现实是不同的。作为数据分析师，我们要理解这些分工背后的逻辑，从而能够理解数据背后体现的问题，也能够解读很多变化背后的逻辑，以及影响整体绩效最大化的方法和手段。

每个部门都有自己的专业、职能，每个岗位都应该负责其应该负责的业务内容。数据分析师首先要了解企业组织的设定原则，而不是仅仅从职能称呼上去理解。例如，宝洁公司的销售经理和辉瑞公司的销售经理是完全不同的职责。宝洁公司是营销导向型公司，销售经理仅仅在执行公司的销售策略，包括渠道拓展、分销覆盖、货架、展位，并处理客户订单，帮助客户管理库存等相关事宜。而销售说服工作大多通过广告支持来实现，营销策略由市场部制定，销售部门在大多数情况下是执行者的角色。而在辉瑞公司中的情况则完全不同，制药公司是销售导向型公司，市场部是为销售部提供支持，为销售部制作各种销售工具，组织各种市场公关活动的。可见销售部在不同的公司职责差异很大。

10.2　人力资源管理中的数据分析

　　人力资源管理中的数据分析包括两个方面，一方面是人员结构性分析，另一方面是人力效能的分析。跟踪企业人力效能，能够有效地监测公司的经营状况，了解每个员工、每个部门以及公司整体的人力效能情况。如果发现人力效能降低，那么人力资源管理部门就需要认真分析是由环境导致的还是由内部管理导致的，是人才素质的问题还是人员发展的问题，是否需要通过培训来解决，能否通过引进优秀的人才来带动整体人力效能的提升。

1．人力效能分析

　　所谓的人力效能分析就是人效分析。人力资源是公司投入资源中非常重要的一部分，而且该部分存在巨大的变数。例如公司花费 100 万元购买一台设备，在正常使用条件下，这台设备能够生产多少件产品是固定的，效率也是设定好的，产出必然也是固定的。而人则不同，人的效率产出是有弹性的，在不同的情境下产出的效率会完全不同。在积极乐观的环境中，人的工作效率会非常高，生产的产品品质也会非常稳定。但当他们处于消极悲观的环境中，则产出效率会大打折扣，甚至出现负效能，影响公司整体效能的发挥。

　　管理人力效能不仅仅是人力资源部门的工作，因为人力资源部门其实无法承担相关的管理工作，除通过招聘、培训和激励措施等系统化的手段来解决人力效能的问题外，在现有的团队条件下，人效的管理职责应该在部门经理身上。每个部门经理都应该对本部门的人力效能负责。

　　在人效分析中，我们首先最应该关心的是两个指标是人均产出率和人员费用产出效率。

人均产出率代表着每个人能够产出多少，产出越多，代表团队力量越雄厚；产出越小，代表团队整体人员的素质是降低的，因为：

人均产值 = 总产值 / 总人数（此处可以用其他产出指标代替"人均产值"）。

如果去年平均每个员工的产出是 150 万元，而今年平均每个员工的产出只有 120 万元，则人力效能就是降低的。降低的原因是什么呢？是人员效率降低了，还是受外部环境影响了？我们需要仔细追究这些问题背后的原因。

另外一个指标就是元当产值，即每投入 1 元的人员费用，产出多少，其公式为：

元当产值 = 总产值 / 工资总额（包含了基本工资、奖金、分红、
激励、提成、社保等）。

即使人员的产出能力没有变化，但国家规定的最低劳动保障工资年年在提升，每一年员工都会期望工资上涨。如果工资不涨，而 CPI 每年都在涨，则员工的购买力就变差了，就会影响到他们的生活质量和生活水平。但员工工资每年都涨的条件是公司必须在人员产出的效率方面有所提升。如果连续 5 年都是一样的人均产值，那么随着工资的上涨，每 1 元工资所产生的销售额就会降低。这代表人员效率的降低。如果人员工资上涨，人员产值不增加，那么必然会消耗公司的利润，降低公司的利润率水平，而利润率关系着企业的生死。

很多企业都在分析人均产出率，而很少有人分析人员费用产出率。我们说的元当产值基本就是这个变种的倒数。即如果人工成本在产品成本结构中占比为 5%，那么我们每投入 1 元工资，就会产出 20 元的销售额，这是一个倒数关系。

进行人力资源分析时，必须通过对比才能得出效果是变好了还是变差了。这个对比可以分成与自己的对比、与别人的对比。与自己的对比比较好理解，就是不断分析我们每个月、每个季度、每一年的变化，与自己的历史数据进行对比。与别人对比就是要找到对比标杆，例如，可以用同行业上市公司的数据来评判自己的公司

与这个上市公司是否有差距，为什么会有差距，是因为商业模式的不同还是因为产品结构不同。

在进行人力效能分析时，产出变量可以采用不同的衡量指标。例如，对于房地产企业，可以以销售面积、销售套数、竣工套数、竣工面积、开发面积、开发套数、销售额等来衡量产出；对于电商企业，可以用获客数量、新客数量、流失客户数量、新增客户数量等指标来衡量产出；对于 O2O 企业，可以用完成订单数来衡量产出；对于一个网站，可以用访问量、注册量、用户数、活跃用户数等来衡量产出。只要是用来评价企业产出的指标，都可以作为分子上的变量。

2．人力结构分析

人力资源管理中的数据分析最重要的就是公司的人才结构，其中包括不同职能部门的人力结构、不同层级的人才结构、不同教育文化水平的人才结构、不同年龄层次的人才结构、不同性别员工的人才结构、不同工作年限的人才结构……我们还可以结构套结构，例如分析高管团队中员工司龄结构是什么样的，在女性员工中的年龄结构是什么样的等，如下图所示。

公司不同年龄段性别人数占比，%

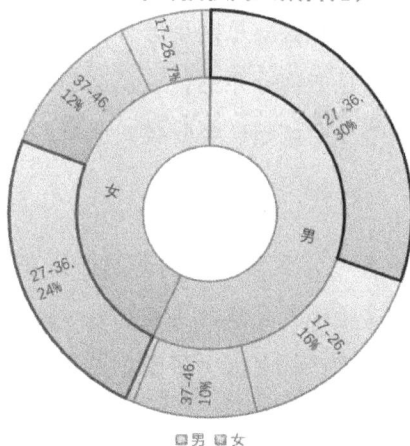

男　女

公司员工不同学历人数占比，人数，%

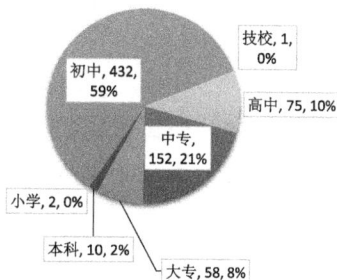

技校，1，0%
高中，75，10%
初中，432，59%
中专，152，21%
小学，2，0%
本科，10，2%
大专，58，8%

人力结构反映着企业人力资源的构成情况。如果结构不合理，那么企业的发展就会出现问题。例如年龄结构，如果在某个年龄阶段出现断层，则很容易导致某个时间段公司会出现人才的断层，这需要公司在招聘上提前做好预案，做好人才储备，弥补人才断层带来的影响，如下图所示。

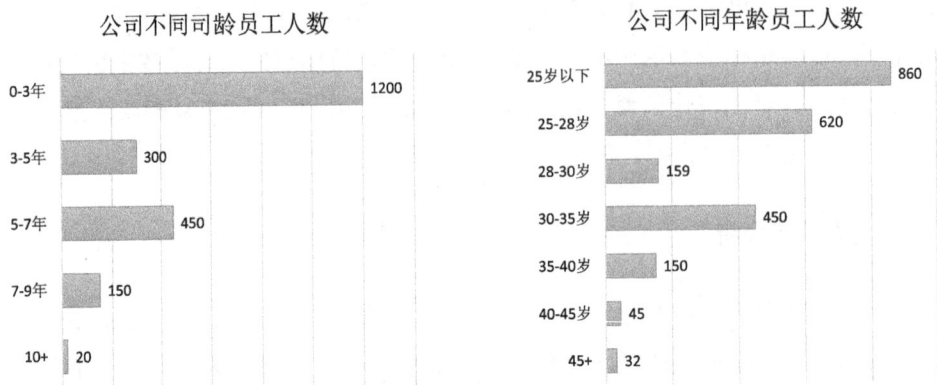

公司不同司龄员工人数

司龄	人数
0-3年	1200
3-5年	300
5-7年	450
7-9年	150
10+	20

公司不同年龄员工人数

年龄	人数
25岁以下	860
25-28岁	620
28-30岁	159
30-35岁	450
35-40岁	150
40-45岁	45
45+	32

结构化分析方法本身就是研究资源配置的，而人力资源是企业中最重要的资源，该资源的配置将直接影响企业的整体资源配置情况。所以，我们需要深度分析各种资源配比结构，以期能够得到更加合理的人力配置，确保公司的经营和管理能顺畅进行。

在薪酬方面也存在各种结构性问题，包括企业的薪酬总额是怎么样分布，在各个层级之间是如何分布的，在各个职能部门之间是如何分布的，以及这种分布历年的变化情况如何，这种变化是不是与公司的战略方向调整、经营模式变革、公司薪酬改革体系一致等。

在下图中，公司的销售部门的薪酬占比在提高，生产部门的薪酬占比在下降，这是由公司的业务调整还是战略调整导致的？这是销售系统能力在加强，还是生产系统能力在削弱？为什么没有保持同比的增长？这些都是人力资源总监和企业的老总需要考虑的问题。

2013年薪酬总额分布情况　　2014年薪酬总额分布情况　　2015年薪酬总额分布情况

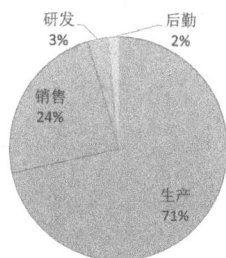

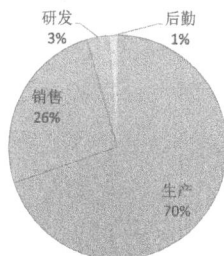

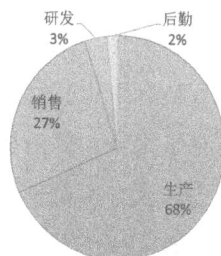

除了要分析工资总额的分布，还要分析平均工资的情况。平均工资在不同部门、不同层级、不同业务之间的对比也体现为一种结构，这种结构的配置也会影响整个公司的资源配置。假定公司给员工的工资是合理的，那么平均工资基本能够反映公司的生产能力和人才的水平。如果有些部门的工资高，有些部门的工资低，那么平均工资低的部门可能是公司的管理短板所在，因为较低的工资难以请到人才，没有人才就不会有好的管理，因此容易造成公司的管理短板，如下图所示。

公司历年各部门管理者平均工资(元/月，2013-2015）

同时，还要分析公司的竞争优势在哪里。在公司具有竞争优势的部门要考虑是否给相应的员工更高的工资。如果不给更高的工资，则容易导致这方面人才的流失，容易在竞争中削弱公司的优势。很多公司为了强化自身在某个方面的竞争优势，会选择到其他公司猎聘一些优秀人才，他们一般瞄准的都是在这方面比较擅长的公司。例如万科为了解决其地产项目品质的问题，就到房子品质最好的中海地产去挖人，所以万科有了刘爱民的加入，从而大幅度提升了万科地产产品的品质。如果公司中具有竞争优势的部门和平均工资的最高点不匹配，那么这些人才流失了，而公司很容易失去原有的竞争优势。公司的人力资源总监需要随时监控这方面的状况，确保公司能通过合理的工资设置留住优秀的人才。

另外，如果公司高薪聘请了一个高级人才，但是因为预算的原因，不能为他配备适合的团队，一个年薪上百万元的总监带着七八个月薪只有 4000 ～ 5000 元的基层管理者，怎么能够发挥他的能力呢？这就像买了宝马汽车，却不舍得买好的汽油一样，必然会出现问题。所以，一个部门内部各个层级人员的工资能够反映人员的能力水平，如果落差太大，就会在人才结构配置上出现问题。

10.3　财务管理中的数据分析

中国公司的财务管理一般都比较规范，因为会涉及交税，财务会计都有记账的规范，并且每个月都需要给工商税务提供报表，所以其中的数据比较规范。中国有自己的会计准则，这个会计准则将大多数的财务问题都解释得非常清楚，所以企业中会保留很多年的历史财务数据。

但是在大多数情况下，财税会计在企业中是不适合管理会计或者管理财务的。因为管理财务是为管理中的经营和管理决策服务的，而财税财务是为政府纳税服务的，这两者还是有着本质的区别的。下面举一个例子。

一家集团公司有两家子公司，其中公司 A 目前赢利，B 公司亏损。为了解决亏损问题，B 公司聘请了一家营销咨询公司为自己提供营销咨询服务，营销咨询服务费需要 500 万元。2015 年，A 公司的利润为 3000 万元，B 公司的利润为 -2000 万元。在支付咨询服务费时，总公司为了让 A 公司减少所得税负担，将 B 公司的 500 万元咨询费由 A 公司来负担，因此 A 公司的利润变为 2500 万元，B 公司的利润变为 -1500 万元。因为 B 公司亏损，所以不用缴纳所得税，而 A 公司因为赢利了，需要缴纳所得税，因为 500 万元的咨询服务费由 A 公司支付，从而让 A 公司少缴纳所得税 125 万元。

虽然 500 万元的咨询服务费由 A 公司从财税的角度承担了，但并不代表 B 公司从管理考核的角度可以不承担这个费用，只有把这 500 万元计入到 B 公司的账上才能真实反映 B 公司的实际经营状况。

这就是财税财务和管理财务的区别。

很多公司都有两套账，一套是给税务局看的，通过不开发票、虚开发票或者购买发票等方式来减少税赋压力；另一套是自己真实的账目。但事实上，公司即使有这两套账目，仍然需要第三套账目，即为了管理而做的账目，这个账目能够真实反映公司的运行情况，让管理者有足够的数据依据做决策。而真实的账目与管理需要的账目还有许多不同之处，下面举例说明。

某公司把其产品 A 的售价定为 1200 元 / 件。但是，在某个地区为了促销，公司将产品 A 的售价降到 1000 元 / 件，实际收入是 1000 元，记账也会记录 1000 元，财税账目和企业实际账目都是一致的。但是在管理财务账目中，这笔记录是不同的，即销售收入是 1200 元，而营销费用增加了 200 元，那么从管理的角度来看，降价相当于营销和销售费用，应该计入销售费用。这个费用的管理者是销售部门，而不是生产部门。生产部门的管理指标是保证公司的生产成本控制在 50% 以下，所以其生产成本是 600 元 / 件，如果售价按照 1000 元计入，则其生产成本就变成 60% 了，这对生产管理人员来说是不公平的，因为其考核标准就是按照实际定价来计算的，同时如果不按照管理财务的账目计算，销售部门就不会有销售费用的压力了。如果一年的销售费用预算是 1000 万元，如果不把这 200 元 / 件的降价，那么销售费用的预算控制就无法谈起。

这就是真实账目和管理财务账目的区别。

常规的财务数据分析已经有比较完善的模型和标准，很多财经网站和媒体都会直接给出针对上市公司的财务分析指标，方便大家理解上市公司的财务状况。但这些是针对财税财务报表的，可能会存在不真实的情况——这样说会让读者认为笔者有失偏颇，但依据笔者的经验，许多上市公司的财务报表都经过粉饰了，特别是在中国。更何况，从管理财务的角度看问题和从财税的角度看问题是不同的。另外财税财务和管理财务所研究的对象不同，衡量的指标也不同。财税财务的分析主体只有一个——企业整体，而管理财务的分析主体，可以是一家公司、一个项目、一个部门、一个产品、一个团队、一个店铺，只要能够在独立核算上有较为清晰的区分，管理财务就能够做出更多和更加深入的分析，为管理者做出各种决策服务。

所以，我们可以很轻松地得出结论：没有管理财务账目的公司基本都不会进行深度的管理财务分析。

数据分析领域的财务分析与常规的财务分析最大的区别在于主体的细化。管理财务需要细化到每个子公司、每个业务、每个产品、每个业务部门、每个业务单元、每个客户和订单，然后以它们为主体进行财务的数据分析。这就需要企业的财务管理在数据上要建立足够的明细和科目，确保能够把成本和费用计入相应的主体。

笔者在为企业提供服务的过程中发现，财务数据管理是最为艰难的。为什么呢？因为财务数据在所有的公司中是最为准确和精确的数据，数据化管理是最为完善的，所有的细节和所有的追溯机制也都是最为完善的，任何一笔费用，财务人员都能够找到原始的单据和审批单据。可这并不是我们需要的，我们需要的是将成本和费用明确地计入需要分析的"主体"，这个主体能够细化到我们前面提到的一个客户、一个订单、一个产品、一个业务单元。

　　这里以一个真实的故事来举例。笔者有一个客户，每年大概有 140 个客户购买他们的产品，每年大约流失 20 个客户，新增 20 ~ 30 个客户。客户的订单有大有小，大的订单是 100 吨级别的，小的订单是 0.5 吨级别的。该公司每条生产线每天的产量在 10 吨左右，一个 100 吨的订单需要 10 天左右交付。针对每个订单，产品要求都不同，为了生产一个订单的产品，每条生产线在启动时都有 10 ~ 15 分钟的调试时间。但是在计价时，这个公司只针对小订单附加 1% 左右的溢价。其产品每公斤售价在 20 元左右，一个 500 公斤的订单大概是 1 万元。

　　该公司从来没有精准核算过一个订单的固定成本和变动成本各是多少。在一次开研讨会的时候，笔者带着这个公司的团队做了一次"精细化"的核算，以确定一个订单的固定成本到底是多少。笔者给他们设计了一个粗略的数据表格，其中包含从开始接收订单到订单交付的所有成本，如下表所示。

订单固定成本项目	费用	说　　明
销售人员接收订单成本	180元	含销售人员与客户探讨产品的要求和细节，报价、讨价还价过程的工资成本，不含销售人员的订单提成，固定工资部分分摊，按照一个月平均接收的订单数量分摊固定工资
跟单员的跟单成本	140元	销售人员将订单发送给跟单员，跟单员根据生产计划，跟生产部门协商计划排产，并安排仓库提料、安排技术设计配方到最后产品入库、出库、装车发送并跟踪产品送达客户，跟踪客户检验货品，接受客户订单评价
技术设计配方	80元	需要半个人工的时间做配方、实验室小试，确保产品的颜色匹配，确保工厂能够生产
计划科成本	178元	计划科总人工成本除以一个月安排的排产计划订单数得到平均每个订单的分摊成本，无论是大订单还是小订单，都需要同样的排产计划
车间调试费用	480元	平均每个订单要调试12分钟，而每分钟的调试时间就耽误20公斤的生产时间，每公斤的加工毛利在两元，所以12分钟的调试时间损失的毛利是480元
入库出库和发货管理费用	68元	库管和发货管理每个月的总发货次数和出入库次数，不含装车人工费用（每吨产品有10元装车工费用），包括门卫和出入厂的货品查验员的工资分摊
合计	1126元	

注：以上不含某些订单需要单独采购某些原材料，如颜料等。库存的成本也没有包含在其中，财务付款条件的问题也没有考虑。

当笔者带领所有的高管把成本计算出来时，所有人都惊呆了。一个 500 公斤的订单他们只给客户提高 100 元的溢价，但实际的固定成本都达到了 1126 元。无论订单大小，这个固定成本都是差不多的。一个 1000 吨的订单，每 500 公斤的固定成本分摊后才为 5.63 元，而一个 500 公斤的订单，其每 500 斤的固定成本分摊后为 1126 元。如果按照每公斤分摊固定成本，则 100 吨订单的每公斤固定成本是 1 分钱，而 500 公斤订单的每公斤固定成本是 2.25 元。原来产品的单价报价是每公斤 20 元，如果 100 吨订单的单价是 20 元 / 公斤，500 公斤订单的单价应该是 22.25 元 / 公斤。价格不是要上浮 1%，而是要上浮 11.2%！不算账不知道，一算账吓一跳。这个计算过程就是管理财务的职责，而不是财税会计的职责。财税会计以一个公司为主体进行成本核算，而管理财务以一个订单为主体进行成本核算。

无论主体是谁，财务核算的方法都是一样的。评判财务管理是否细致要看公司的成本和费用支出能够细分到什么样的程度。如果能够按照产品批次、生产订单、销售订单、客户、业务单元分摊细分，那么管理财务的细致程度已经达标了，否则都需要细化下去。

10.4　营销和销售管理中的数据分析

营销管理和销售管理本身就是一个外向型的职能，是多变的、复杂的，所以在数据分析方面上会是复杂的、难以标准化的，很难有一个典型的模板能够拿来就能用。

营销销售系统的数据分析与一家企业的营销模式有很大的关系，其没有统一的准则，需要营销和销售管理人员根据自己的业务模式情况、市场情况和客户情况采用不同的方式来进行分析。

例如电商的销售模式，其更多的是关注网站或者店铺的数据分析，考虑更多的是流量、点击率、转化率、关注客户数、注册用户数、用户活跃度、订单量、客单价和营销费用的分析，还可以直接借助更多在线工具实现精准数据分析。如果是淘宝、天猫、京东等电商平台，这些平台本身就会提供一些数据分析的方法和工具，可以通过在线的方式即时地看到分析结果，也能够针对一个时间段、一次促销活动、一个产品等做出比较详细的分析。

如果是传统的分销模式，则生产厂家对数据的掌握就不如电商模式直接，电商平台可以提供全平台的数据作为分析的参照物，而传统行业只能依赖传统的零售监测平台，如 ACNielson、JDPOwer、Gfk、慧聪、中怡康等来获得相关的数据。针对消费者需求的调研，也只能自己进行，没有平台的数据可以直接拿来使用。

有的公司的数据比较健全，例如以会员为主题的连锁经营体系就会有比较详尽的数据。而对于匿名的销售模式，例如连锁商超、连锁餐饮店等模式，你不知道来你店里的人是谁，无法跟踪，对他们的信息知道的也很少，你所能够分析的数据就只有收银数据。对未来预测的能力也会大幅度削弱。

无论是什么经营模式，都只能根据已有的数据来分析，没有数据的环节是无法分析的，要么投入高昂的费用去采集数据，要么进行抽样调查，所以，在不同的模式下，要结合实际情况去进行数据分析。

从方法和思路上看，营销和销售中的数据分析必须从以下几个维度进行。并且要结合数据的可用性以及可采集性，采集更多的数据，因为任何数据通过数据分析师都能够得出更多有价值的信息，协助你做出更好的决策。

　　客户维度：从客户的维度进行分析是首要的。因为任何产品和服务都必须要考虑目标客户的需求，所以我们要对客户进行各方面的分析。如果是客户自身的数据，则可以对客户进行画像、细分、需求研究、行为研究、习惯研究，从而指导我们的营销策略、产品开发和改进策略；如果是客户与我们的接触点的数据，例如收银数据、订单数据、送货数据、会员卡数据，则反映了企业的经营活动效果，可以在这类数据的基础上了解客户对产品和服务的反应，从而为企业的经营活动提供更多借鉴。

　　产品或者服务维度：即对产品和服务做出评价，分析企业是否有足够好的产品线结构，是否有现金流产品，是否有具有发展潜力的明日之星产品，是否有赚钱的产品，是否有品牌产品。另外，我们还可以从竞争的角度进行分析，例如分析产品和市场上已有的产品的竞争力，分析自己的产品和其他产品的差异，从而为企业改善产品、提高产品竞争力提供借鉴。

　　市场维度：即从细分市场的角度分析产品定位在哪个市场领域，是高端市场、中端市场，还是低端市场？不同的细分市场有不同的逻辑，不同的产品在不同的市场上表现也不同。

　　区域维度：虽然互联网打破了市场区域的区隔，但仍然有很多品类的产品具有区域属性，包括渠道、运输送货、社区服务。区域仍然影响着销售方式，区域的客户特征影响着产品和业务的选择模式。在北方要建设北方人需要的房子，在南方要建设南方人喜欢的房子，区域差异还是要关注的。

　　员工维度：也称业务团队维度。即分析哪些业务员成长起来了，哪些业务员是有贡献的，哪些业务员在驱动着业绩成长，哪些业务员在倒退，如何驱动他们的绩效，业务员的激励是否合理，业务员是否有足够的能力，他们的策略是否正确。

　　根据公司的营销模式，营销和销售的数据分析可以有更多的维度，需要读者自行按照我们的思路去研究、去拓展。

10.5　生产管理中的数据分析

生产系统在大多数情况下是一个内向型的组织，相对比较封闭，无论是连续型生产模式还是离散型生产模式，都可以用类似的分析方法和思路。

生产制造过程大概分为四大类阶段，即传统生产、精益生产、数据化生产、智能生产。不同的阶段，数据分析能够发挥的作用也不同。

在传统生产阶段下，数据化程度不足，缺少信息系统的支持，多数的数据都是以记录表、纸张、条子等形式存在，都被锁在柜子里，数据分析能够起到的作用是有限的，处理数据的成本是非常高的。

在精益生产阶段中引入了大量数据分析的内容，包括全面质量管理，以及精益生产管理中的各种数据指标和分析方法都开始用数据来说话，包括典型的看板管理就是数字化的管理模式。用数据可以看到公司的行为、用可视化的方式可以让全员能够看到自己的进度、看到产品的质量。

第三个阶段是数据化生产，通过数据我们可以知道整个生产过程在发生什么，该怎么生产才能更好地满足客户的需求，如何更好地满足客户的个性化需求。数据化让所有的过程更加清晰和透明，让更多的信息产生智慧。

第四个阶段是智能生产，通过全供应链流程的通信管理，让工厂为消费者的个性化、高效地生产。更多的无人参与的工厂会涌现，更多的灵活生产的生产线会产生，智能化生产是未来一二十年的基本生产模式。

目前中国的企业大多数都仍然处在传统生产模式中，中国企业要想跟进国际企业的进程，必须要在数据化管理上弯道超车，必须要加快数字化建设，让数据成为企业决策的依据，让数据本身能够产生管理的智慧和生产的智慧。

智能生产的基础是数据化，数据化的基础是信息化，信息化的基础是管理的正规化。目前有很多工厂还在用管理手工作坊的方式管理着生产，特别是在三四线城市的工厂中，工人没有经过严格的工厂化的培训，还在用"差不多就行"的思想在工厂里工作。虽然中国是世界制造大国，但我们的管理能力、生产制造能力、研发能力、生产线设计能力、机器设备的配套能力都远远落后其他国家。虽然我们有很多先进的工厂，但工厂里除了员工是中国的，其他都是进口的，如设备是进口的、原材料是进口。我们必须要突破，必须在管理上要改善。正规化管理、信息化建设、数据化管理是我们奔向智能化管理的必经之路，无法跳跃，但是我们可以用最快的速度补齐短板。国外用几十年、上百年走过的工业化之路，我们可以用短短的三四十年来完成，而数据化管理是我们的跳板，必须要把握。

在生产管理领域的数据分析中，有四个维度是需要数据化的，而且这四个维度之间是相互作用的。这四个维度分别是产量（Quantity）、品质（Quality）、成本（Cost）和交期（Time），为了方便记忆这里缩写为TCQQ。

1．产量

我们需要从产能的角度思考生产产量，例如产能是多少；我们实际产出了多少；我们的产能利用率是多少；我们生产产量的波动性是多少；产能或者订单是否稳定，如果不稳定，那么我们如何配置资源，减少产能闲置；如何在高峰期满足生产，如何在低峰期减少闲置；如何规划未来的产能；如何通过灵活生产来平衡产能；是否需要淡季储备，这一系列的问题都与产量相关。

2．品质

全面的品质管理包括品质达成情况是怎么样的；次品率是多少；返修率是多少；投诉率是多少；退货率是多少；消费者对品质的评价是什么；品质是否是公司产品的竞争力；对比竞争对手，我们的品质是否领先；我们的产品是否创新了，是否引领市场了；我们的产品生命周期是否足够长；我们除了生产管理强调了品质管理；

其他部门是否也达到了品质管理的要求和标准，等等。

3．成本

成本方面的分析包括产品的成本结构是什么样的；订单的成本结构是否能够精准地算出；别人生产的成本率是多少；我们如何降低成本；哪些地方有降低成本的空间；哪些方面存在浪费；哪些浪费是可以消除的。

《精益生产》中列举了七大类浪费，我们在为生产制造型企业提供数据管理咨询服务的时候，把这种精益管理思想数据化，并推延到整个公司的管理中，总结出"十大企业管理资源浪费"，并用这些浪费的首字母组成了一个单词：DOWNTIMERS，下面分别介绍一下。

① 产品不良 (Defect)：产品生产出来不合格，无法销售，并且无法再次加工，那么这就浪费了材料，消耗了能源，耽搁了生产线生产，浪费了加工过程各种投入，甚至影响公司的销售，延长订单交期，导致客户不满。

② 过度加工（Over Production）：一件商品从消费者满意角度看，加工 N 道工序最为合适，如果超过这些工序就是过度加工。过度加工会将不必要的生产投入注入产品中，并未得到消费者更高的评价，或者消费者根本就感知不到，因此造成公司投入上的浪费；过度包装也是一种过度加工的类型。

③ 等待 (Wait)：等待是指人、财、物在时间上的浪费。无论是物料的等待还是人员的等待都是企业管理过程中的资源浪费。物料等待时间过长导致的是订单交期延长；在产库存量增加，也会带来资金浪费；等待中的材料需要存放，也会导致仓储费用增加；人员的等待也是浪费，例如下一道工序等待上一道工序完成。所有的等待都可以看作是闲置，或者不产生价值的时间，例如公司约定 8 点开会，早到的人 7:50 到场，有些人 8:15 才到场，然后会议 8:20 才开始，早到的人提前了 30 分钟，这个半小时就是闲置时间，是浪费，所以说高效的公司一定是非常守时的，守时是

对所有与会者的尊重。几乎所有的公司中都存在或多或少的闲置浪费，这种浪费如果不消除，那么公司就很难控制成本。

④ 无价值流程（Non-Value-Added Process）：无价值流程是指不产生价值的流程、工艺、过程。业务流程、生产工艺、管理过程等在好多的情况下都有不产出价值的内容。例如火车站的检票程序，你会发现进站的时候乘务员会查一遍火车票和身份证，上车前乘务员还要查一遍火车票和身份证，这两次检查其中有一次就是无价值的。而北京南站取消了第一道检票流程，只在上车前才查身份证和火车票，从而让乘客的进站时间大大缩短，这样的流程安排让更多人把去火车站的提前时间缩短，滞留在北京南站的人数也会大幅度减少。

⑤ 运输或中转位移 (Transportation)：工厂中的物料移动、人员移动都不产生任何价值，移动距离越大，浪费越大，所以先进的工厂都通过立体的设计减少物料的移动和人员的移动。当物料的等待时间和人员的等待时间价值不同时，流程设计也会不同。当人员成本高时，物料移动；当物料成本高时，人员移动。除生产高净值产品的生产线外，绝大多数的工厂都是物料围绕着人员转的，所以有了流水线的设计。在公司管理上，人员的移动距离也是一种浪费，如果人员能够在一个办公室中，那么绝对不要开设更多的办公地点，这样一方面会让沟通被弱化，另外也带来移动的浪费。员工在上下班路上的时间也是人工成本上的浪费，虽然劳动合同上并未把员工在上下班路上的时间计入工作时间，但是这个时间也是员工付出的成本之一，也会被员工计入对薪资的期望中。如果可能，要尽可能地将员工在上下班路上的时间缩到最小，因为这个时间并不产生任何价值，还会消耗大量的社会资源。一个城市的规划也是如此，在 20 世纪 90 年代，中国的城市发展希望走"功能区"模式，即将商务区、工厂区、行政区、高科技区、居住区、文化娱乐区等分开建设，这种功能区的建设让很多人都在同一个方向移动，不能很好地分散人流，导致交通压力大，出行效降低，同时无效的上下班移动距离，增加了大量的社会成本，也涌现了"鬼城"、"睡城"等特殊现象。繁华商业区因为只有上班的地方而没有居住的地方，所

以在晚上成了"鬼城";而居住区白天无人居住,晚上都回来睡觉,所以成了"睡城"。城市功能不分散导致很多人的移动距离增加,这种模式应该逐渐在城市发展中被淘汰。

⑥ 智力冗余（Intellect Redundancy）：一个高级技工从事普通的体力劳动,这就是一种智力的冗余。如果按照高级技工的工资给其付酬,也是浪费,因为这在无形之中给公司带来了费用的增加;除非你是出于竞争战略考虑:虽然我不能给这个高级人才提供适合他的工作,但我必须把他圈在我的公司中,因为他一旦去了竞争对手的公司,那么我的公司面临的竞争压力就会非常大了。很多公司中都存在或多或少的智力冗余现象,因为一家公司在识人、用人上存在能力不足和信息不对称,就会出现优秀人才得不到重用的现象。当然,有些公司需要从流程上避免智力冗余现象,例如,服装厂的一个裁缝工人是高级技工,工资比普通工人要高很多,但如果在工艺流程上,他还需要缝纫工去领料、送料、修剪毛边、剪线头,那么就是智力冗余的不良工艺设计。

⑦ 动作冗余（Motion）：我们在从事劳动的时候都会由一些基本的动作来完成,如果动作不合理,就会造成动作上的浪费。据说计算机键盘是根据字符在英文中出现的最大频率来设计的,以便让手指头在键盘上的移动距离最小,从而大幅度节省手指在打字移动的距离和时间,提高效率。这个设计是按照英文习惯设计的,但不见得适合中文、法文、意大利文等其他语言,这里就是效率的问题。历史上英文字母出现的频率和现代社会中英文字母出现的频率已经大大不同,而键盘按键布局的变化会导致打字速度大幅度降低,从而会提高学习成本,所以最初的设计非常重要。工厂中的动作设计也需要科学地评估、合理设计,要降低学习成本。

⑧ 超额库存（Excess Stock/Inventory）："库存是万恶之源",每个公司都希望大幅度削减库存,包括工厂中的库存和流通环节的库存。物品的存放就是浪费,社会物资快速流动起来才能创造更多的价值。超额的库存是由于生产计划不准确、销售预测不准确导致的,很多企业因为库存问题被拖垮。产品生产出来卖不出去、采购的

物料用不完、生产交期过长，这些都将高流动性的企业经营现金流固化到库存中，甚至成了长期的库存。降低库存甚至零库存需要通过数据化管理，需要通过商业模式创新。

⑨ 返工或者重复工作（Rework）：返工、返修、重复都是极大的浪费，产品质量不合格，可能需要返工，例如一个零件尺寸要求为 11.55 米，你却加工成了 11.56 米，超过了标准，就需要再铣掉 0.01 米，这个过程就是返工；而如果你将零件加工成了 11.54 米就成了废品(Defect)，而 11.56 米的零件是不合格品。一篇文章反复修改，一个方案反复讨论，一个模型反复设计，都是重复工作，最好将这种工作减少到最小，虽然有些工作是不可能一步到位的。

⑩ 停机、停下 (Stop)：我们在开车时，如果要停车，需要慢慢踩刹车。再次启动时也需要慢慢提速。如果停车的次数过多，则会大幅度延长我们到达目的地的时间。工厂中的加工也是如此，有些时候我们需要停机检修，需要对锅炉进行清洗等，这些都是浪费；公司管理中也存在这种浪费，当项目停下来又再启动时需要花费时间，只有一鼓作气将一件事情做完才最高效。

4．交期

交期是指从客户下达订单到客户获得产品和服务的周期。任何一个人都希望能立马获得并能够使用产品。工厂的客户也一样，客户希望下达订单之后能够马上收到产品，并能够快速投入使用，让整个的供应周期降低到最短。这是一个理想的状态，在多数非库存生产的企业中都存在交期的问题。而交期一方面代表着客户的满意度，代表着企业适应市场变化的能力。更为重要的是，交期也代表着企业的周转效率。

笔者曾经服务过一个年产值 20 亿元人民币的外加工工厂。当一个订单从国外发送过来之后，企业就组织生产并与原材料采购同步，整个周期是 18 天，而实际有效的生产的周期是 7 天。

10.6　物流和供应管理中的数据分析

物流和供应链的数据分析主要关注效率和成本。为了保证生产，我们需要较多的备件和备料，这会造成占用库存，降低了资产流动的速度；另外，供应链因为不够透明，上下游之间并不清楚彼此的库存量，而畅销的产品更加容易造成库存积压，因为生产厂家都希望拿到更多的备料，以免畅销的产品断货影响销售。这些都是物流和供应链的问题。

互联网为上下游之间的即时共享数据提供了便利的条件，通过信息系统的对接，上下游之间能够在业务联络上看到每个环节拥有多少库存，库存的消化周期是多少，从而可以做到提前备货，并让产品库存降到最低，提高资金的周转效率。

随着物联网的发展，供应链环节上的数据采集更加方便和即时，每一个环节通过扫码，系统就会自动监控货物的来龙去脉。如果一个公司的物流不畅、供应链中有过高库存的现象，都应该考虑在信息技术和物联网技术上进行投资，以更详尽和更及时的数据来确保物流速度和降低库存。

物流和供应管埋中的数据分析可以参考两个现实生活中的模型。

1．玻璃杯模型

假设我们与一群朋友聚餐饮酒，为了让每个人都喝得尽兴，又不至于喝醉，需要构建一个供应和饮酒的机制。

第一，需要清楚地知道每个人的酒量，这相当于我们要了解每个渠道或者店面的销售能力，预测未来一周或者一个月的销售量。

第二，我们必须随时知道谁喝了多少，必须要用一个透明且有明确度量的玻璃杯，这样对每个人喝了几杯，杯子里还有多少酒，还能喝多少就非常清楚了。这就相当于我们必须监测每个渠道或者店铺的销量，将数据及时上报，即卖了多少，还剩多少，还能卖多少，必须每天都有一个报表，或者随时都能够通过系统检查这些数据。

第三，桌子旁的酒瓶子必须有明确的度量并使用透明玻璃瓶子，这样就能够随时看到酒瓶中还有多少库存，还能供应多少人的需求，并随时根据大家的喝酒情况预测剩余的酒量是否足够，如果不够大家饮用，要及时到酒店仓库备货。这就相当于我们必须知道周转仓所服务的几个店铺的情况，周转仓的库存是多少，每个店铺的预计需求是多少，预测每个店铺需要补货的时间和产品，并能够及时补货。

第四，在酒桌上如果人们聊得非常投机，而且商议出来一个伟大的创业计划，大家都很高兴，于是多喝了几杯。那么这个时候酒桌旁的服务员就要提前做好估计，开始到酒店仓库要酒。这就相当于市场忽然发生变化了，在与原来的预测发生偏差并且需要更多货物的时候，供应系统就要启动应急供应方案，工厂要启动应急生产方案，以确保能及时供应货物。

第五，如果人们谈起悲伤的故事，气氛变得不好，估计聚会要提前结束。那么这时，管理酒的人就开始跟服务员协商，要把一些酒退回去了，免得产生库存。而此时酒店说不能退，管酒的人就把剩余的酒带回家，找其他朋友一起喝掉了。这就相当于当市场情况没有跟上预期，产品销售不出去或滞销时，就要及时退货，如果销售条款规定不能退货，就需要店铺和周转仓（渠道商）及时寻找其他出路，例如促销等，消化这些产品，减少占用库存，及时将产品库存转化为现金流。

使用玻璃酒杯模型要求数据透明化，并且有精准的预测，以及快速的应变机制，包括对畅销品和滞销品的应急响应方案。在每个产品进入到供应链时，就建立了销售预测模型、物流跟进模型、数据透明化的机制，一旦事实与预测不符，就要立即启动应急响应方案。

2．自来水公司供水模型

自来水公司为全市居民供应自来水，为了满足居民的用水要求，确保 24 小时有水喝、有水用，无论是在白天大家都出门上班的时间段，还是在晚上居民洗澡比较集中的时间段，自来水公司都必须要合理安排生产，确保水压、水位不降低。自来水公司的供水模型包括以下几个原理。

第一，自来水公司要根据水位来生产，一旦水位降低到某个临界线，就要开始启动生产，并对每天的用水进行检测，即一天 24 小时，哪个时间段内的用水量高，哪个时间段内的用水量低，并对历史数据进行分析，掌握这个变化规律，在用水高峰到来之前保持一个较高的水位，当用水量相对较少时，保持一个较低的水位。这个模型给我们的启示就是：必须在库存管理上有一个明确的"水压线"，并随时掌握水压数据，任何一个店铺销售了产品（减压）都需要反映到总表上（全程可见）。

第二，遍布全市的管网系统由粗到细，可以确保水压不会大幅降低，并且供应量充足；然后逐渐分支，形成树根状结构让水管保持固定的水压，并将水压的数据传递到供水调度中心，一旦水压过低就产生预警，及时补水，提高水压，启动水泵泵水。

第三，一旦有地方漏水，就会导致该地方的用水量严重超出平时预计的范围，维修人员需要立马跟进维修。这就如同一旦有销售点进行串货，销售数据就会产生异常，公司销售经理就会跟踪货物的销售过程，对每个销售点进行审计。

第四，自来水管道都是互通的。供应 A 小区的水管和供应 B 小区的水管互通，A 小区用水量少，水自动流到用水量多的 B 小区，按照水压配置原理，水会自动流向水压低的地方。这给我们的启示是，在产品配送过程中，应该小批量，并以"水压"作为衡量指标，水压低的优先配送，而当一个店铺"水压"变高的时候，货品可以向水压低的店铺流转，确保终端供货的流动性。

第五，自来水计量表都在用水端，只有水流出了水龙头，才是居民消费的。同样，在库存原理中为了确保终端货品相互之间流动性，无论是加盟店，还是授权店、直营店，只有销售出去的商品才是店铺的，否则所有的库存都是厂家的，都由厂家自由支配，如果出现调货、换货情况，店铺必须全面支持，不能私自囤货，以确保货物流动性。

自来水供水模型给库存管理很多启发，限于篇幅，本节就不过多介绍了，感兴趣的读者可以在公司内部进行研讨，得出一个最适合自己公司的物流供应管理模式。

除了这两个模型，还有人类神经网络模型、植物营养供给模型等，它们都是通过研究生活中的现象，为物流和供应链管理提供思路。无论是什么样的模型，数据化、透明化、全程可视化、即时性地追踪是必不可少的环节。在现有技术条件下，建立这些模型已经不是难事，并且不需要较大的投资即可建立。

在物流供应管理中有几个关键的优化算法是数据分析师们需要掌握的，包括最优库存周转率（周转次数）、最优库存天数、最佳备货量、最佳配货间隔、最佳配送路径、最佳仓储位置、最优仓库大小等。这些模型都和企业的商业模式有关系，很难有一个标准的模型或公式，所以此处不再赘述。

工欲善其事，必先利其器。进行数据化管理必须要信息化，进行数据分析必须要掌握数据分析的工具。没有信息系统，你的数据化管理就会增加大量的数据管理成本，会因为采集和管理数据需要大量的人工。有了计算机就不需要用纸质表格记录和保存数据了；有了网络通信和电子邮件系统，就不需要使用快递来邮寄文档了；有了移动互联网，就不需要回到公司的台式计算机前查看电子邮件了。社会在进步，要想提高效率，就必须要利用最先进的或最有效的手段。

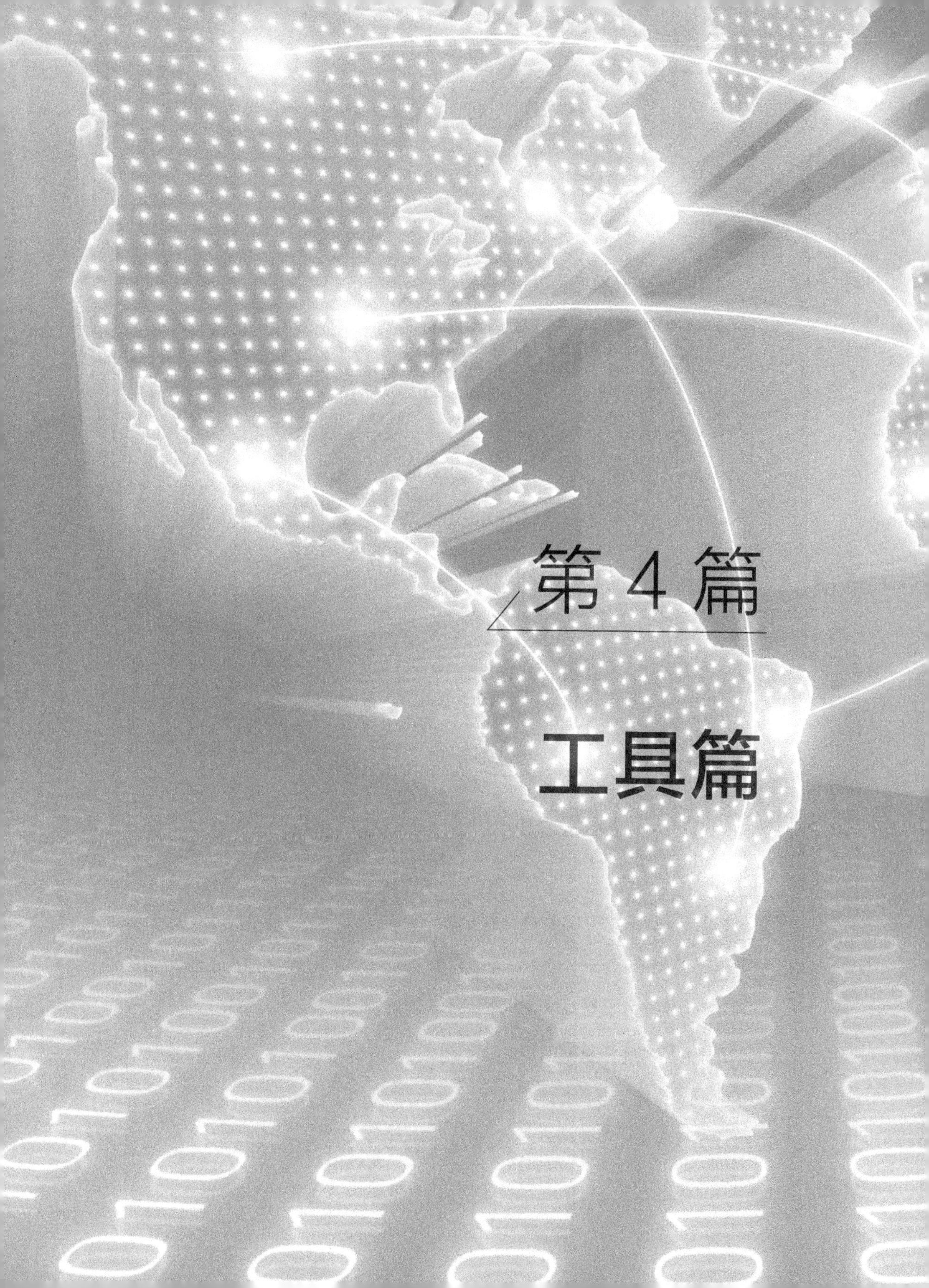

第 4 篇

工具篇

11

常用的数据分析工具介绍

Excel——Excel 2016 数据分析功能

SQL 与数据库软件 Access、SQL Server、MySQL 等

SPSS 统计分析工具与数据分析工具家族

R 语言与编程实现数据分析

SAS 的历史地位与最新发展

其他软件系统以及在线资源

　　数据分析师经常要处理各种数据，这时选择合适的工具就非常重要了。每个数据分析工具都有其适用的范围。大多数数据分析工具都可以代替人工计算从而大幅度提升我们的效率。

　　笔者在一家公司中推动数据化治理时，发现此公司各个部门的助理都在手工统计各种数据。后来笔者教他们使用 Excel 的统计汇总功能（透视表、Pivot Table），原来需要 2 ~ 3 天的核算工作，现在只需要单击几下鼠标就完成了。这家企业的老总还非常奇怪，之前他向这些助理要数据报表往往需要半天甚至 2 ~ 3 天，现在几分钟就可以拿到了，他深刻感受到数据分析工具的重要性。

　　Excel 能够做的事情远超过大多数人的想象。当然，工具就是工具，永远替代不了人的思考能力。所有的数据处理、数据分析和数据解读工作还是需要人的大脑来完成。但掌握了工具可以让我们事半功倍，节省大量的时间。如果掌握了自动化的工具，例如各种 ERP 软件的 BI 功能模块，则会减少大量的手工处理工作。现在各大 ERP 供应商都已经开发了这样的功能，能够即时展现常规的报表。

11.1　Excel——Excel 2016 数据分析功能

　　Excel 是数据分析师首选的工具，无论你需要处理的数据量多大，这个工具绝对可以完成企业经营和管理中 90% 以上的数据分析工作；如果你能够掌握相对较为高级的功能，那么它能够处理 95% 以上的工作；如果你能够掌握一部分 VBA 功能，那么基本上它能够完成企业经营和管理中 99% 的数据分析，这样说一点儿都不夸张。

Excel 是进行绝大多数数据分析和处理工作的首选。它不仅可以用来录入数据、储存数据、处理数据，还能够展示数据。掌握 Excel 的常规数据处理和分析功能是数据分析师必备的技能。

Excel 的前身是苹果开发的 iCal 表格软件，现在其已经经历十多个版本。自 Excel 2010 版本开始，Excel 已经与微软的 SQL Server 数据库功能连接起来，并引入了一些处理巨量数据的功能，包括 PowerView、PowerPivot、PowerMap 等工具，以及一些数据压缩功能，能够轻松应对上百万条的数据，并可以实现多表关联，不需要把各种数据都合并到一个报表中。

在数据处理方面，以下 4 个 Excel 功能是数据分析人员最需要掌握的。有些功能在 Mac 操作系统中是缺失的，所以从事数据分析的人员最好还是使用 Windows 操作系统进行数据分析。

1. 数据分析功能

数据分析功能包括数据分析和规划求解两部分，如下图所示。

这个功能不是自动开启的，需要在打开 Excel 之后手动开启。开启的方法是：选择文件→选项→加载项→ Excel 加载项→分析工具库和规划求解加载项选项。打开这两个加载项之后，"数据"菜单下的快捷工具栏中会显示"数据分析"和"规划求解"两个选项卡，然后就可以使用这两大数据分析常用的功能了，如下图所示。

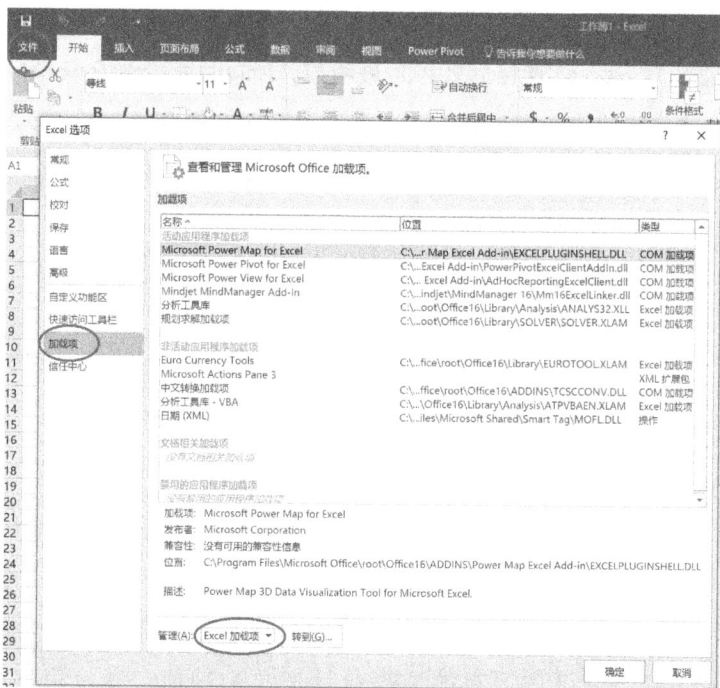

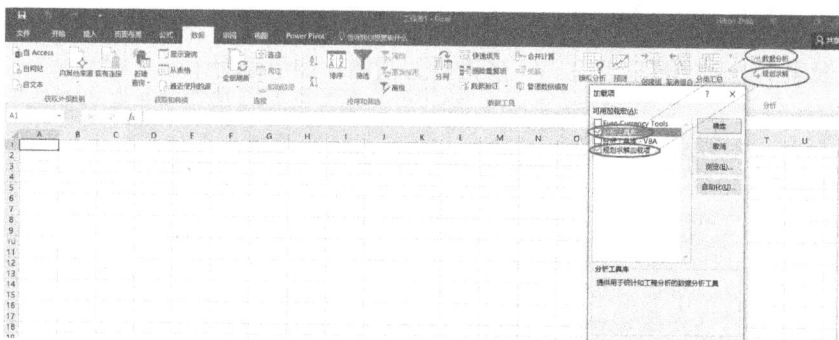

使用 Mac 版 Excel 的用户不能使用此功能，因为 Mac 版 Excel 不支持这个功能。如果需要使用统计分析功能，则需要自己再购买 Stat Plus 这个插件工具包。

2．Power 系列，包括 PowerView、PowerPivot 和 PowerMap

这部分功能是从 Excel 2010 版本才开始开放的，所以使用的人较少，而且一般用户在日常经营和管理中所需要处理的数量级也不大，更何况该功能和微软的数据库软件服务器 SQL Server 连接后效果才最明显，所以目前的受众较小。但笔者使用后发现，这个插件的功能特别强大，突破了 Excel 2016 版本只有 1048576 行的限制，并且能够建立多表关联。多表关联可以让数据表大幅度简化，如下图所示。

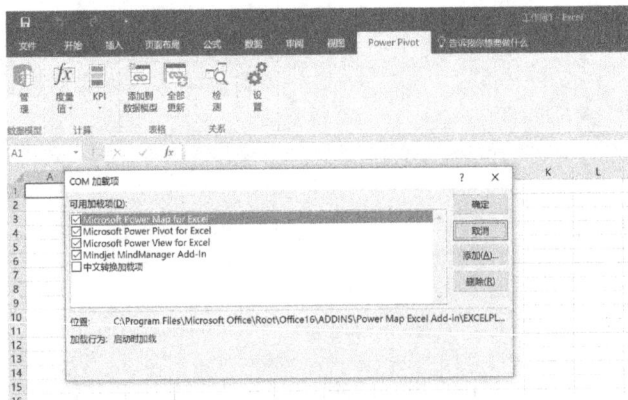

数据透视表是 Excel 中原有的数据统计汇总的功能，其使用率非常高。而 PowerPivot 延伸了其功能，可以从多个相互关联的表中制作数据透视表，并且该数据透视表索引的数据可以超过 104 多万行的限制，如下图所示。

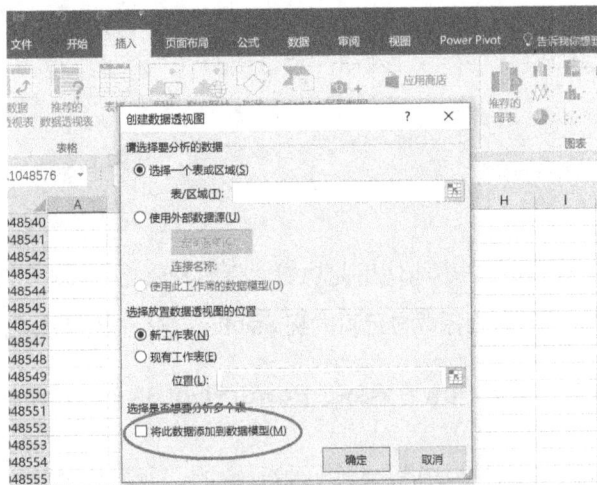

在使用 PowerPivot 之前，需要把数据表加入数据模型中（快捷键为 Ctrl+T）。

PowerMap 丰富了 Excel 的地图功能，能够将数据展示到地图上，制作类似热力图的图表，甚至可以制作时间轴上动态变化的地图，如下图所示。

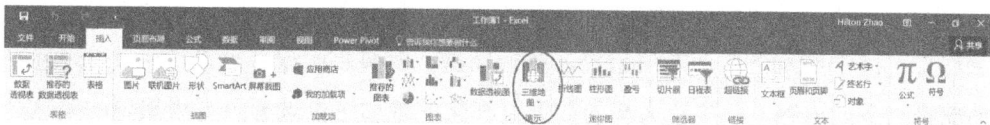

3. 数据图表制作

数据可视化图表可以直观地展现数据以及展示数据值之间的比较结果。而且，Office 套件中 PowerPivot 的数据图表功能与 Excel 是整合的，是通用的，所以不用担心学习成本问题。制作数据图表是数据分析师的基本功，有的时候只要把原始数据制成图表，数据分析结论就自然得出了，也不用做什么复杂的数学模型。所以笔者才有一个观点——数据可视化本身就是数据分析的方法。

Excel 的图表功能也在不断改进。现在 Excel 2016 已经增加了玫瑰图（又叫旭日图、南丁格尔图）、树状图（Mekko 图）、漏斗图（之前做漏斗图都需要自己制作辅助数据）、瀑布图等，同时制作组合图也简单了许多（见下图）。

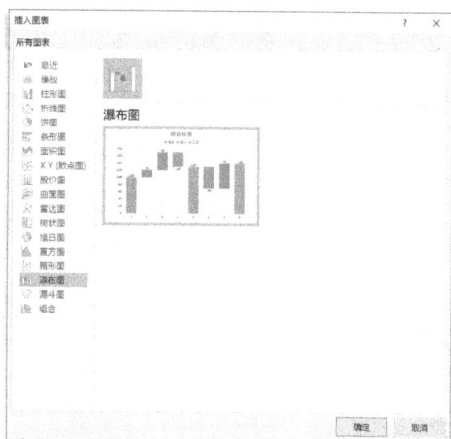

能比较方便地做出各种数据图表的工具还有 EDraw（中文叫亿图软件）。而 Thinkcell 是一个不错的插件，对专业制作数据图表的人来说购买这个软件是比较合适的，但对日常办公人员来讲，这个软件的价格实在是太高了。

D3.js 库是一个非常好的数据可视化工具，使用它可以做出大量的动态图形，这种图形可用于网站上的动态演示或者图形输出。感兴趣的读者可以访问 d3js.org 网站获得更多的内容，其中有大量的数据可视化的素材可供选择，更为重要的是这个库是开源的。

4．VBA 编程功能

VBA 功能大大拓展了 Office 组件的扩展性，使用它能在 Office 软件的基础上开发出更多的功能性应用。虽然 WPS 等软件是免费的，但其在可拓展性、易用性、数据分析功能上都是有欠缺的。作为数据分析师，Excel 是必选的，并且如果不掌握一些 VBA 功能，则会让日常的工作受到限制。

VBA 的编程功能能够把 Excel 本身的功能大幅度延伸，特别是对于一些日常数据清洗工作、计算工作或者开发新的数据分析算法，都是非常有帮助的。在数据清洗工作中，经常会有大量的重复工作，可以使用 VBA 功能来完成这些重复的工作。

VBA 的学习曲线比较陡，需要花费大量的精力才能掌握此功能，除非你有比较好的编程基础，例如之前学习过其他的编程语言。

11.2　SQL 与数据库软件 Access、SQL Server、MySQL 等

SQL，Structured Query Language，即结构化查询语言，也是数据库操作语言，代表结构化数据的存储方式。SQL 数据库系统有很多，包括开源的 MySQL、

PostgreSQL，也有非开源的 SQL Server、Oracle SQL、DB2、Access 等（见下图）。Access 是 Office 专业版本中的套件之一，是用来处理少量的 SQL 数据库操作的。

一般我们用来分析的数据都是结构化数据集，所以掌握一定的 SQL 语言能够方便我们操作大型的数据库。

SQL 语言本身并不复杂，从数据库操作的角度看可以分为 5 大类，包括增加（Insert）、删除（Delete）、改修（Update）、查询（Select）、建新（Create）。在这些操作的基础上，还会有一些其他相对复杂的操作命令。

SQL 语言的学习曲线比较平缓，非常容易熟练掌握，花几天的时间就能够学到中级的水平，但后期学习曲线比较陡峭，要成为高手需要大量的练习，包括编写复杂的数据库操作程序需要很长的时间。

当公司有 ERP 系统，需要我们从 ERP 系统中调取数据时，就会用到 SQL 编程。建议从事数据分析工作的人员学习一些 SQL 语言的基本语法，以满足自己工作的需求。

当然，如果公司的数据库不允许自己操作，那么可以直接在 Excel 数据表中操作数据，也可以使用相关工具，如 Excel、R、SPSS、SAS 等进行操作。

11.3　SPSS 统计分析工具与数据分析工具家族

SPSS 曾是最为著名的社会学统计软件，1968 年由斯坦福大学的三个学生成功开发，目前该软件的历史接近 50 年了。SPSS 的原意是 Statistics Program for Social Science，后来在 2000 年被修订为 Statistical Product and Service Solutions，即"统计产品与服务解决方案"软件。2009 年，SPSS 被 IBM 以 12 亿美元的价格并购，并纳入到 IBM 大数据处理平台体系。SPSS 因为其统计分析功能非常强大，成为社会学研究、市场研究等统计分析必不可少的专属工具，其最早采用图形化的界面，学习曲线短，非常受欢迎。

SPSS 与 Excel 有些类似，集数据录入、数据整理、数据分析、数据输出图形等功能于一身，其功能完整、齐全，并提供代码编写程序的功能，也具有图形界面操作功能。SPSS 在易用性方面略逊于 Excel，但 SPSS 强大的统计分析功能是 Excel 望其项背的，即使 Excel 添加了常见的优秀统计分析插件，也难以与 SPSS 相提并论。因为 SPSS 的操作风格与 Office 的操作风格非常不同，也不兼容，带来较高的学习成本，所以 SPSS 的普及率较低。

2009 年，IBM 对 SPSS 进行了重新包装，并重命名为 PASW（Predictive Analytics Software），即预测分析软件，包括以下四部分：

PASW Statistics（原 SPSS Statistics 统计分析模块）：统计分析。

PASW Modeler（原 Clementine 数据分析建模模块）：数据建模。

Data Collection family（原 Dimensions 数据整理和清洗模块）：数据收集。

PASW Collaboration and Deployment Services（原 Predictive Enterprise Services 企业预测服务模块）：企业应用服务。

另外还有一个小的模块也会用到，即 AMOS，结构方程模块。

在 IBM 并购 SPSS 之后，SPSS 开始向大数据应用转型，在统计分析的基础上开始向企业内部数据分析转型，并与 IBM 的数据服务相融合。希望它能够在 IBM 的平台上在大数据时代发挥出更大的价值。

目前，除 Excel 外，采用图形界面、易于操作的数据分析软件只有 SPSS 了，它是除 Excel 外进行数据分析的最好的选择。当然，如果你是专业人士，懂得编程，能够熟练使用 R 或者 SAS，那么 SPSS 反而变得比上不足比下有余，这也是 SPSS 的一个困境。

11.4　R 语言与编程实现数据分析

使用过 R 的人都会感叹开源软件的力量。R 是一个免费的开源软件，但其有效性和强大性不输于其他昂贵的收费统计分析软件，包括 SPSS。因为 R 具有开源特性，所以会有大量的数据统计人员将自己的算法打包分享给大家。

正是因为 R 具有开源特性，其缺点也非常明显，有些算法是否正确或者是否权威，很难由第三方或者专业机构审查，数据分析结果的可信程度需要自己去把握，这就对使用者的专业能力提出更高的要求。这也是为什么美国 FDA 只认可 SAS 统计分

析的结果，而不会认可 R 的统计分析结果。

11.5　SAS 的历史地位与最新发展

没有最好，只有更好，SAS（Statistical Analysis System，统计分析系统），是数据分析领域的奇葩软件。它由数十个专用模块构成，功能包括数据访问、数据储存及管理、应用开发、图形处理、数据分析、报告编制、运筹学方法、计量经济学与预测等，其功能强大、操作灵活、统计分析方法齐全，并且跟进最先进的方法，每一种方法都经过专业机构的校验，保证权威性。

在大数据时代，SAS 软件服务器版本能够很好地实现与数据服务器对接，并具备稳定的开发功能，目前已经成为数据分析领域的权威。

但是，就如杀鸡不需要宰牛刀一样，针对一些日常的经营数据分析，SAS 软件的复杂程度让其使用者的数量大幅锐减，所以 SAS 占领着高端市场。一些普通的数据处理和常用的分析使用普通的软件如 Excel 就可以轻松完成的，就不必要使用SAS 来完成了。

SAS 的学习曲线也较陡峭，需要具有编程知识和理解数据的能力，入门较难，但如果你立志从事数据分析行业，希望在这个行业内有所建树，那么掌握 SAS 软件是必不可少的。

SAS 软件在功能和模块上也在与时俱进，它能够跟进最新的算法并不断更新和完善。SAS 9.3 版本竟然比 9.2 版本大了几个 GB，可见其在更新上的努力。

　　如果企业的数据量庞大，需要挖掘出更多有价值的信息和价值，那么在这个软件上投入资金和人力，肯定不会让你后悔。

11.6　其他软件系统以及在线资源

　　随着大数据技术的发展，有越来越多的企业涉足大数据应用领域，其中有大量的软件和工具，也有大量的平台提供大数据服务。其中大多数企业都是从外部大数据的角度在提供服务，也有的是提供在线的平台。下图是 FirstMark 公司整理的 2016 年的大数据参与者版图，可以看到其中大多数企业的名字。

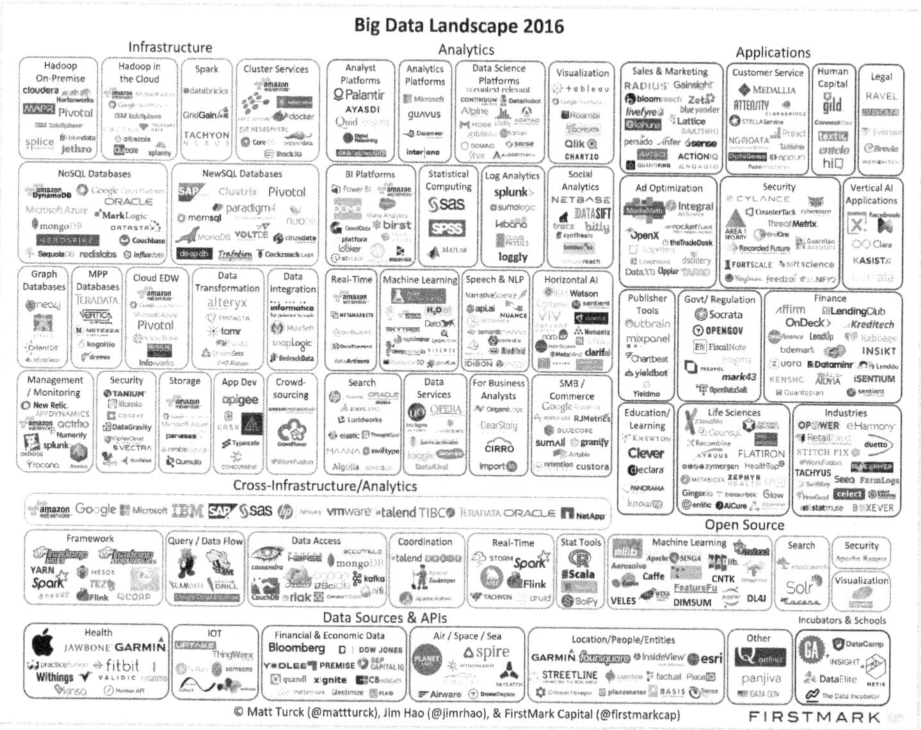

（图片来源：FirstMark Capital, Linkedin.com）

随着互联网的发展和移动互联网的发展，有越来越多的企业关注数据，也有越来越多的企业希望积累数据，所以提供平台式服务的企业越来越多，例如微软在借助 Office 365 推进云软件服务的工作；Adobe 也在逐步从提供包装软件走向云端的服务，其 Marketing（营销）套件也已经只提供在线版本，不再提供包装安装版本；很多的数据分析工具，包括百度的 ECharts，也只是以 API 和在线的模式提供服务。有越来越多的企业或者工具软件企业逐步从包装软件服务转向在线服务。在线服务除有效解决软件盗版问题外，还能获得更多终端数据，从而形成更大的数据平台，也便于软件的升级和 Bug 的修订。

国内的大数据技术仍然处于相对初级的阶段，而且国内的很多企业都还处在传统制造的阶段，连精益生产的阶段都还没有到，更别谈现在比较流行的数据化生产，距离未来智能化生产还有很长的路要走，如下图所示。

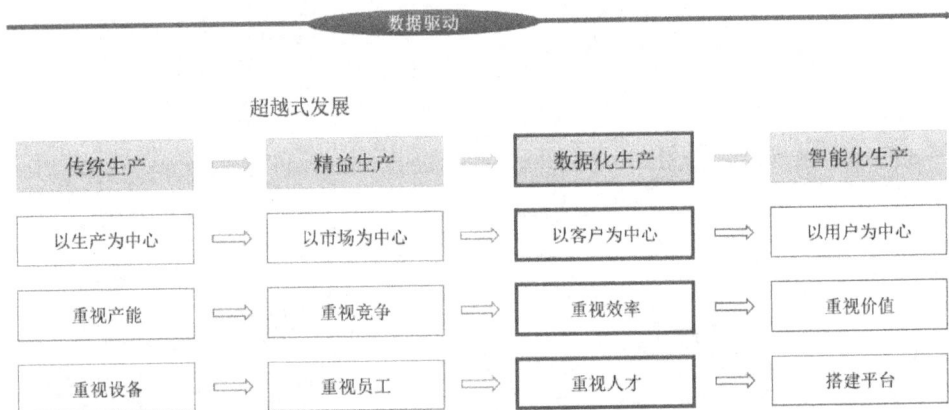

数据化管理是中国企业升级改造、准备智能化生产的必经过程。而在这个过程中，需要大量的数据分析人才，他们不仅仅要懂得经营和管理，还应熟练掌握数据分析工具软件，同时具有数据分析的方法和思路，能够利用对业务的理解构建数学模型，为企业应用服务并不断成长，让中国企业在数据应用领域不落后于国际的大公司，能够有资格和能力与国际企业同台竞技。

MDA 管理数据分析研究院

MDA 的全称是"管理数据分析",即 Management Data Analytics ,本院专注于数据技术在企业管理中的应用研究与推广普及,是所有企业管理者学习和分享数据技术在企业管理中应用的平台。

大数据技术让更多的企业借助互联网、移动互联网、物联网、智能设备等采集、保存和处理大量的数据,而数据技术则对这些数据进行深度分析、挖掘,从而总结出规律、探索出洞察、形成新知识、做出更精确的预测,从而大幅度提升管理者做出正确决策的可能性。数据技术在企业中的应用受限于实验条件、人才、行业特殊性,也受限于各种企业不同商业模式、经营方式和管理流程的差异,需要有针对性地研究和发现。这是任何一家公司或者企业都无法独自完成的任务。MDA 研究院将博采众家之长,将数据技术在企业实践经验中进行总结提炼,在应用和反馈的闭环中不断探索出新应用,并在推广中让更多平台成员受益,由此来推动企业数据化转型升级,推中国经济结构转型升级。

欢迎更多致力于应用数据技术来提升企业经营效率、探索商业模式、改善管理状况的企业加入 MDA 研究院的大家庭,共建智慧型企业。

MDA 研究院的官方网站是:http://www.mdaclass.com

企业数据化管理咨询服务

随着大数据时代的到来,企业对管理咨询的需求发生了彻底的变化,传统的以知识传播、方法教练、专业外包等方式提供服务的咨询公司已经无法满足现有企业对管理咨询服务的需求,帮助企业实现数据化管理越来越成为企业对管理咨询服务的新需求、强需求。

而企业数据化管理变革不是建立数据系统、教会数据分析方法、呈现数据报表那么简单,在这个过程中,企业全体上下不仅仅要有思维的改变、思考方式的改变,还会有行为和习惯的改变,以及决策与执行方式的改变,甚至还有组织结构的改变、商业模式的改变、企业以及与员工关系的改变,这是一个巨大的变革。只有专业的咨询服务才能帮助企业游刃有余地处理如此复杂和如此重大的变革,并确保变革成果的持续。

为此,MDA 研究院的专业咨询顾问、数据分析师、数据科学家以及 IT 软硬件工程师团队完美结合,共同协作,为企业提供全方位的管理咨询服务,推动企业数据化管理变革实现。

MDA 研究院咨询服务官方网站是:http://www.data2biz.com

MDA 管理数据分析课程

    从管理的视角研究数据技术的应用，从管理实践中来，到管理实践当中去，在研究、总结、提炼、实践中研发课程内容，并不断升级课程，适应新需求，这是课程最大的特色。初期普及版本的课程已经形成完善的知识体系和专业内容模块，后期将在逐步完善现有课程体系的过程中，寻求聚焦于行业领域的定向课程，敬请关注。

    初期普及版本的"MDA 管理数据分析课程"包括十大模块，其中有四个综合模块和六个职能模块。这样的设计为学员带来更多选择，各取所需。学员可以选择三个或者四个综合模块再选择一个与自己工作岗位相关的职能模块来学习即可。

MDA 管理数据分析课程（综合普及版）的十大模块

综合模块	职能模块
思路篇 8大思维10大效应——让分析不再游离于管理之外	**营销管理篇** 10大案例8个维度——让营销有章可循，步步为赢
方法篇 5种方法8步走——让你的工作事半功倍，效率倍增	**销售管理篇** 8个维度10种方法——让你的产品精准直达目标客户
统筹篇 冲破数据孤岛，实现数据共享——让决策依据更全面	**人力资源篇** 5个环节6个维度——让人力真正发挥资源调度作用
报告篇 4个步骤10张图——让你的分析结论能直击管理要害	**财务管理篇** 3大报表N多指标——让管理者随时掌控经营异动
	生产管理篇 4个角度10种浪费——让生产轻松提高效率降低成本
	采购管理篇 4个维度3个系统——让采购做到心中有数按需下单

MDA 研究院微信服务号   MDA 研究院官方网址